Das **BSD UNIX** Nutshell Buch

Tim O'Reilly

Das **BSD UNIX** Nutshell Buch

 ADDISON-WESLEY PUBLISHING COMPANY

Bonn · München · Reading, Massachusetts · Menlo Park, California
New York · Don Mills, Ontario · Wokingham, England · Amsterdam · Sydney
Singapore · Tokyo · Madrid · San Juan

Die amerikanische Originalausgabe ist erschienen unter dem Titel:
Tim O`Reilly, UNIX in a Nutshell, BSD edition

© 1986, 1987 O`Reilly & Associates, Inc. , Newton, MA

CIP-Titelaufnahme der Deutschen Bibliothek

O`Reilly, Tim:
Das BSD-Unix-Nutshell-Buch / Tim O`Reilly. [Dieses O`Reilly-&-Assoc.-Inc.- Handbuch entstand unter Mitw. von Dale Dougherty ... Übers.: Axel Bauer].- Bonn; München; Reading, Mass.; Menlo Park, Calif.; New York; Don Mills, Ontario; Wokingham, England; Amsterdam; Sydney; Singapore; Tokyo; Madrid; San Juan: Addison-Wesley, 1989
    ISBN: 3-89319-219-0

© 1990 Addison-Wesley (Deutschland) GmbH

Druck und Bindearbeiten: Bercker Graph. Betrieb, Kevelaer
Umschlaggestaltung: Ulrich Carthaus, Alfter b. Bonn

Text, Abbildungen und Programme wurden mit größter Sorgfalt erarbeitet. Verlag, Übersetzer und Autoren können jedoch für eventuell verbliebene fehlerhafte Angaben und deren Folgen weder eine juristische Verantwortung noch irgendeine Haftung übernehmen.
Die vorliegende Publikation ist urheberrechtlich geschützt. Alle Rechte vorbehalten. Kein Teil dieses Buches darf ohne schriftliche Genehmigung des Verlages in irgendeiner Form durch Fotokopie, Mikrofilm oder andere Verfahren reproduziert oder in eine für Maschinen, insbesondere Datenverarbeitungsanlagen, verwendbare Sprache übertragen werden. Auch die Rechte der Wiedergabe durch Vortrag, Funk und Fernsehen sind vorbehalten.
Die in diesem Buch erwähnten Software- und Hardwarebezeichnungen sind in den meisten Fällen auch eingetragene Warenzeichen und unterliegen als solche den gesetzlichen Bestimmungen.
Dieses Buch ist keine Originaldokumentation zur Software. Sollte Ihnen dieses Buch als Original-Dokumentation mit Programmdisketten der Software verkauft worden sein, handelt es sich möglicherweise um eine illegale Kopie der Software. Benachrichtigen Sie in diesem Fall umgehend den Verlag - auch die Benutzung einer Raubkopie kann strafbar sein.

ISBN 3-89319-219-0

Inhaltsübersicht

1   UNIX-Kommandos   1

2   Shell-Syntax   117

3   Mustererkennung   149

4   Zusammenfassung der Editorbefehle   153

5   Nroff und Troff   193

6   Makropakete   219

7   Präprozessoren   247

8   Programmdebugging   263

9   SCCS und Make   277

10 Fehlermeldungen   285

Inhaltsverzeichnis

1   UNIX-Kommandos   1
          adb 2
          addbib 2
          admin 2
          apply 4
          apropos 4
          ar 4
          as 5
          at 6
          atq 6
          atrm 7
          awk 7
          basename 7
          bc 8
          bib 8
          biff 9
          cal 9
          calendar 9
          cat 10
          cb 10
          cc 10
          cd 11
          cdc 12
          chdir 12
          checkeq 12
          checknr 12
          chgrp 13
          chmod 13
          chown 14
          chsh 14
          clear 14
          cmp 15
          col 15
          colcrt 15
          colrm 16
          comb 16
          comm 16
          compress 17
          cp 17
          cpio 17
          cpp 18
          crypt 19
          csh 19
          ctags 20
          date 20

dbx 21
dc 21
dd 21
delta 22
deroff 23
des 23
df 23
diff 24
diff3 25
disable 25
du 25
echo 26
ed 26
edit 26
efl 27
egrep 27
enroll 27
eqn 28
error 28
ex 28
exec 29
expand 29
expr 29
eyacc 30
f77 30
false 32
fed 32
fgrep 32
file 33
find 33
finger 35
fmt 35
fold 35
fp 36
fpr 36
from 36
fsplit 36
ftp 37
gcore 37
get 37
gprof 38
graph 39
grep 39
groups 40
head 40
help 40
hostid 41
hostname 41

indent 41
indxbib 43
install 43
iostat 43
join 43
jove 44
kill 44
last 45
lastcomm 45
ld 46
learn 47
leave 47
lex 48
lint 48
lisp 49
listrefs 49
liszt 49
ln 50
lock 50
logger 51
login 51
look 51
lookbib 52
lorder 52
lpq 52
lpr 52
lprn 54
lptest 54
ls 54
lxref 55
m4 55
mail 56
make 56
man 57
mesg 58
mh 58
mkdir 59
mkstr 59
more 60
mount 60
mset 60
msgs 61
mt 61
mv 62
neqn 62
netstat 62
newalias 63
nice 63

nm 64
nohup 64
notes 64
nroff 65
od 66
pagesize 66
passwd 67
patch 67
pc 68
pdx 68
pi 68
pix 69
plot 69
pmerge 70
pr 70
printenv 70
prmail 70
prof 71
prs 71
ps 71
ptx 72
pwd 73
px 73
pxp 73
pxref 74
quota 74
ranlib 74
ratfor 74
rcp 75
rdist 75
readnews 76
refer 76
rev 77
rlogin 77
rm 78
rmdel 78
rmdir 79
roffbib 79
rsh 79
ruptime 80
rwho 80
sact 80
sccs 80
sccsdiff 81
script 81
sed 82
sendbug 82
sh 82

shutdown 82
size 83
sleep 83
soelim 83
sort 83
sortbib 84
spell 84
spline 85
split 85
strings 86
strip 86
struct 86
stty 87
su 90
sum 90
symorder 91
sync 91
sysline 91
syslog 92
systat 92
tabs 92
tail 93
talk 93
tar 93
tbl 94
tc 95
tcopy 95
tee 95
telnet 95
test 96
tftp 97
time 97
tip 97
tk 98
tn3270 98
touch 98
tp 99
tr 100
troff 100
true 101
tset 101
tsort 101
tty 102
ul 102
umount 102
unifdef 102
uncompress 103
unexpand 103

unget 104
uniq 104
units 104
uptime 105
users 105
uuclean 105
uucp 105
uudecode 106
uuencode 106
uulog 107
uuname 107
uuq 107
uusend 108
uux 108
vacation 109
val 109
vgrind 110
vi 110
vlp 111
vmstat 111
vnews 111
vwidth 112
w 112
wait 112
wall 113
wc 113
what 113
whatis 113
whereis 113
which 114
who 114
whoami 114
whois 114
window 115
write 115
xget 115
xsend 115
xstr 116
yacc 116
yes 116
zcat 116

2 Shell-Syntax 117
    C-Shell 118
    Bourne-Shell 136
    Bourne- und C-Shell im Vergleich 148

3   Mustererkennung 149
        Metazeichen 150
        Beispiele zur Mustererkennung 151

4   Zusammenfassung der Editorbefehle 153
        Der Editor **vi** 154
        Der Editor **ex** 166
        Der Editor **sed** 178
        awk 184

5   Nroff und Troff 193
        Nroff/Troff-Befehle 195
        Escape-Sequenzen 211
        Voreingestellte Zahlenregister 212
        Spezeille Zeichen 214

6   Makropakete 219
        -ms Makros 220
        -me Macros 232

7   Präprozessoren 247
        tbl 248
        eqn 252
        pic 256

8   Programmdebugging 263
        Der Debugger **adb** 264
        Der Debugger **sdb** 269
        Der Debugger **dbx** 273

9   SCCS und Make 277
        SCCS 278
        Das Utility MAKE 284

10 Fehlermeldungen 285

1
UNIX-Kommandos

Dieser Abschnitt enthält eine Beschreibung aller Kommandos der Sektion 1 des *UNIX Programmer's Manual*. Der Syntax der Befehle folgt eine kurze Beschreibung der Kommandofunktion und eine Liste aller zur Verfügung stehenden Optionen entsprechend Berkeley UNIX 4.2 und 4.3.

In diesem Abschnitt werden folgende Schreibweisen verwendet:

Alle **fettgedruckten** Befehle und Optionen sind statische Namen.

Schräggedruckte Argumente und Optionen sind variabel und müssen durch vom Benutzer gewählte Eingaben ersetzt werden.

Argumente in eckigen Klammern sind optional.

Syntax-Zeilen sollten einschließlich Leerstellen exakt übernommen werden.

Durch das Zeichen ›› am Ende einer rechten Seite wird eine auf der nächsten Seite fortgeführte Befehlsbeschreibung angezeigt.

adb

adb [*Optionen*] [*Objektdatei* [*Core-Datei*]]

Ein allgemeines Anwendungsgebiet eines Debugging-Programms ist die Betrachtung von **Core**-Dateien, die durch ein abgebrochenes Programm zustandekamen. *Objektdatei* enthält ein ausführbares Programm, während *Core-Datei* ein durch die Ausführung von *Objektdatei* produzierte Kopie des Arbeitsspeichers darstellt. **a.out** ist die Default-*Objektdatei*. **core** ist die Voreinstellung der *Core-Datei*. In Abschnitt 8 finden Sie weitere Informationen zu **adb**.

Optionen

-w Kreieren von *Objektdatei* und *Core-Datei* mit anschliessendem Öffnen zur Modifikation.
-k UNIX-Kernel-Speicherunterteilung gewährleisten.
-I*dir*
Angabe des Inhaltsverzeichnisses, wo die Dateien gelesen werden sollen (Voreinstellung: **/usr/lib/adb**).

addbib

addbib [*Optionen*] *Datenbank*

Interaktives Hinzufügen oder Erstellen bibliografischer Informationen in *Datenbank*. Siehe auch **refer**.

Optionen

-p *Vdatei*
Die interaktive Eingabe bezieht ihre Informationen aus V*datei*. *Vdatei* muß die neuen Prompt-Strings gefolgt von einem TAB-Zeichen und die Schlüsselbuchstaben, welche in Datenbank eingefügt werden sollen, enthalten.
-s Eingabeprompts unterdrücken.

admin

admin [*Optionen*] *Dateien*

Dateien zu SCCS hinzufügen oder Optionen in SCCS-*Dateien* ändern. Weitere Informationen finden Sie unter SCCS. Detaillierte Informationen zu SCCS finden Sie im Abschnitt 9.

»

admin
Fortsetzung

Optionen

-**a** *User | Groupid*
  Angabe eines *Benutzer-* oder *Gruppen-ID's* um Deltas zu erstellen.

-**d***Flag*
  Löschen von *Flag*.
  Mögliche Eingaben hierbei sind:
  b   Zulassen von Delta-Verzweigungen
  c*n* *n* auf aktuellste Version setzen (Voreinstellung ist 9999).
  f*n* *n* auf älteste Version setzen (Voreinstellung ist 1).
  d*n* Setzen der voreingestellten **get** Delta-Nummer.
  i   Die Meldung "No id keywords (ge6)" wird als fataler Fehler behandelt.
  j   Erlauben von mehrfachen **gets**.
  l*Liste*
      Die Versionen in *Liste* erlauben keine Veränderungen.
  n   Erstellen eines Null-Deltas.
  q*Zeichenkette*
      Ersetzen des %Q%-Schlüsselwortes durch *Zeichenkette*.
  m*Name*
      Ersetzen des %M%-Schlüsselwortes durch den Modulnamen *Name*.
  t*Typ* Ersetzen des %Y%-Schlüsselwortes durch den Modultyp *Typ*.
  v[*Datei*]
      Nachfrage nach einer Modifikationsanforderungsnummer als Grund für eine Delta-Erstellung.

-**e***Benutzer*
  Die Delta-Privilegien von *Benutzer* werden entfernt.

-**f***Flag*[*Belegung*]
  Setzen von *Flag* mit optionaler *Belegung*. Mögliche Flags und Belegungen sind identisch mit denen der Beschreibung der Option -**d**

-**h** Überprüfung der SCCS-Dateistruktur.

-**i**[*Datei*]
  Verwendung von *Datei* als Quelle.

-**m**[*Liste*]
  Einfügen von Liste mit Nummern der Modifikationsanforderungen.

-**n** Erstellen einer neuen SCCS-Datei.

-**r***n.n*
  Setzen des ursprünglichen Deltas auf Versionsnummer *n.n*.

-**t**[*Datei*]
  Entnehmen von Deskriptionen aus *Datei*.

admin
Fortsetzung

-y[*Text*]
Einfügen von Text als Kommentar zum ursprünglichen Delta (nur mit **-i** oder **-n** anwendbar).

-z
Neuberechnung der SCCS-Dateiprüfsumme und Ablegen in der ersten Zeile.

---

apply

apply [*Optionen*] *Kommando Argumente*

Das angegebene *Kommando* wird auf alle *Argumente* nacheinander angewendet.

Optionen

-a*c*
Angeben eines Kommandozeichens *c* (Voreinstellung ist %).

-*n*
Übergabe von *n* Argumenten pro Kommandoausführung (Voreinstellung ist 1). Optionale Argumente sind aufsteigende Integer-Sequenzen, wobei der höchste Integer-Wert angibt, wie oft das *Kommando* ausgeführt werden soll.

Kommando

In *Kommando* wird der Zahlenstring %d, wobei *d* eine Zahl von 1 bis 9 ist, durch das *d*-te ungenutzte Argument, das dem Kommando folgt, ersetzt.

---

apropos

apropos *Schlüsselwörter*

Gibt Abschnitte des *UNIX-Reference-Manual* aus, die im Titel *Schlüsselwörter* ein- oder mehrmals enthalten sind. Synonym für **man -k**.

---

ar

ar *Schlüssel*[*Pname*] *Archivdatei Dateien*

Verwalten einer Anzahl von *Dateien*, die in einer *Archivdatei* zusammengefaßt sind.

≫

UNIX-Kommandos

ar
Fortsetzung

Schlüssel

- **a**   Nach *Pname* (zusammen mit **r** oder **m** benutzt).
- **b**   Vor *Pname* (zusammen mit **r** oder **m** benutzt).
- **c**   *Archivdatei* ohne Ausgabe generieren.
- **d**   *Dateien* in der *Archivdatei* löschen.
- **i**   Vor *Pname* (zusammen mit **r** oder **m** benutzt).
- **l**   Temporäre Dateien werden im lokalen Verzeichnis anstelle von **/tmp** abgelegt.
- **m**   *Dateien* an das Ende der *Archivdatei* versetzen.
- **p**   *Dateien* der *Archivdatei* ausdrucken.
- **q**   *Dateien* an die *Archivdatei* anfügen.
- **r[u]** Ersetzen von *Dateien*. Mit der Option **-u** werden nur ältere Dateien als die *Archivdatei* modifiziert.
- **t**   Ausgabe eines Inhaltsverzeichnisses der *Archivdatei*.
- **v**   Ausgabe einer Beschreibung.
- **x**   *Dateien* aus der *Archivdatei* extrahieren.

Pname

Ein Dateiname wird zur Positionsangabe innerhalb der *Archivdatei* benutzt. Dieser Angabe muß vorausgehen: **a** (danach), **b** oder **i** (zuvor).

---

as

as [*Optionen*] [*Datei...*]

VAX-11 Assembler unter Dateiangabe oder Standard-Eingabe (Voreinstellung).

Optionen

- **-a**n Setzen der Prozeduren- und Datenblockausrichtung auf 2^n. (Voreinstellung = 2^2 = 4, $1 \langle n \langle 16$).
- **-d**n Angabe der Anzahl von Bytes, die für Offsets von normaler, nicht terminierter Größe assembliert werden sollen. (Dies bedingt externe und Referenzzugriffe.)
  n kann die Werte **1**, **2** oder **4** (Voreinstellung) annehmen.
- **-J**   Benutzen von langen Verzweigungen, falls normale Jump-Instruktionen nicht ausreichend sind.
- **-L**   Sichern von definierten Labels, die mit "L." beginnen.
- **-o**   *Objektdatei*
  Assemblerausgabe in *Objektdatei* schreiben (Voreinstellung ist **a.out**).
- **-R**   Die initialisierten Datensegmente auf ausschließlichen Lesezugriff setzen.

»

as
Fortsetzung

-t *Verzeichnis*
　Die temporäre Datei wird in *Verzeichnis* anstatt in das vordefinierte /**tmp**-*Verzeichnis* abgelegt.
-V Gebrauch des virtuellen Speichers für einige Laufzeit-Datenspeicherungen anstelle einer temporären Datei.
-W Ausgabe von Fehlermeldungen unterdrücken.

---

at

at [*Optionen*] *Zeitpunkt* [*Datum*] [*Datei*]

Ausführen eines Kommandos in *Datei* zum angegebenen *Zeitpunkt* und optionalem *Datum*. Wird *Datei* nicht angegeben, so werden die auszuführenden Befehle von der Standardeingabe gelesen. Abschluß der Befehlseingabe ist **Control-D**.

Optionen

-c　Verwendung von **csh** zur Programmausführung.
-s　Verwendung von **sh** zur Programmausführung.
-m　Übermittelt dem Benutzer eine Nachricht mittels **mail**, welche die abgeschlossene Befehlsausführung bestätigt.

Zeitpunkt

ssmm [*a* | *p* | *m* | *n*]
　Angabe von Stunde (*ss*), Minute (*mm*) und optional *a* für am, *p* für pm, *m* für Mitternacht und *n* für Mittag (z.B. 8*a*, 1530).

Datum

　Monatsnamenkürzel (englisch), gefolgt vom Montatstag (z.B. *jan 24*) oder einem Wochentagkürzel (englisch) (z.B. *jan mon*). Wird das Wort "week" angefügt, so erfolgt die Ausführung eine Woche später (z.B. *jan mon week*).

---

atq

atq [*Optionen*] [*Name*]

Gibt die über **at** erzeugten Jobs aus, die sich immer noch in der Warteschlange befinden. Die Jobs werden üblicherweise bei Ausführung sortiert.

»

UNIX-Kommandos

atq
Fortsetzung

Optionen

-c Sortieren der Warteschlange nach dem Zeitpunkt der **at**-Befehlserteilung.
-n Nur die Anzahl der Dateien in der Warteschlange werden ausgegeben.

---

atrm

atrm [*Optionen*] [[*n*] *Benutzer*]

Löscht Jobs, die von *Benutzer* mittels des **at**-Kommandos erzeugt wurden. *n* ist die optionale Job-Nummer.

Optionen

- Alle **at**-Jobs des Benutzers, der **atrm** aufruft, werden gelöscht.
-f Unterdrückt alle Information zum Löschvorgang.
-i Interaktives Löschen. Der Benutzer wird vor jedem Löschvorgang explizit nach einer Bestätigung befragt.

---

awk

awk [*Optionen*][*Programm*][*Dateien*]

Verwendet das durch Mustererkennung ermittelte *Programm*, um die angegebenen *Dateien* zu modifizieren. Im Abschnitt 3 finden Sie detaillierte Informationen zur Mustererkennung. Der Abschnitt 4 enthält weitere Funktionsbeschreibungen von **awk**.

Optionen

- Muster werden aus der Standardeingabe gelesen.
-f*Datei*
   Muster werden aus der angegebenen *Datei* entnommen.
-F*c* Felder sind durch das Zeichen *c* getrennt.

---

basename

basename *Pfadname* [*Suffix*]

Gibt nur den Dateinamen ohne die Pfadinformationen aus. Die Ausgabe des Dateinamens kann auch ohne einen optional angegebenen *Suffix* (z.B. ".c") erfolgen. Siehe dazu auch das Kommando **dirname**.

bc

bc [*Optionen*] [*Dateien*]

Programm für interaktive Arithmetik mit Gleitkommazahlen. Die Eingabe erfolgt aus *Dateien* oder von der Standardeingabe.

Optionen

- **-c**   Der Aufruf von **dc** wird vermieden. Die Eingaben werden nur übersetzt.
- **-l**   Benutzung einer beliebigen Mathematikbibliothek.

bib

bib [*Optionen*]

Formatiert Zitate und Bibliographien für **nroff** oder **troff**.

Optionen

- **-aa** Abkürzen der Vornamen des Autors.
- **-ar**[*n*]
  Umstellen der ersten *n* Autorennamen. Falls *n* nicht angegeben wird, so werden alle Namen umgestellt.
- **-ax** Ausgabe der Autorennamen in Kapitälchen.
- **-c***Maske*
  Aufbau von Zitaten nach *Maske*.
- **-ea** Abkürzen der Vornamen des Herausgebers.
- **-ex** Ausgabe der Herausgebernamen in Kapitälchen-Stil.
- **-er**[*n*]
  Umstellen der ersten *n* Herausgebernamen. Falls *n* nicht angegeben wird, so werden alle Namen umgestellt.
- **-f**   Referenzen sofort nach der Zitatenzeile ausgeben.
- **-i***Datei*
  Formatierte *Datei* bearbeiten.
- **-h**   Fortlaufende Referenznummern durch Anfang- und Endzahl und Bindestrich ersetzen, zum Beispiel wird "6, 7, 8, 9" in "6-9" umgewandelt. (Setzt Option **-o** voraus.)
- **-n***Zeichenkette*
  Optionen in *Zeichenkette* ausschalten. *Zeichenkette* besteht aus **a, f, h, o, s** und **x**.
- **-o**   Unmittelbar aufeinanderfolgende Zitate vor dem Drucken ordnen (Voreinstellung).
- **-p***Dateien*
  Dateien werden vor Systemdateien gesucht. *Dateien* ist eine von **invert** erstellte durch Kommas getrennte Liste.

»

bib
Fortsetzung

-s*Maske*
   Bibliographische Angaben nach *Maske* sortieren.

-t*typ*
   Standardmakros und -Optionen in Datei *typ* verwenden.

---

biff

biff [y | n]

Der Benutzer wird während einer Sitzung bei Eingang von Mail benachrichtigt.

y   Benachrichtigung an.
n   Benachrichtigung aus.

---

cal

cal [*Monat*] [*Jahr*]

Gibt einen 12-monatigen Kalender für das angegebene Jahr, oder nur den eines bestimmten Monats aus.

Monat
Ein Wert zwischen 1 und 12, der den gewünschten *Monat* angibt (z.B. cal 12 1984).

Jahr
Ein Wert zwischen 1 und 9999, der das gewünschte *Jahr* bezeichnet (z.B. cal 1984).

---

calendar

calendar [*Optionen*]

Der Befehl liest die **calendar**-Datei, welche sich in Ihrem Benutzerverzeichnis befindet, und sendet alle Zeilen (mittels **mail**), die das Tagesdatum enthalten.

Optionen

-   Ruft **calendar** für alle Benutzer auf.

cat

cat [*Optionen*] [*Dateien*]

Lesen einer oder mehrerer Dateien, und Schreiben auf die Standardausgabe. Eine Reihe von Dateien können mittels des Operators › in andere Dateien umgeleitet werden (z.B. **cat** *d1 d2 d3 d4 d5* › *d6*). Werden keine *Dateien* angegeben, so wird die Standardeingabe gelesen (Abschluß mit **Control-D**).

Optionen

- **-e** Darstellen von nicht druckbaren Zeichen. Jede neue Zeile beginnt mit **$**. Diese Option wird zusammen mit **-v** benutzt.
- **-n** Jeder Zeilenanfang wird mit einer Zeilennummer versehen.
- **-b** Vermeiden von Zeilennummern von Leerzeilen. Diese Option wird zusammen mit **-n** benutzt.
- **-s** Treten mehrere Leerzeilen nacheinander auf, so wird nur eine Leerzeile ausgegeben.
- **-t** Darstellen von nicht druckbaren Zeichen einschließlich ^I anstelle eines Tabulatorvorschubs. Diese Option wird zusammen mit **-v** benutzt.
- **-v** Darstellen von nicht druckbaren Zeichen.

---

cb

cb [*Dateien*]

Programm zum "Verschönern" von C-Code. Es formatiert Dateien mittels korrekter C-Programmstruktur.

---

cc

cc [*Optionen*] *Dateien*

Compilieren einer oder mehrerer C-Code- (*Datei*.**c**) oder Assembler-Dateien (*Datei*.**s**). Die Voreinstellung der Ausgabedatei ist **a.out**.

Optionen

- **-B** *Name*
  Findet zu ersetzende Compilerdurchläufe in den Dateien *Name* mit der Endung **cpp**, **ccom** und **c2**.
- **-c** Unterdrücken der Ladephase.
- **-C** Das Löschen von Kommentaren wird unterdrückt.

»

cc
Fortsetzung

    -DName[=Belegung]
        Definiert Name mit Inhalt Belegung. (Die voreingestellte Belegung ist 1.)
    -E Nur der Makro-Präprozessor wird aufgerufen.
    -fName
        Der Gleitkommazahlinterpreter Name wird verwendet. (Systemabhängige Angabe.)
    -g[o]
        Generiert eine Symboltabelle. Mit der Option o wird diese für **sdb**, ohne diese Eingabe für **dbx** erstellt.
    -IVerzeichnis
        Fügt Verzeichnis dem Suchpfad für Include-Dateien hinzu.
    -M Nur der Makro-Präprozessor wird ausgeführt und von der Makefile-Datei abhängige Änderungen auf der Standardausgabe ausgegeben.
    -oDatei
        Die Ausgabe erfolgt in Datei anstelle in **a.out**.
    -O Optimieren des Objektcodes.
    -p[g]
        Es wird die Anzahl der Aufrufe der jeweiligen Programmroutinen protokolliert. Mit der zusätzlichen Angabe g werden etwas umfangreichere Statistiken ausgegeben. Die Ausgabe erfolgt hierbei in die Datei **gmon.out**, falls das Programm normal beendet wird.
    -R Initialisierte Variablen erhalten die Attribute read-only und shared, d.h. sie können nur gelesen und von anderen Programmteilen konsultiert werden.
    -t[p012]
        Verwendung der übergebenen Compiler-Optionen.
    -UName
        Die Definition von Name wird rückgängig gemacht.
    -w Unterdrücken von Warnungsmeldungen.

Es kann auch noch weitere maschinenspezifische Optionen geben.

---

cd

    cd [Directory]

Wechselt das aktuelle Verzeichnis auf Directory. Wird kein Directory angegeben, so wird auf Benutzerverzeichnis (Home-Directory) gewechselt.

cdc **cdc** [*Optionen*] *Dateien*

Ändert die delta-Kommentare einer oder mehrerer **SCCS-Dateien**. Siehe auch **sccs**. Mehr Informationen finden Sie in Abschnitt 9.

Optionen

-**m**[*Liste*]
: Fügt *Liste* mit Nummern der Modifikationsanforderungen an.

-**r***sid*
: SCCS-Delta-Versionsnummer.

-**y**[*Zeichenkette*]
: Ersetzt Kommentar durch *Zeichenkette*.

---

chdir **chdir** [*Verzeichnis*]

Wechselt das Arbeitsverzeichnis. Identisch zu **cd**.

---

checkeq **checkeq** *Dateien*

Prüft **eqn**-Syntax in *Dateien*.

---

checknr **checknr** [*Optionen*] *Dateien*

Sucht Dateien für **nroff** oder **troff** nach Fehlern ab.

Optionen

-**a** .x1.y1.x2.y2 ...xn.yn
: Fügt zusätzliche Makro-Paare an (z.B. -a.CS.CE).

-**c**.x1.y1.x2.y2....xn.yn
: Definiert Befehle, die ansonsten Warnungsmeldungen erzeugen würden.

-**f** Ignorieren von Font-Änderungen über \f.

-**s** Ignorieren von Schriftgradänderungen über \s.

UNIX-Kommandos

chgrp   **chgrp** *Gruppe Dateien*

Ändert die Gruppenzugehörigkeit einer oder mehrerer *Dateien* auf *Gruppe*. Als *Gruppe* kann entweder der Gruppenname oder die Gruppenidentifikationsnummer gemäß der Datei **/etc/group** spezifiziert werden.

---

chmod   **chmod** [*Optionen*] *Zugriffsrechte Dateien*

Ändert den Zugriffsmodus einer oder mehrerer *Dateien*. Eine solche Änderung der Zugriffsmaske kann nur vom Eigentümer der Datei oder vom Super-User vorgenommen werden.

Optionen

- **-R**   Die Verzeichnishierachie wird absteigend rekursiv nach zu ändernden Dateien durchsucht.
- **-f**   Unterdrückt eine Meldungen, die ein Fehlschlagen der Dateimodifikation anzeigen

Erzeugen von *Zugriffsrechten* nach *Benutzergruppen*, *Operatoren* und *Modi*.

Benutzergruppen

- **u** Benutzer (Dateieigentümer).
- **g** Gruppe.
- **o** Alle anderen Benutzer.

Operatoren

- **+** Hinzufügen von Zugriffsrechten.
- **-** Löschen von Zugriffsrechten.
- **=** Zugriffsrechte setzen.

Modi

- **r** Lesezugriff.
- **w** Schreibzugriff.
- **x** Ausführberechtigung.
- **s** Setzen von Benutzer- oder Gruppenrechten.
- **t** Modus zur Textpufferung (sticky).
- **u** Derzeitige Rechte des Benutzers.
- **g** Derzeitige Rechte der Gruppe.
- **o** Derzeitige Rechte "anderer".

»

chmod
Fortsetzung

Zum Beispiel erteilt **chmod u+x** *Datei* dem Dateieigentümer Ausführberechtigung auf *Datei*.

Alternativ können die Zugriffsrechte mit einer numerischen Sequenz aus drei Stellen spezifiziert werden. Die erste Stelle bezeichnet die Rechte des Dateieigentümers, die zweite die der Gruppe und die dritte die der anderen Benutzer. Die einzelnen Stellen sind Summen der folgenden Zahlenwerte:

    4 Lesezugriff
    2 Schreibzugriff
    1 Ausführberechtigung

Zum Beispiel erteilt **chmod 751** Lese-, Schreibzugriff sowie Ausführberechtigung für den Dateieigentümer, Lesezugriff und Ausführberechtigung für die Benutzergruppe und Ausführberechtigung für andere Benutzer.

---

chown

chown *Benutzername Dateien*

Ändert den Datei-Eigentümer einer oder mehrerer *Dateien* auf *Benutzername*. Die Benutzerspezifikation ist entweder der Login-Name oder die Benutzeridentifikationsnummer gemäß der Datei **/etc/passwd**.

---

chsh

chsh *Benutzer* [*Shell*]

Ändert den voreingestellten Kommandointerpreter von *Benutzer* auf *Shell*. Ähnlich wie das Kommando **passwd** modifiziert dieser Befehl die Datei **/etc/passwd**. Die Änderung wird erst aktiv, wenn sich der entsprechende Benutzer neu beim System anmeldet.

---

clear

clear

Befehl zum Löschen des Bildschirms.

UNIX-Kommandos

cmp

    cmp [*Optionen*] *Datei1 Datei2*

    Vergleicht *Datei1* mit *Datei2* und gibt die abweichenden Zeichen und Zeilennummern aus.

    Optionen

    -l   Gibt Zeichennummer und abweichende Zeichen aus.
    -s   Liefert folgende Rückgabewerte: (keine Ausgabe).
          0 =   Die Dateien sind identisch.
          1 =   Die Dateien sind unterschiedlich.
          2 =   Es kann auf die Dateien nicht zugegriffen werden.

---

col

    col [*Optionen*]

    Erzeugt Zeilenüberlagerungen, die von Zeilenrückschub, Halbzeilenvorschub und Halbzeilenrückschub benötigt werden. Wird verwendet, um Ausgabe von dem **.rt** Befehl in **nroff** oder **tbl** zu filtern.

    Optionen

    -b   Backspace-Zeichen ignorieren.
    -f   Halbzeilenvorschub ausführen.
    -h   Leerstellen in Tabulatoren umwandeln.

---

colcrt

    colcrt [*Optionen*] *Dateien*

    Ermöglicht Halbzeilenvorschub und Zeilenrückschub in den Daten der angegebenen *Dateien* für Terminals ohne diese Fähigkeiten. Dieser Befehl wird dazu verwendet, **nroff**-Ausgabe vor dem Ausdruck betrachten zu können.

    Optionen

    -   Vermeiden von Unterstreichungen.
    -2   Die Ausgabe erfolgt in doppeltem Zeilenabstand.

colrm

colrm [*Anfang*[*Ende*]]

Löscht Spalten in jeder Zeile der angegebenen Datei. Die Spaltengröße wird mit *Anfang* und *Ende* spezifiziert.

---

comb

comb [*Optionen*] *Dateien*

Kombiniert SCCS-Deltas der bezeichneten Dateien. Siehe dazu auch das Kommando **sccs**. Weitere Informationen finden Sie im Abschnitt 9.

Optionen

- **-c***Liste*
  Behält die Deltas in *Liste* bei. Der Syntax zu *Liste* wird in der Beschreibung von **get** erläutert.
- **-o** Greift auf die ursprüngliche Datei anstatt auf die aktuellste Version zu.
- **-p***sid*
  Die älteste Delta-Versionsnummer wird beibehalten.
- **-s** Erzeugt eine Shell-Datei, welche Angaben zu eingespartem Speicherplatz ausgibt.

---

comm

comm [*Optionen*] *Datei1 Datei2*

Sucht identische Zeilen in *Datei1* und *Datei2*. Die Eingabedateien müssen dabei sortiert sein. Es erfolgt dann eine dreispaltige Ausgabe. Die Spalten enthalten jeweils Zeilen, die nur in *Datei1* enthalten, Zeilen, die ausschließlich in *Datei2* auftreten und Zeilen, die in beiden Dateien gefunden werden konnten.

Optionen

- **-** Lesen der Standardeingabe.
- **-1** Die erste Spalte wird nicht ausgegeben.
- **-2** Die zweite Spalte wird nicht ausgegeben.
- **-3** Die dritte Spalte wird nicht ausgegeben.
- **-12** Ausgabe der Zeilen, die in *Datei1* und in *Datei2* enthalten sind.
- **-23** Es werden nur die Zeilen ausgegeben, die ein *Datei1* enthalten sind.

UNIX-Kommandos

compress

    compress [*Optionen*] [*Dateien*]

Reduziert die Größe einer oder mehrerer Dateien mittels adaptierter Lempel-Ziv-Kodierung und legt das Ergebnis in *Datei*.Z ab. Der ursprüngliche Dateizustand kann mittels **uncompress** oder **zcat** wiederhergestellt werden. Siehe dazu auch **compact** und **pack**.

Optionen

- **-f** Bedingungslose Ausführung. (Werden Dateien überschrieben, so wird vom Benutzer keine Bestätigung verlangt.)
- **-v** Ausgabe des Reduzierungsprozentsatzes jeder zu komprimierenden Datei.
- **-c** Die Ausgabe erfolgt über die Standardausgabe; es werden keine Dateien verändert.
- **-b***n* Begrenzung der Anzahl von Bits zur Kodierung auf *n* (Voreinstellung ist 16).

---

cp

    cp *Datei1 Datei2*
    cp [**-f**] *Dateien Verzeichnis*

Kopiert *Datei1* nach *Datei2*, oder kopiert eine oder mehrere Dateien in das angegebene *Verzeichnis* in *Dateien* gleichen Namens. Falls die Zieldatei bereits exisiert, so wird diese überschrieben.

Optionen

- **-i** Verlangt vom Benutzer eine Bestätigung, falls Dateien überschrieben werden sollen.
- **-p** Behält die Modifikationsangaben und Zugriffsrechte der Quelldatei beim Kopieren bei.
- **-r** Ist das Ziel ein Verzeichnis, so werden alle Quelldateien und -verzeichnisse kopiert.

---

cpio

    cpio *Optionen Einstellungen*

»

Kopiert Dateiarchive auf oder von einem Band oder einer Diskette. Jede der drei *Optionen* bietet unterschiedliche Einstellungen:

cpio
Fortsetzung

cpio -o [aBcv]
Kopiert eine Reihe von Dateien, deren Namen angegeben sind, auf die Standardausgabe.

cpio -i [bBcdmrdsStuv6] [*Suchmuster*]
Kopiert in Dateien, deren Namen einem Suchmuster entsprechen. Die Eingabe dieser Suchmuster erfolgt nach dem Mustererkennungsschema von **sh** oder **csh**. (Die Suchmuster sollten in Anführungsstriche oder als ESC-Sequenzen eingegeben werden, so daß sie von **cpio** - und nicht von der Shell - interpretiert werden können.)

cpio -p [adlmruv] *Verzeichnis*
Kopieren in und aus Dateien oder Verzeichnissen. Die Pfadnamen des Ziels werden relativ zum bezeichneten Verzeichnis interpretiert.

Einstellungen

a	Aktualisiert den Zugriffszeitpunkt der Eingabedateien.
s	Bytes austauschen, ausschließlich Header.
t	Fibt ein Inhaltsverzeichnis der Eingabe aus.
u	Kopiert bedingungslos.
v	Gibt eine Liste der transferierten Dateinamen aus.
6	Format des Sixth Edition Unix (Einstellung nur mit der Option -i möglich).

Suchmuster

Namen der zu selektierenden Dateien in Shell-Notation. (Die Voreinstellung ist "*" = alle Dateien.) Die Suchmuster sollten in Anführungszeichen gesetzt oder als ESC-Sequenz eingegeben werden, so daß diese von **cpio** und nicht von der Shell interpretiert werden können.

Verzeichnis

Pfadname des Ziels

---

cpp

cpp [*Optionen*] [*Eingabedatei*] [*Ausgabedatei*]

Ausführung des C-Präprozessors auf *Eingabedatei*. Das Ergebnis wird in *Ausgabedatei* abgelegt.

»

cpp
Fortsetzung

Optionen

-R Den Gebrauch rekursiver Makros zulassen.
-U *Name*
   Die Definition des Makros *Name* wird rückgängig gemacht.

Kontroll-Befehle

   #define, #else, #endif, #ifndef, #if, #ifdef, #include,
   #line, #undef

---

crypt

crypt [*Paßwort*] ‹ *Datei* › *Ausgabeidatei*

Crypt verschlüsselt *Dateien*, um nicht erwünschten Zugriff zu verhindern. Das *Paßwort* für das Entschlüsseln ist identisch mit dem zur Verschlüsselung. Wird kein Paßwort angegeben, fordert **crypt** während Ausführung zur Eingabe eines Paßworts auf.

---

csh

csh [*Optionen*] [*Argumente*]

Der C-Shell Kommandointerpreter.

Optionen

- **-c** Liest Befehle aus dem angegebenen Argument.
- **-e** Abbruch, falls eines der aufgerufenen Kommandos nicht normal beendet wird.
- **-f** Die Befehle der Datei **.cshrc** werden nicht ausgeführt.
- **-i** Interaktiver Kommandointerpreter.
- **-n** Die eingegebenen Befehle werden von dem Parser durchlaufen, jedoch nicht ausgeführt.
- **-s** Die Befehlseingabe erfolgt von der Standardeingabe.
- **-t** Lesen und Ausführen einer einzelnen Kommandozeile.
- **-v** Der Befehl wird bei Kommandoersetzung durch die History vor Ausführung nocheinmal ausgegeben.
- **-V** Eine Variable zur Informationsausgabe ("verbose") wird vor Ausführung der Datei **.cshrc** gesetzt.
- **-x** Setzen einer Variable, die bewirkt, daß alle Befehle vor Ausführung nocheinmal ausgegeben werden.
- **-X** Identisch zu -x, jedoch wird die Variable vor Ausführung der Datei **.cshrc** gesetzt.

ctags **ctags** [*Optionen*] *Dateien*

Erstellt eine *Datei*, die Positionen von angegebenen Funktionen in spezifizierten C-, Pascal-, FORTRAN-, YACC- oder Lisp - Quelldateien enthält.

Optionen

- **-a** Fügt die Ausgabe an eine bestehende "tags"-Datei, anstatt diese neu zu erstellen.
- **-B** Durchsucht rückwärts.
- **-F** Durchsucht vorwärts.
- **-t** Die Tags werden zur Typendeklaration verwandt.
- **-u** Löschen von Dateireferenzen und Anfügen neuer Werte.
- **-v** Erzeugt einen Index in der Form wie **vgrind** auf der Standardausgabe.
- **-w** Unterdrücken von Warnungsmeldungen.
- **-x** Erstellen einer Liste von Funktionsnamen, Zeilennummern, Dateinamen und Text.
- **-f***Tagsdatei*
  Schreibt das Ergebnis in *Tagsdatei*, anstatt in die voreingestellte *Datei* **tags**.

---

date **date** [*Optionen*] [*jjmmttssmm*[*.ss*]]

Gibt die aktuelle Zeit sowie das aktuelle Datum aus. Der Superuser ist ermächtigt, Datum und Zeit im Format *jjmmttssmm.ss* zu setzen.

Optionen

- **-n** Falls *timed* aktiv ist, wird die Zeit nur auf dem lokalen System gesetzt - und nicht im Netzwerk.
- **-u** Schalten auf Greenwich-Mean-Time.
- [*jj*] Die letzten beiden Stellen der Jahreszahl (z.B. 89).
- *mm* Nummer des Monats (z.B. 12).
- *dd* Nummer des Tages (z.B. 25).
- *ssmm* Stunde und Minute (24-Stunden-Format).
- *.ss* Angabe der Sekunden (optional).

UNIX-Kommandos 21

dbx **dbx** [*Optionen*] [*Objektdatei* [*Coredatei*]]

Quelldatei-Debugger für C, Pascal und FORTRAN. *Objektdatei* enthält ein ausführbares Programm und *Coredatei* enthält eine Speicherkopie, die bei Ausführung von *Objektdatei* entstanden ist. Ausführliche Informationen finden Sie im Abschnitt 8.

Optionen

- **-i** Erzwingen der Terminal-Standardeingabe oder der Terminal-Emulator-Eingabefunktion.
- **-I***Verzeichnis*
  Anfügen von *Verzeichnis* zum Suchpfad.
- **-k** Verwendung des Kernel-Debug-Modus.
- **-r** *Objektdatei* ohne Wartezeit ausführen.
- **-c***Datei*
  Führt **dbx**-Kommandos von *Datei* aus, bevor die Standardeingabe gelesen wird.

---

dc **dc** *Datei*

Ein interaktives Rechenprogramm mit präziser Ganzzahlarithmetik. Die Eingabe kann durch *Datei* erfolgen. Die Zahlenbasis der Ein- und Ausgabe sowie die Anzahl der Stellen nach dem Komma kann vom Benutzer definiert werden.

---

dd **dd** [*Optionen*]

Erstellt die Kopie einer Eingabedatei unter Berücksichtigung der angegebenen Konvertierungen, und schreibt das Ergebnis in eine Datei. Wird keine Ausgabedatei bezeichnet, so wird das Ergebnis in Standardausgabe geschrieben.

Optionen

- **bs=***n* Setzt die Blockgröße der Ein- und Ausgabe auf *n* Bytes.
- **cbs=***n* Setzt den Konvertierungspuffer auf *n*.
- **conv=** **=ascii** EBCDIC nach ASCII.
  - **=block** Variable Satzlänge zu permanenter Satzlänge.
  - **=ebcdic** ASCII nach EBCDIC.
  - **=ibm** ASCII nach EBCDIC mit IBM-Konventionen.

»

dd
Fortsetzung

    =**lcase** Großschrift in Kleinschrift.
    =**noerror** Beim Auftreten von Fehlern fortsetzen.
    =**swab** Vertauschen aller Bytepaare.
    =**sync** Gleicht Eingabesätze **ibs** an.
    =**ucase** Kleinschrift in Großschrift.
    =**unblock** Datensätze fester Länge werden variabel.
    =...,... Mehrere Konvertierungen gleichzeitig ausführen.

count=*n*
    Es werden nur *n* Eingabedatensätze kopiert.

files=*n*
    Es werden *n* Eingabedateien übersprungen.

ibs=*n* Die Blockgröße der Eingabe auf *n* setzen (Die voreingestellte Blockgröße beträgt 512 Bytes).

if=*Datei*
    Der Dateiname der Eingabedatei lautet *Datei* (voreingestellt ist die Standardeingabe).

obs=2 Die Blockgröße der Ausgabe auf *n* setzen (Die voreingestellte Blockgröße beträgt 512 Bytes).

of=*Datei*
    Der Name der Ausgabedatei lautet *Datei*.

seek=*n*
    Sucht vom Beginn der Ausgabedatei nach Satz *n*.

skip=*n*
    Überspringen von *n* Eingabesätzen.

Die Ausgabe erscheint, als ob der Filter "od -c" eingesetzt worden wäre. Die Blöcke sind durch "input record" gegeben. Wird auch ein *Band* angegeben, so wird diese Information vor jedem geschriebenen Block gegeben. Dies ist besonders beim Analysieren von unbekannten Bändern dienlich.

---

delta

delta [*Optionen*] *Dateien*

Nimmt Änderungen an einer oder mehreren SCCS-Dateien vor. Siehe dazu auch **sccs**. Weitere Informationen über SCCS finden Sie im Abschnitt 9.

Optionen

-g*Liste*
    Ignorieren von Deltas in *Liste*.
-m[*Liste*]
    Liste mit Modifikationsanforderungsnummern.
-n Änderungen werden in der Datei *Datei.g* gesichert.

UNIX-Kommandos 23

delta
Fortsetzung

    -rsid
        Delta-Versionsnummer.
    -s Unterdrückt die Ausgabe einer neuen SCCS-Identifikation.
    -y[*Zeichenkette*]
        Anfügen von *Zeichenkette* als Kommentar.

---

deroff

deroff [*Optionen*] [*Dateien*]

Alle Instruktionen für **nroff, troff, tbl** und **eqn** werden in den bezeichneten *Dateien* ignoriert.

Optionen

  -w Ausgabe einer Wortliste. Jedes Wort wird in einer eigenen Zeile ausgegeben.

---

des

des [*Optionen*] [*Eingabeidatei*] [*Ausgabeidatei*]

Verschlüsselt oder entschlüsselt *Eingabedatei* und legt das Ergebnis in *Ausgabedatei* ab. Voreingestellte Dateien sind die Standard Ein- und Ausgabe.

Optionen

  -b Aktivierung des 8-Byte Verschlüsselungsmodus.
  -d Entschlüsseln von *Eingabedatei*.
  -e Verschlüsseln von *Eingabedatei*.
  -f Warnungsmeldungen unterdrücken.
  -k*Schlüssel*
      Verwendung von *Schlüssel* zur Ent- oder Verschlüsselung
  -s Wählen der Software-Implementation.

---

df

df [*Optionen*] [*Filesystem*] [*Dateien*]

Gibt die Anzahl der verfügbaren freien Blöcke und I-Nodes des angegebenen *Filesystems* oder des *Filesystems*, in dem sich die angegebenen *Dateien* befinden, aus. Werden weder ein *Filesystem* noch *Dateien* spezifiziert, so werden die Informationen über alle aktiven Filesysteme gegeben.

»

df
Fortsetzung

Optionen

-i Ausgabe der belegten I-Nodes.

---

diff

diff [*Optionen*] *Datei1 Datei2*
diff [*Verzeichnisoptionen*] *Verzeichnis1 Verzeichnis2*

Gibt die in *Datei1* zu *Datei2* unterschiedlichen Zeilen aus. Falls *Verzeichnisoptionen* angegeben werden, werden die Dateinamen der in *Verzeichnis1* zu *Verzeichnis2* unterschiedlichen Dateien ausgegeben.

Optionen

- **-b** Ignorieren von Leerzeichen und Tabulatoren.
- **-c***n* Erzeugt *n* Zeilen mit Kontext (Voreingestellte Zeilenanzahl ist 3).
- **-e** Erstellt eine Datei mit Editor-Befehlen, um *Datei2* aus *Datei1* mit **ed** wiederherstellen zu können.
- **-f** Wiederherstellen von *Datei1* aus *Datei2* ohne **ed**.
- **-h** Der Zeilenvergleich wird schnell durchgeführt.
- **-n** Erzeugt eine Datei mit Editor-Befehlen, um *Datei2* aus *Datei1* mit **ed** wiederherstellen zu können, und zählt die geänderten Zeilen.

-D*Zeichenkette*
  Erstellt eine kombinierte Version von *Datei1* und *Datei2* und gibt diese auf der Standardausgabe aus.
- **-w** Ignorieren aller Leerstellen (Leerzeichen und Tabulatoren).
- **-i** Ignorieren von Groß- und Kleinschreibung.
- **-t** Erweitert Tabulatoren in der Ausgabe (sinnvoll bei **-c**).

Die obigen Optionen können nur einzeln und nicht in Kombination angewandt werden. Ausnahmen bilden hierbei die Optionen **-b, -w, -i** und **-t**.

Verzeichnisoptionen

- **-l** Langes Ausgabeformat.
- **-r** **diff** wird rekursiv auf gemeinsame Unterverzeichnisse angewendet.
- **-s** Ausgabe der Namen identischer Dateien.
- **-S***Datei*
  Der Verzeichnisvergleich wird mit *Datei* begonnen.

diff3   **diff3** [*Optionen*] *Datei1 Datei2 Datei3*

Vergleichen von drei Dateien und Ausgabe der gefundenen Unterschiede mit den folgenden *Kürzeln:*

==   Abweichung in allen 3 *Dateien.*
==1   Abweichung in *Datei1.*
==2   Abweichung in *Datei2.*
==3   Abweichung in *Datei3.*

Optionen

-e   Erstellen einer Editor-Kommandosequenz, um in *Datei1* alle Unterschiede von *Datei2* zu *Datei3* einzuarbeiten.
-E   Wie **-e**, jedoch werden überlappende Änderungen anders behandelt.
-x   Erstellen einer Editor-Kommandosequenz, um in *Datei1* alle gefundenen Abweichungen einzuarbeiten.
-X   Gleich zu **-x**, jedoch werden überlappende Änderungen anders behandelt.
-3   Erstellen einer Editor-Kommandsequenz, um in *Datei1* alle Abweichungen, die zwischen *Datei1* und *Datei3* gefunden werden konnten, einzuarbeiten.

---

disable   **disable** [*Optionen*] *Name*

Deaktiviert den Drucker *Name.*

Optionen

-c   Abbrechen aller aktiven Druckaufträge.
-r"*Grund*"
     Grund in Verbindung mit dieser Deaktivierung bringen.

---

du   **du** [*Optionen*] [*Verzeichnisse*]

Gibt die Anzahl der belegten Blöcke des oder der angegebenen Verzeichnisse und aller darin befindlichen Unterverzeichnisse aus. Die Voreinstellung ist das aktuelle Verzeichnis.

»

du
Fortsetzung

Optionen

-**a** Jede Datei wird mit der dazugehörigen Angabe der jeweils belegten Blöcke aufgeführt.

-**s** *Dir*
   Gibt nur den Umfang des Gesamtinhalts der angegebenen Verzeichnisse *Dir* aus.

---

echo

echo [*Optionen*][*Zeichenkette*]

Kopiert *Zeichenkette* auf die Standardausgabe. Wird keine *Zeichenkette* angegeben, so wird eine Leerzeile ausgegeben. Mehr Informationen zu **echo** finden Sie in Abschnitt 2.

Optionen

-**n** Der Ausgabe von *Zeichenkette* wird kein Zeilenvorschub angefügt.

---

ed

ed [*Optionen*] [*Datei*]

Der Standard-Texteditor. Existiert die angegebene *Datei* nicht, wird diese von **ed** erstellt. Andernfalls wird die bezeichnete *Datei* geöffnet.

Optionen

- Zeichenzählung, Diagnostik und "!"-Prompts werden unterdrückt.
-**p** Verwendung eines benutzerdefinierten Prompts.
-**x** Lesen einer mit **crypt** verschlüsselten *Datei*.

---

edit

edit [*Dateiname*]

Ein zeilenorientierter Texteditor.

UNIX-Kommandos

efl

efl [*Optionen*] [*Dateien*]

Konvertiert eine Datei von EFL (Extended Fortran Language) in FORTRAN. Wird als Preprozessor für **f77** eingesetzt.

Optionen

-w Unterdrücken von Warnungen.
-C Kommentare werden in die FORTRAN-Ausgabe übernommen (Voreinstellung).
-# Kommentare werden nicht in die Ausgabe übernommen.

---

egrep

egrep [*Optionen*][*Bedingung*][*Dateien*]

Durchsuchen einer oder mehrerer *Dateien* nach Zeilen, die *Bedingung* entsprechen. Gültige Bedingungsangaben finden Sie in Abschnitt 3. Siehe auch **grep** und **fgrep**.

Optionen

-b Vor jeder Zeile wird die Blocknummer ausgegeben.
-c Es wird nur die Anzahl der übereinstimmenden Zeilen ausgegeben.
-e *Bedingung*
    Diese Option wird benutzt, falls *Bedingung* ein Hochstellzeichen enthält.
-f*Datei*
    Bedingung wird *Datei* entnommen.
-l Es werden nur die Dateinamen ausgegeben.
-n Jeder Ausgabezeile ist eine Zeilennummer vorangestellt.
-s Keine Ausgabe. Es werden nur Fehlermeldungen ausgegeben.
-v Es werden alle Zeilen ausgegeben, die der *Bedingung* nicht entsprechen.

---

enroll

enroll

Benutzung des geschützten Mail-Systems. **enroll** fordert zur Eingabe eines Paßworts auf. Siehe dazu auch **xsend** und **xget**.

eqn eqn [*Optionen*] [*Dateien*]

Präprozessor für **troff** zur Ausgabe mathematischer Ausdrücke und Zeichen. Siehe dazu Abschnitt 7. Soll die Ausgabe über **nroff** erfolgen, so benutzen Sie das Kommando **neqn**.

Optionen

-d*xy* *x* und *y* werden als Anfangs- und Endbegrenzung gesetzt.
-f*n* Der Zeichensatz (Font) wird auf *n* gewechselt.
-p*n* Hochgestellte Zeichen werden um *n* Punkt verkleinert.
-s*n* Der Schriftgrad wird um *n* Punkt verkleinert.

---

error error [*Optionen*] [*Datei*]

Analysieren von Compiler-Fehlermeldungen in *Datei* oder von der Standardeingabe, und Ändern der Quell-Datei um den Fehler zu reflektieren.

Optionen

-I*Infodatei*
    Die in *Infodatei* aufgelisteten Funktionen werden ignoriert.
-n Ausgabe erfolgt auf die Standardausgabe und nicht in die Quelldatei.
-q Abfrage, ob eine Datei mit **touch** behandelt werden soll.
-s Ausgabe von Statistiken.
-t*Suffix1*
    Suffix1 ist eine Liste mit gültigen Dateiendungen, die von **error** bearbeitet werden sollen.
-v Nach Beendigung von **error** wird der Editor **vi** aufgerufen.

---

ex ex [*Optionen*] *Dateien*

Ein zeilenorientierter Texteditor. **ex** ist eine Erweiterung von **ed** und dient dem bildschirmorientierten Editor **vi** als Grundlage. Im Abschnitt 4 finden Sie weitere Informationen dazu.

»

UNIX-Kommandos

ex
Fortsetzung

Optionen

- Unterdrücken aller Warn- und Fehlermeldungen, sowie interaktiven Meldungen.
- **-l** Editieren einer LISP-Datei.
- **-r** Laden von Datei(en).
- **-R** Eine Datei mit ausschließlichem Lesezugriff öffnen.
- **-t***tag*
  Beim Öffnen wird auf die Position *tag* gesprungen.
- **-v** Aufruf von **vi**.
- **-x** Übergeben eines Schlüssels, um Datei zu entschlüsseln.
- **+***Kommando*
  Ausführung von *Kommando* bei Aufruf von **ex**.

---

exec

exec *Kommando*

Führt das angegebene *Kommando* anstelle der aktiven Shell aus.

---

expand

expand [*Optionen*] [*Dateien*]

Konvertiert alle Tabulatormarken in den angegebenen Dateien zu Leerzeichen. Siehe dazu auch **unexpand**.

Optionen

- **-***n* Tabulatormarken werden in *n* Leerzeichen umgesetzt (Voreinstellung ist 8).
- **-***n1*, *n2*, *n3*
  Setzen von Tabulatorhaltemarken an den Positionen *n1*, *n2*, und *n3* (z.B. 4, 8, 12).

---

expr

expr *Argumente*

Berechnet die Werte der genannten *Argumente* als Ausdrücke und gibt das Ergebnis aus. Ausdrücke und Operatoren werden durch Leerstellen getrennt.

»

expr
Fortsetzung

Argumente

expr1 | *expr2*
: Wahr, falls entweder Ausdruck *expr1* oder *expr2* wahr ist.

expr1 & *expr2*
: Wahr, falls beide Ausdrücke *expr1* und *expr2* wahr sind.

expr1 {*op*} *expr2*
: Gibt 1 zurück, falls der angegebene Vergleich wahr ist, 0 wenn falsch. *op* ist eines von: =, >, >=, <, <=, !=.

expr1 + *expr2*
: Ausdrücke addieren.

expr1 - *expr2*
: Ausdrücke subtrahieren.

expr1 * *expr2*
: Ausdrücke multiplizieren.

expr1 / *expr2*
: Ausdrücke dividieren.

expr1 % *expr2*
: Rest nach der ganzzahligen Division zurückgeben.

expr1 : *expr2*
: *expr1* mit *expr2* vergleichen. *expr2* muß regulär sein.

(*expr*)
: In Klammern stehende Ausdrücke werden zuerst berechnet (Ausdrücke werden sonst von links nach rechts berechnet).

Die Zeichen &, / und * müssen mit einem vorangegangenen \ versehen werden.

eyacc

eyacc [*Optionen*] [*Grammatik*]

Effiziente Version von **yacc**. Siehe auch **yacc**. Die Optionen sind identisch mit denen des Kommandos **yacc**.

f77

f77 [*Optionen*] *Dateien*

Der UNIX FORTRAN 77 Compiler.

>>

UNIX-Kommandos

f77
Fortsetzung

Optionen

-c   Ausgabe erfolgt in Module (.o Dateien).
-C   Überprüfen, ob Unterfunktionen innerhalb der angegebenen Grenzen liegen.
-d   Debugging des Compilers.
-D*Name*[=*Belegung*]
     Definiert *Name* mit *Belegung* (voreingestellte Belegung =1).
-f*Option*
     Verwendung von *Option* zur Gleitkommaarithmetik.
-F   Aufruf der Präprozessoren EFL und RATFOR und Ausgabe des Resultats in *Datei*.**f**.
-g   Erstellen von zusätzlichen Informationen in der Symboltabelle.
-i2 Die Voreinstellung für ganzzahlige Konstanten und Variablen auf kurze Ganzzahlen setzen.
-I*Verzeichnis*
     Zusätzliches *Verzeichnis* mit Include-Dateien.
-m   Aufruf des Präprozessors **m4** auf eine RATFOR- oder EFL-Datei.
-N*Flag*
     Angeben der maximalen Größe verschiedener dynamisch belegter compiler-interner Datenstrukturen.

Flag
c - Anzahl von Schleifenstrukturen.
n - Anzahl von Identifizierungsnamen.
q - Anzahl von Äquivalenzen.
s - Anzahl von Anweisungsnummern.
x - Anzahl externer Namen.

-o*Datei*
     Die Ausgabe erfolgt in *Datei* (Voreinstellung ist **a.out**).
-O   Optimierung des Objektcodes.
-onetrip,-1
     Compilierung von DO-Schleifen.
-p   Objektdateien zum Profiling vorbereiten.
-pg Objektdateien auf intensives Profiling vorbereiten.
-q   Unterdrücken der Ausgabe von Datei- und Programmodulnamen während des Compilierens.
-r8 Behandeln von Gleitkommadarstellungen als doppelte Genauigkeit und komplexe Ausdrücke als doppelt komplex.
-R*Zeichenkette*
     Zeichenkette wird als RATFOR-Option interpretiert.
-S   Erzeugen von Assemblerdateien (.s).
-u   Variabler Typ ist nicht definiert.

»

f77
Fortsetzung

-U Großbuchstaben werden nicht in Kleinbuchstaben umgewandelt.
-v Ausgabe von Statusinformationen des Compilers.
-w Unterdrücken von Warnmeldungen.

---

false

false

Gibt den Rückgabewert einer nicht erfolgreich verlaufenen Funktion. Siehe dazu auch das Kommando **true**.

---

fed

fed [*Optionen*] *Datei*

Hilfsmittel zum Editieren von Zeichensatzdateien zur Verwendung mit einem Hewlett-Packard 2648-Terminal. **fed** stellt dazu zahlreiche Kommandos zur Verfügung. Siehe dazu auch **vfont**, **vtroff** und **vwidth**.

Optionen

-i Inverse-Modus. Es wird eine Einstellung erzielt, die der Ausgabe einer Hardcopy auf dem Plotter ähnlich ist.

-q Modus, der alle graphischen Ausgaben unterdrückt und somit die Ausführung von **fed** wesentlich beschleunigt.

---

fgrep

fgrep [*Optionen*] [*Muster*] [*Dateien*]

Durchsuchen einer oder mehrerer *Dateien* nach Zeilen, die *Muster* enthalten. **fgrep** unterstützt keine Bedingungsangaben. Siehe dazu auch **egrep** und **grep**.

Optionen

-b Jede Zeile wird mit entsprechender Block-Nummer ausgegeben.

-c Es wird nur die Anzahl der übereinstimmenden Zeilen ausgegeben.

»

UNIX-Kommandos

fgrep
Fortsetzung

-e*Muster*
Mit dieser Option können Suchmuster, die mit "-" beginnen, eingegeben werden.

-f*Datei*
Das Suchmuster wird *Datei* entnommen.

-i   Abweichungen bezüglich Groß- und Kleinschrift werden ignoriert.

-l   Nur Dateinamen werden ausgegeben.

-n   Jeder ausgegebenen Zeile wird die jeweilige Zeilennummer vorangestellt.

-s   Keine Bildschirmausgabe. Es werden nur Fehlermeldungen angezeigt.

-v   Zeigt alle nicht übereinstimmenden Zeilen an.

-x   Gibt nur Zeilen aus, die exakt mit dem Suchmuster übereinstimmen.

---

file

file *Datei*

Klassifiziert die angegebenen *Dateien* nach dem enthaltenen Datentyp. **file** konsultiert die magice-Datei (normalerweise **/etc/magic**), um Dateien anhand von enthaltenen Zeichenketten- oder Zahlenkonstanten zu identifizieren.

---

find

find *Pfadnamen Bedingung(en)*

Durchsuchen eines oder mehrerer *Pfadnamen* nach Dateien, die den angegebenen Bedingungen entsprechen. Es müssen mindestens ein *Pfadname* und eine *Bedingung* angegeben werden. Die Bedingungen können mittels expliziter Klammern (\(AND\)) gruppiert, mit ! negiert, oder als Alternativen mittels Separierung durch **-o** angegeben werden. Falls die Resultate der Suche angezeigt werden sollen, vergewissern Sie sich, die Option **-print** spezifiziert zu haben.

Bedingung

-name *Name*
Nur Dateien, die mit dem angegebenen Namen übereinstimmen. Metazeichen wie die der Shell können benutzt werden, sollten jedoch abgegrenzt bzw. in Anführungszeichen eingegeben werden, so daß sie nicht von der Shell, sondern von **find** interpretiert werden können.

»

find
Fortsetzung

-**perm** *onum*
   Nur Dateien, deren Zugriffsmaske exakt mit dem okatalen Wert *onum* übereinstimmen.

-**type** *c*
   Nur Dateien des Typs *c*. *c* kann entweder **b** (Block-spezifisch), **c** (Zeichen-spezifisch), **d** (Verzeichnis), **p** (FIFO-Datei oder Named-Pipe) oder **f** (einfache Datei) sein.

-**links** *n*
   Nur Dateien, mit *n* Links.

-**user** *Benutzerbezeichnung*
   Nur Dateien, die dem Benutzer mit *Benutzerbezeichnung* gehören. *Benutzerbezeichnung* kann entweder der Benutzername oder die *Benutzeridentifikationsnummer* sein.

-**group** *Gruppenbezeichnung*
   Nur Dateien, die der Gruppe mit *Gruppenbezeichnung* zugeordnet sind. *Gruppenbezeichnung* kann entweder ein Benutzername oder eine *Gruppenidentifikationsnummer* sein.

-**size** *n*[c]
   Nur Dateien mit der Größe von *n* Blöcken. Bei der Angabe von c werden nur Dateien als passend gemeldet, deren Größe *n* Bytes beträgt.

-**inum** *n*
   Nur Dateien mit der I-Node-Nummer *n*.

-**atime** [+,-]*n*
   Nur Dateien, auf die vor mehr als (+*n*), vor weniger als (-*n*) Tagen zugegriffen worden ist. Wird kein Vorzeichen angegeben, so kommen nur Dateien in Frage, auf die der Zugriff exakt vor *n* Tagen erfolgt ist.

-**mtime** [+,-]*n*
   Nur Dateien, die vor mehr als (+*n*), vor weniger als (-*n*) Tagen verändert worden ist. Wird kein Vorzeichen angegeben, so kommen nur Dateien in Frage, auf die der Zugriff exakt vor *n* Tagen erfolgt ist.

-**exec** *Kommando* { }\;
   Nur Dateien, die einen Nullwert als Rückgabewert bei Ausführung liefern. Innerhalb des Befehls wird das Argument { } durch den aktuellen Pfadnamen ersetzt. Die gesamte Sequenz muß mit "\;" abgeschlossen werden.

-**ok** *Kommando* { }\;
   Identisch mit -**exec**, jedoch wird der Benutzer vor Ausführung von *Kommando* nach Bestätigung gefragt.

-**print**
   Ausgabe des Pfadnames aller passenden Dateien.

-**ls**
   Ausgabe des aktuellen Pfads mit darauf bezogenen Statistiken.

»

UNIX-Kommandos

find
Fortsetzung

-newer *Datei*
   Nur Dateien, deren Modifikationsdatum jünger ist, als das von *Datei*.

-xdev
   Es wird nicht auf ein anderes Dateisystem gewechselt. Das zu durchsuchende Dateisystem ist ausschließlich das des aktuellen Pfades.

---

finger

finger [*Optionen*] *Suchmuster*

Gibt eine Reihe weiterer Informationen zu den *Benutzern* eines Systems aus mittels der Dateien **.plan** und **.project**, welche in den jeweiligen Benutzerverzeichnissen erwartet werden.

Optionen

- **-l** Langes Ausgabeformat erzwingen.
- **-m** Das Suchmuster soll sich ausschließlich auf Benutzernamen, und nicht auf sämtliche gegebene Benutzerinformationen beziehen.
- **-p** Unterdrücken der Ausgabe von **.plan** Dateien.
- **-s** Kurzes Ausgabeformat erzwingen.

---

fmt

fmt [*Dateien*]

Formatieren von einfachen Text-*Dateien* (z.B. Mail-Dateien) in ein Format mit einer Zeilenlänge von etwa 72 Zeichen.

---

fold

fold [*Optionen*] *Dateien*

Bricht alle Zeilen der angegebenen *Dateien* nach der angegebenen Zeilenbreite um. **fold** bricht exakt nach der spezifizierten Zeilenbreite um; selbst mitten in einem Wort.

Optionen

- **-n** Setzt die Zeilenbreite auf *n* (Voreinstellung ist 80).

fp

fp

Funktionale Programmiersprache (Compiler und Interpreter). Alle Benutzerbefehle können mit "help" angezeigt werden.

fpr

fpr

FORTRAN Druckerfilter. Dateien im FORTRAN-Ausgabeformat werden so konvertiert, daß sie korrekt mit **lpr** gedruckt werden können.

from

from [*Optionen*] [*Benutzer*]

Ausgabe von Mail-Köpfen aus der Mailbox-Datei eines *Benutzers*, um die Absender der eingegangenen Mails zu ermitteln. Die Voreinstellung ist die benutzereigene Mailbox-Datei.

Optionen

-s *Absender*
: Die Ausgabe wird auf von *Absender* übermittelte Mail-Einträge beschränkt.

fsplit

fsplit [*Optionen*] *Dateien*

Unterteilt eine FORTRAN-Datei - wenn möglich - in Dateien, die FORTRAN-Segmente enthalten.

Optionen

-e *Segment*
: Nur *Segment* wird in eine neue Datei ausgelagert. Diese Option kann mehrmals in einer einzelnen Kommandozeile gesetzt werden.

UNIX-Kommandos

ftp

ftp [*Optionen*] [*Host*]

Übertragung von Dateien zu oder von einem System *Host*. Die Befehlseingabe geschieht hier interaktiv. Mit **"help"** erhalten Sie eine Liste mit möglichen Befehlseingaben.

Optionen

- **-d** Debugging aktivieren.
- **-g** Ausschalten von Dateinamen-Anpassung.
- **-i** Interaktive Benutzerbefragung deaktivieren.
- **-n** Kein automatischen Anmelden beim Host-System bei Verbindungsaufbau.
- **-v** Alle vom Host-System getätigten Aktionen anzeigen.

---

gcore

gcore *Prozeßnummer*

Erstellen einer Speicherkopie beliebiger aktiver Prozesse. Der Prozeßspeicher wird in einer Datei **core** abgelegt und kann mit **adb** oder **dbx** betrachtet werden.

---

get

get [*Optionen*] *Dateien*

Anfordern einer bestimmten Version einer SCCS-*Datei* und Ausgabe der Versionsnummer und der Gesamtzeilenanzahl. Weiter Informationen zu SCCS finden Sie in Abschnitt 9.

Optionen

- **-a***n* Anfordern der Delta-Sequenz Nummer *n*.
- **-b** Erstellt eine neue Verzweigung.
- **-c***Datum*
  Änderung, die nach *Datum* gemacht worden sind, ignorieren (Format: *jj*[*mm*[*tt*[*ss*[*mm*[*ss*]]]]]).
- **-e** Zum Editieren anfordern.
- **-g** Unterdrücken der Versionsanforderung.
- **-i***Liste*
  Einbinden einer *Liste* mit Änderungen.
- **-k** Die Identifikationsschlüsselwörter werden nicht ersetzt.
- **-l[p]***Datei*
  Schreibt eine Delta-Zusammenfassung in *Datei*.

›› **-lp** Zeigt die Zusammenfassung auf der Standardausgabe an.

get
Fortsetzung

-m Jeder Zeile wird die Versionsnummer vorangestellt.
-n Jeder Zeile wird das Schlüsselwort %M% vorangestellt.
-p Anzeigen der angeforderten Daten auf der Standardausgabe.
-r*sid*
   Anfordern der Versionsnummer *sid*.
-s Unterdrücken der normalen Ausgabe.
-t Anfordern der aktuellsten Version einer Ausgabe.

---

gprof

gprof [*Optionen*][*Objektdatei* [*Profildatei*]]

Ablaufprofil-Daten von C, Pascal oder f77 Programmen werden grafisch dargestellt. Programme, welche mit der Option **-pg** aus **cc, pc** und **f77** compiliert worden sind, erstel-len eine grafische *Profildatei*, deren voreingestellter Name **gmon.out** ist. *Objektdatei* (Voreinstellung **a.out**) enthält eine Symboltabelle, die mit *Profildatei* gelesen und verknüpft wird.

Optionen

-a Ausgabe statisch deklarierter Funktionen wird underdrückt.
-b Die Ausgabe einer Beschreibung jedes Feldes des Profils wird unterdrückt.
-c Gibt den statischen Ablaufgraphen eines Programmes aus. Aufrufzähler von 0 zeigen exklusiv statische Konstrukte an.
-e *Name*
   Die grafischen Darstellung der Profil-Daten für die Routine *Name* wird unterdrückt. Diese Option kann wiederholt werden.
-E *Name*
   Wie **-e** oben, aber auch die Angaben zur Ausführzeit für die Routine *Name* werden unterdrückt.
-f *Name*
   Die grafische Darstellung der Profil-Daten für die angegebenen Routine *Name* wird angezeigt. Diese Option kann wiederholt werden.
-F *Name*
   Wie **-f** oben, mit den Angaben zur Ausführzeit der Routinen. Diese Option unterdrückt die -E Option.
-s Die Information aller angegebenen Profil-Dateien zusammenfassen und in die Profil-Datei **gmon.sum** schreiben.
-z Nicht aufgerufe Routinen werden angezeigt. In Verbindung mit der -c Option, können die Routinen, die nie aufgerufen wurden, gefunden werden.

graph

graph [*Optionen*]

Zeichnen eines Graphen mittels der von der Standardeingabe als x-y Koordinaten gelesenen Daten. Der Graph kann mit **plot** ausgedruckt werden. Siehe auch **spline**.

Optionen

-a *Abstand* [*Start*]
  Erstellen von Abszissen mit dem Einheitenabstand *Abstand* (Voreinstellung 1) und dem Startpunkt *Start* (Voreinstellung 0).
-b Nach jeder Eingabe unterbrechen.
-c*String*
  Jeden Punkt mit *String* bezeichnen.
-g*n* Rasterspezifikation:
  0 = kein Raster.
  1 = mit Marken angedeutetes Raster.
  2 = volles Raster.
-h*n* Höhe *n*.
-l*Titel*
  Verwendung von *Titel* für den Graphen.
-m*n* Spezifikation zum Verbinden von Linien:
  0 = nicht verbunden.
  1 = verbunden.
-r*n* Vor Ausgabe etwas nach rechts (*n*) gehen.
-s Bildschirm abspeichern.
-t Vertauschen der Achsen.
-u*n* Vor Ausgabe etwas nach oben (*n*) gehen.
-w*n* Breite *n*.
-x[l]
  Manuelles Erstellen der x-Achse.
  Wird die Option l spezifiziert, so wird eine logarithmische Achse erstellt.
-y[l]
  Manuelles Erstellen der y-Achse.
  Wird die Option l spezifiziert, so wird eine logarithmische Achse erstellt.

---

grep

grep [*Optionen*] *Bedingung* [*Dateien*]

Durchsuchen einer oder mehrerer *Dateien* nach Zeilen, die *Bedingung* entsprechen. Gültige Bedingungsangaben finden Sie in Abschnitt 3. Siehe auch **grep** und **fgrep**.

»

grep
Fortsetzung

Optionen

- **-b** Vor jeder Zeile wird die Blocknummer ausgegeben.
- **-c** Es wird nur die Anzahl der übereinstimmenden Zeilen ausgegeben.
- **-e** *Bedingung*
  Diese Option wird benutzt, falls *Bedingung* ein ″^″-Zeichen enthält.
- **-f** *Datei*
  Bedingung wird *Datei* entnommen.
- **-h** Keine Ausgabe der Dateinamen.
- **-i** Unterschiede in Groß- und Kleinschreibung werden ignoriert.
- **-l** Es werden nur die Dateinamen ausgegeben.
- **-n** Jeder Ausgabezeile ist eine Zeilennummer vorangestellt.
- **-s** Keine Ausgabe. Es werden nur Fehlermeldungen gegeben.
- **-v** Es werden alle Zeilen ausgegeben, die der Bedingung nicht entsprechen.
- **-w** Lokalisieren innerhalb eines Wortes.

---

groups

groups [*Benutzername*]

Zeigt die eigene Gruppe oder die eines angegebenen *Benutzers* an.

---

head

head [*Optionen*] [*Dateien*]

Zeigt die ersten Zeilen der angegebenen *Dateien* an.

Optionen

- **-n** Zeigt *n* Zeilen vom Dateianfang aus an (Voreinstellung 10 Zeilen).

---

help

help [*Befehl*] [*Fehler*]

Gibt eine Beschreibung zu einem angegebenen *Befehl* oder einer Fehlernummer aus.

UNIX-Kommandos

hostid **hostid** [*id*]

Gibt die System-Identifikationsnummer des Hosts aus. Wird die Identifikation *id* angegeben, so wird diese entsprechend neu gesetzt. (Ausführung nur durch den Super-User.)

---

hostname **hostname** [*Name*]

Gibt den Systemnamen des Hosts aus, oder setzt es auf *Name*. (Zu letzterem ist nur der Super-User ermächtigt.)

---

indent **indent** [*Eingabedatei* [*Ausgabedatei*]] [*Optionen*]

Eingabedatei in C-Programmstruktur formatieren. Die Ausgabe wird in *Ausgabedatei* geschrieben, falls angegeben. Sonst wird Ausgabe in *Eingabedatei* geschrieben und *Eingabedatei* in *Eingabedatei*.**BAK** gelegt.

Optionen

- **-bad** Eine Leerzeile nach jedem Deklarationsblock erzwingen. Ausschalten mit **-nbad** (Voreinstellung).
- **-bap** Eine Leerzeile nach jedem Prozedurenblock erzwingen. Ausschalten mit **-nbap** (Voreinstellung).
- **-bbb** Eine Leerzeile vor jedem Anmerkungsblock erzwingen. Ausschalten mit **-nbbb** (Voreinstellung).
- **-bc** Eine neue Zeile nach jedem Komma in einem Deklarationsblock anfangen (Voreinstellung). Ausschalten mit **-nbc** (Voreinstellung).
- **-bl** Komplexe Anweisungen ihrer logischen Struktur gemäß einrücken. Die linke geschweiften Klammer wird am Ende der Zeile gesetzt. In der folgenden Zeile wird sie mittels **-br** gesetzt (Voreinstellung).
- **-c***n* Kommentare in Spalte *n* beginnen (Voreinstellung ist 33).
- **-cd***n* Kommentare zu Deklarationen ab Spalte *n* (Voreinstellung wie andere Kommentare).
- **-cdb** Markierungszeichen zur Abgrenzen von Anmerkungen auf eine neue Zeile setzen (Voreinstellung). Ausschalten mit **-ncdb**.
- **-ce** "else" neben einem vorhergehenden ")" erzwingen. Ausschalten mit **-nce** (Voreinstellung).
- **-ci***n* Fortgesetzte Einrückung auf *n* setzen (Voreinstellung 8).

»

indent
Fortsetzung

-cl*n* "case" Labels *n* TABs rechts zur aktiven **switch** Anweisung einrücken. *n* darf Dezimalzahl sein. Voreinstellung ist 0.

-d*n* Kommentare *n* Einrückstufen links zum Code setzen (Voreinstellung ist gleiche Einrückung wie Code).

-di*n* *n* Leerzeichen zwischen ein Schlüsselwort und die nächste Semantikzeichen setzen.

-dj Deklarationen linksbündig setzen. Ausschalten mit **-ndj** (Voreinstellung), wobei Deklarationen identisch zum Code eingerückt werden.

-ei Die **else**-Anweisung, die einer **if**-Anweisung folgt, so einrücken wie die vorherige **if**-Anweisung (Voreinstellung). Ausschalten mit **-nei**.

-fc1 Kommentare in Spalte 1 beginnen lassen (Voreinstellung). Ausschalten mit **-nfc1**, um eine manuelle Formatierung zu ermöglichen.

-i*n* Einrücktiefe auf *n* Leerzeichen ändern (Voreinstellung ist 4).

-ip Parameter-Deklarationen vom linken Rand aus einrücken (Voreinstellung). Ausschalten mit **-nip**.

-l*n* Zeilenlänge auf *n* einstellen (Voreinstellung ist 78).

-lp In Klammern auf Fortsetzungszeilen stehenden Code unterhalb der linken Klammern einziehen (Voreinstellung). Ausschalten mit **-nlp**.

-npro
Die Profildateien ./**indent.pro** und ˜/.**indent.pro** ignorieren.

-pcs Ein Leerzeichen zwischen linker Klammer und Namen in Prozeduraufrufen einfügen. Ausschalten mit **-npcs** (Voreinstellung).

-ps Ein Leerzeichen vor und nach "-›" einfügen. Ausschalten mit **-nps** (Voreinstellung).

-ps1 Namen von zu definierenden Prozeduren in Spalte 1 setzen mit Typendeklarationen auf den vorhergehenden Zeilen (Voreinstellung). Ausschalten mit **-nps1**.

-sc Stern (Asterisks) am linken Rand bei Kommentaren (Voreinstellung). Ausschalten mit **-nsc**.

-sob Indent erzwingen, Leerzeilen zu übergehen. Ausschalten mit **-nsob** (Voreinstellung).

-st Eingabe aus **stdin** entnehmen und Ausgabe an **stdout** übergeben.

-T*Name*
Name zur Liste der Typenschüsselwörter hinzufügen.

-troff
Vorbereitung des Programms zur Ausgabe mit **troff**.

-v Rückgabe, falls eine Eingabezeile geteilt wird. Ausschalten mit **.nv** (Voreinstellung).

UNIX-Kommandos

indxbib   **indxbib** *Datenbank*

Erstellt einen invertierten Index für *Datenbank*. Siehe dazu auch **refer** und **lookbib**.

---

install   **install** [*Optionen*] *Datei Ziel*

Befördert eine binäre *Datei* in ein *Ziel* (Datei oder Verzeichnis).

Optionen

-c Kopiert *Datei* (die Quelldatei wird nicht gelöscht).
-g*Gruppe*
    Datei *Ziel* an *Gruppe* zuweisen.
-m*Modus*
    Die Zugriffsrechte von Datei *Ziel* zuweisen.
-o*Eigentümer*
    Eigentümer von Datei *Ziel* zuweisen.
-s *Datei* wird mit **strip** behandelt.

---

iostat   **iostat** [*Laufwerke*] [*Intervall* [*Menge*]]

Iterative Ausgabe von I/O-Statistiken in sekündlich festgesetzten Zeitintervallen. Es können bestimmte Massenspeicher mit *Laufwerk* angezeigt werden. Die Anzahl der Ausgabemeldungen wird mit *Menge* festgesetzt. Das erste Intervall ist stets die Zeit vom letzten Systemstart an.

---

join   **join** [*Optionen*] *Datei1 Datei2*

Zusammenführen der in den sortierten Dateien *Datei1* und *Datei2* übereinstimmenden Zeilenbestandteile. Die Ausgabe enthält ein gemeinsames Feld und den Rest jeder Zeile beider Dateien.

»

join
Fortsetzung

Optionen

-a*n* Ausgabe der nicht zu verknüpfenden Zeilen in Datei *n* (*n* ist 1 oder 2).

-e*Zeichenkette*
Leere Ausgabefelder werden durch *Zeichenkette* ersetzt.

-j*n m*
Zusammenführen des *m*-ten Feldes von *Datei n* (wobei *n* die Belegungen 1 oder 2 annehmen kann). Wird *n* nicht spezifiziert, so werden die *m*-ten Felder beider Dateien benutzt.

-o*Liste*
Die Ausgabe enthält die Felder, die in *Liste* definiert werden. Jedes Listenelement hat das Format *n.m* (wobei *n* die Dateinummer und *m* die Feldnummer repräsentiert).

-t*c* Das Zeichen *c* wird als Feldseparator interpretiert (Voreinstellung ist das Tabulatorzeichen).

---

jove

jove [*Optionen*] [*Dateien*]

EMACS-kompatibler Texteditor. Mit der Eingabe ‹ESC›X?RETURN erhalten Sie eine Liste aller möglichen Editorbefehle.

Optionen

-d*dir*
Aktuellen Verzeichnisnamen angeben.

-w Stellt zwei Textfenster dar.

-t*Muster*
Führt **find-tag** auf *Muster* aus.

+n*Datei*
Positioniert bei Initialisierung auf die Zeile *n* anstelle der ersten Zeile.

-p*Datei*
Analysiert Fehlermeldungen, die in *Datei* gefunden werden.

---

kill

»

kill [*-Signal*] *Prozeßnummer*

Bricht den durch die *Prozeßnummer* bezeichneten Prozeß mit optionaler Signal-Angabe ab. Es muß sich dabei um Ihren

UNIX-Kommandos

kill
Fortsetzung

eigenen Prozeß handeln oder Sie müssen ein Super-User sein. Mittels der Eingabe **kill -l** erhalten Sie eine Auflistung aller Signale.

-Signal
   Signalnummer oder Signalname. Mit der Signalnummer 9 wird der Befehl **kill** bedingungslos durchgeführt.

-Prozeßnummer
   Die *Prozeßnummer* eines bestimmten Programms kann mittels des Befehls **ps** ermittelt werden. Unter Benutzung der C-Shell können Prozesse anhand von Job-Spezifizierern abgebrochen werden.

---

last

last *[Optionen] [Benutzer] [Schnittstellen]*

Ausgabe von Systemprotokollinformationen über Benutzersitzungen. Die Reihenfolge der Ausgabe beginnt mit der zeitlich aktuellsten Sitzung und reicht bis zum Ende des Protokolls. Werden keine Argumente angegeben, so werden Informationen zu allen Sitzungen gegeben. Die Auflistung enthält den Benutzernamen, die Schnittstellennummer und die Sitzungsdauer.

Optionen

-f*Datei*
   Die angegebene *Datei* wird anstelle von **/usr/adm/wtmp** analysiert.
-n   Die Ausgabe wird auf *n* Zeilen beschränkt.

---

lastcomm

lastcomm *[Kommandos] [Benutzer] [Schnittstellen]*

Ausgabe von Verwaltungsinformationen über die zuletzt von den *Benutzern* erteilten Befehle. Es sind Felder über den jeweiligen Benutzer, das Datum, die *Schnittstelle* (**tty**) und den zuletzt erteilten Befehl vorhanden. Werden keine Argumente angegeben, so wird eine Liste aller Informationen über Befehle, die sich im Protokoll befinden, ausgegeben. Die Voreinstellung von **lastcomm** gibt die in **/usr/lib/acct** enthaltene Befehle wieder. Es können auch Informationen über bestimmte Befehle, Benutzer oder Schnittstellen angefordert werden.

ld   **ld** [*Optionen*] *Objektdateien*

Fügt mehrere *Objektdateien* in der angegebenen Reihenfolge zu einem Objektmodul zusammen (**a.out**).

Optionen

- **-A**   Inkrementales Laden.
- **-d**   Definition des gemeinsamen Speichers erzwingen.
- **-D***hex*
  Die Daten mit Null auffüllen, bis Länge *hex* erreicht ist.
- **-e***Name*
  Startadresse ist *Name* (Voreinstellung ist 0).
- **-l***x*   Die Libraries **/lib/lib***x***.a** oder **/usr/lib/lib***x***.a** durchsuchen. Da die Libraries in der Reihenfolge durchsucht werden, in der sie angegeben werden, ist die Plazierung dieser Option von Bedeutung.
- **-L***dir*
  dir in der Liste von den nach Libraries zu durchsuchenden Verzeichnissen hinzufügen.
- **-M**   Eine einfache Bindeliste erstellen.
- **-n**   Ausgabedatei ohne Schreibberechtigung erstellen.
- **-N**   Der Textabschnitt der Ausgabedatei wird nicht mit exklusivem Lesezugriff versehen und gemeinsamer Zugriff ist nicht möglich.
- **-o** *Datei*
  Ausgabe an *Datei* übergeben (Voreinstellung ist **a.out**).
- **-r**   Ausgabedatei so erstellen, daß sie Gegenstand eines weiteren **ld**-Laufs sein kann.
- **-s**   Symboltabelle und *relocation*-Bits entfernen.
- **-S**   Alle Symbole, außer den lokalen und den globalen Symbolen entfernen.
- **-t**   Namen von jeder Datei während der Bearbeitung ausgeben.
- **-T***n*   Setzt die Textsegmentquelle auf die hexadezimale Position *n* (Voreinstellung ist 0).
- **-u** *sym*
  sym in der Symboltabelle hinzufügen.
- **-x**   Nur externe Symbole in die Ausgabe der Symboltabelle aufnehmen.
- **-X**   Alle lokale Symbole, außer solchen, die mit "L." beginnen, in die Symboltabelle eintragen.
- **-y** *sym*
  Jede Datei, in der *sym* vorkommt, anzeigen. Gleichzeitig Typen von *sym* und, ob in der Datei sym definiert oder Bezug auf *sym* genommen wird, anzeigen.
- **-z**   Bewirkt, daß die Datei auf Anforderung von der resultierenden ausführbaren Datei geladen wird.

UNIX-Kommandos

learn

learn [*Optionen*] [*Thema* [*Abschnitt*]]

Ein Programm, das computergestüzte Kurse bereithält. Geben Sie **learn** ein, um eine Erläuterung zur Benutzung des Kommandos zu erhalten. Mit **bye** kann **learn** verlassen werden.

Optionen

-Dir
Einen Kurs, der nicht in einem Standardverzeichnis abgelegt ist, ausführen.

-Dirname
Erlaubt den Anwendern einen Kurs, der nicht in einem Standardverzeichnis abgelegt ist, durchzuführen.

Thema

Es werden momentan folgende Themen abgedeckt:

files (Dateien)	morefiles
editor	macros
vi	eqn
C	

Jedes Thema wird in einem oder mehreren *Abschnitten* behandelt.

---

leave

leave [[+]*Zeit*]

Erfüllt die Funktion eines Weckers. **leave** gibt Alarmmeldungen fünf Minuten und eine Minute vor dem angegebenen Zeitpunkt aus. Weitere Alarmmeldungen folgen dann jede weitere Minute. *Zeit* wird im Format SSMM spezifiziert, um den Alarmzeitpunkt zu setzen. Erfolgt die Zeitangabe im Format +SSMM, so werden die angegebenen Stunden und Minuten zum momentanen Zeitpunkt addiert. Hinweis: Da **leave** im Hintergrund abgearbeitet wird, kann ein gesetzter Alarm nur durch Abmelden beim System oder **kill** abgebrochen werden.

lex

lex [*Optionen*] *Dateien*

Entwicklungswerkzeug zur Generierung von C-Code, der lexikalische Analysen durchführt. Anwendungsgebiete sind z.B. **Parser** und **Filter**.

Optionen

- **-f** Schnellere Compilierung.
- **-n** Es wird keine statistische Zusammenfassung ausgegeben.
- **-t** Ausgabe ist die Standardausgabe. Voreinstellung ist die Datei **lex.yy.c**.
- **-v** Gibt eine Zusammenfassung von maschinen-generierten Statistiken.

lint

lint [*Optionen*] *Dateien*

Entwicklungswerkzeug zur Fehleranalyse und Auffindung von überflüssigen Elementen in C-Quellcode. In der Voreinstellung werden die Funktionsdefinitionen der Bibliothek **llib-lc.ln** entnommen.

Optionen

- **-a** Ignorieren aller Langwortzuweisungen und Variablen, die nicht als Langwort deklariert wurden.
- **-b** Ignorieren von **break** Anweisungen, die nicht erreicht werden können.
- **-c** Ausgabe von nicht portablen Typenumwandlungen.
- **-C***Name*
  Erstellen einer **lint**-Bibliothek **llib-l***Name***.ln**.
- **-D** Identisch mit **-D** in **cc**.
- **-h** Fehlertest, Stilprüfung und zusätzliche Informationen.
- **-I** Identisch mit **-I** in **cc**.
- **-l***lib* *lib* aus **/usr/lib/lint** wird verwendet.
- **-n** Es wird nicht auf Kompatiblität geprüft.
- **-p** Überprüft die Kompatiblität zu C-Dialekten von IBM und GCOS.
- **-u** Ignorieren von nicht definierten Variablen und Funktionen.
- **-U***Name*
  Löscht die ursprüngliche Definition von *Name* bei der Fehleranalyse.
- **-v** Ignorieren von nicht angesprochenen Argumenten bei Funktionsaufrufen.

lint Fortsetzung	**-x**	Ignorieren von nicht beanspruchten Variablen, die als extern deklariert wurden.
	-z	Es werden keine Informationen zu nicht definierten Strukturen gegeben.

lisp **lisp**

Ein Lisp-Interpreter für einen Dialekt, der FRANZ LISP genannt wird. Mehr Information zu lisp finden Sie in den entsprechenden Lisp-Handbüchern.

listrefs **listrefs** [*Optionen*]

Formatieren einer Referenz-Datenbankdatei.

Optionen

Die Optionen sind identisch mit denen des Befehls **bib**.

liszt **liszt** [*Optionen*] [*Programmdatei*]

FRANZ LISP Compiler. Der Name der *Programmdatei* endet mit **.l** und die Ausgabedatei mit **.o**.

Optionen

- **-C** Übernimmt Kommentare in die Assemblerausgabe des Compilers.
- **-e** *form*
  form wird vor dem Compilerlauf evaluiert.
- **-m** Compilieren einer MACLISP Datei. Die Programmdatei wird in MACLISP-Syntax umgesetzt.
- **-o** *Objektdatei*
  Die Ausgabe erfolgt in *Objektdatei* anstatt in die voreingestellte **.o** Datei.
- **-p** Setzt Profiling-Code an den Anfang jeder nicht-lokalen Funktion.
- **-q** Es werden nur Fehlermeldungen und Warnungen ausgegeben.

»

liszt
Fortsetzung

- **-Q** Die Voreinstellung, die mit der Option **-q** geändert wurde, wird wiederhergestellt. Statistiken und Warnungen vor möglichen Konstruktfehlern ausgeben.
- **-r** Setzt Bootstrap-Code an den Anfang der Objektdatei. Der Code ruft ein LISP System bei Ausführung der Objektdatei auf.
- **-S** Compilieren der *Programmdatei* mit Ausgabe des Assemblercodes in eine entsprechende Datei mit der Endung .s. Diese Assemblercodedatei wird nicht assembliert.
- **-T** Der Assemblercode wird an die Standardausgabe weitergeleitet.
- **-u** Compilieren einer UCI-Lispdatei. Die *Programmdatei* wird auf die UCI-LISP Syntax gebracht (ähnlich zu **-m**).
- **-w** Unterdrückt die Warnmeldungen.
- **-x** Erstellt eine Lisp-Cross-Referenzdatei, deren Dateiname die Endung .x trägt. **lxref** kann dann zur Generierung eines lesbaren Listings angewandt werden.

---

ln

ln [*Optionen*] *Dateien* [*Ziel*]

Erstellt ein Pseudonym (link) einer *Datei* namens *Ziel*. Falls mehr als eine Datei angegeben werden und *Ziel* ein vorhandenes Verzeichnis ist, so werden *Dateien* im *Ziel* gelinkt.

Optionen

- **-f** Die Operation wird ohne Benutzerbestätigung ausgeführt, auch wenn *Ziel* bereits existiert.
- **-s** Erstellen eines symbolischen Links. Diese Option ermöglicht Pseudonyme von Dateien über Filesysteme hinweg.

---

lock

lock [*Optionen*]

Sperren oder reservieren eines Terminals. Nachdem der Benutzer das angeforderte Paßwort eingegeben hat, ist das Terminal bis zur erneuten Paßworteingabe gesperrt. Das Terminal wird auch wieder freigegeben, wenn eine Zeitbegrenzung überschritten worden ist.

»

UNIX-Kommandos

lock
Fortsetzung

Optionen

-n Ändern der Zeitbegrenzung, für welche die Sperre aktiv bleibt auf *n* Minuten (Voreinstellung 15 Minuten).

---

logger

logger [*Optionen*][*Zeichenkette*]

Fügt dem Systemprotokoll eine *Zeichenkette* an. Wird keine *Zeichenkette* angegeben, so wird die Eingabe der Standardeingabe entnommen (Abschluß der Eingabe mit **Control-D**).

Optionen

-t*Marke*
    Jede Zeile in der Protokolldatei wird mit *Marke* markiert.
-p*Priorität*
    Die Meldung enthält die angegebene Priorität.
-i Jede Zeile enthält die jeweilige Prozeßidentifikationsnummer.
-f*Datei*
    Protokoll in *Datei* ablegen.

---

login

login

Kommando zum Anmelden und Identifizieren beim System. Zu Beginn jeder Sitzung fragt das System nach dem Benutzernamen und eventuell nach einem Paßwort.

---

look

look [*Optionen*] *Zeichenkette* [*Datei*]

Durchsucht eine sortierte *Datei* und zeigt alle Zeilen, die mit *Zeichenkette* beginnen.

Optionen

-d Wörterbuch-Reihenfolge.
-f Unterschiede bezüglich Groß- und Kleinbuchstaben werden ignoriert.

lookbib   **lookbib** [*Optionen*] *Datenbank*

Interaktive Konsultation einer bibliographischen Datenbank. Siehe dazu auch die Befehlsbeschreibungen von **refer** und **indxbib**.

Optionen

-n   Der Benutzer wird nicht um Eingaben gebeten.

lorder   **lorder** *Dateien*

Gibt Paare von Objektdateinamen aus. Die Ausgabe von **lorder** kann an **tsort** zur Erstellung einer Bibliothek weitergeleitet werden.

lpq   **lpq** [*Optionen*] [*Auftrag#*] [*Benutzer*]

Gibt den Namen, Identifikationsnummer und Größe der Dateien aus, die sich in einer Druckerwarteschlange befinden. Es können der Status eines bestimmten Druckauftrags mit *Auftrag#* oder alle Aufträge von *Benutzer* konsultiert werden.

Optionen

-l   Ausgabe von Informationen über die Dateien, die mit dem Druckauftrag *Auftrag#* in Verbindung stehen.
-P*Drucker*
        Anzeigen von Informationen über *Drucker*.
+[*n*] Anzeigen der Warteschlange. Vor der erneuten Anzeige wird *n* Sekunden gewartet.

lpr   **lpr** [*Optionen*] [*Dateien*]

Drucken einer oder mehrerer Dateien. **lpr** übergibt diese einer Drucker-Warteschlange.

»

lpr
Fortsetzung

Optionen

- **-#**n Ausgabe von *n* Kopien der angegebenen *Dateien*.
- **-c** Verwendung des Filters **cifplot**.
- **-C***class*
  Den Klassifizierungsnamen *class* auf die erste Seite der Ausgabe drucken.
- **-d** Verwendung des Filters **tex**.
- **-f** Das erste Zeichen wird zur Wagenrücklaufsteuerung im FORTRAN-Stil benutzt.
- **-g** Verwendung des Filters **plot**.
- **-h** Das Titelblatt wird nicht ausgegeben.
- **-i**[*Nummer*]
  Einrücken der Ausgabe um 8 oder *n* Zeichen.
- **-J***Name*
  Gibt den Auftragsnamen *Name* auf der ersten Druckseite aus.
- **-l** Verwendung von Drucksteuerzeichen und Unterdrücken von Seitenumbruch.
- **-m** Übermittelt dem Benutzer eine Nachricht nach Abschluß des Druckauftrags.
- **-n** **ditroff**-Filter benutzen.
- **-p** Formatiere Dateien mit **pr**.
- **-p***Drucker*
  Ausgabe an Drucker mit Namen *Drucker*.
- **-r** Entferne Datei, nachdem sie in das Spool-Verzeichnis kopiert wurde.
- **-s** Statt sie zu kopieren, Datei zum Spool-Verzeichnis linken.
- **-t** **troff**-filter benutzen.
- **-T***Titel*
  Drucke *Titel* als Titel zu **pr**.
- **-v** **rasterfile**-Filter benutzen.
- **-w***n* Seitenbreite *n* für **pr**-Befehl benutzen.
- **-1***Font*
  Font in Position 1 laden.
- **-2***Font*
  Font in Position 2 laden.
- **-3***Font*
  Font in Position 3 laden.
- **-4***Font*
  Font in Position 4 laden.

lprm **lprm** [*Optionen*] [*Auftrag#*] [*Benutzer*]

Es wird ein gerade im Druck befindlicher Auftrag entfernt. Hierbei muß der angegebene *Benutzer* den Auftrag erteilt haben. Die möglichen *Aufträge* können mit **lpq** angezeigt werden.

Optionen

- Löscht alle Druckaufträge des Benutzers, der den **lprm** aufgerufen hat.
-**P***Drucker*
  Löscht alle Aufträge, die mit *Drucker* in Verbindung gebracht werden können.

---

lptest **lptest** [*Länge*[*n*]]

Anzeigen aller 96 druckbaren Zeichen auf jeder Position der Standardausgabe. Parameter sind die Zeilen-*Länge* **n** (Voreinstellung 79) und die Anzahl der Zeilen der Ausgabe *n*. (Voreinstellung 200).

---

ls **ls** [*Optionen*] [*Verzeichnis*]

Gibt die Dateien des Arbeitsverzeichnisses oder eines spezifizierten *Verzeichnisses* aus.

Optionen

-**1**   Ausgabe von nur einem Verzeichniseintrag pro Zeile.
-**a**   Ausgabe aller Dateien (einschließlich Dateien, deren Namen mit "." beginnen).
-**c**   Dateiliste nach Erstell- und Modifikationsdatum.
-**C**   Mehrspaltige Ausgabe bei Umleitung in eine Datei oder FIFO-Datei.
-**d**   Ausgabe von Angaben zum spezifizierten Verzeichnis anstelle von Angaben zu dessen Inhalt.
-**f**   Jedes Argument wird als Verzeichnisangabe interpretiert.
-**F**   Ausführbare Dateien werden mit "*", Verzeichnisse mit "/" gekennzeichnet.
-**g**   Ausgabe der Gruppenzugehörigkeit im Langformat.
» -**i**   Ausgabe der i-nodes zu jedem Dateieintrag.

UNIX-Kommandos

ls
Fortsetzung

- **-l** Ausgabe im Langformat.
- **-L** Ausgabe eines Verzeichnisses, das in Zusammenhang mit einem symbolischen Link steht.
- **-q** Ausgabe von nicht druckbaren Zeichen als "?".
- **-r** Ausgabe in umgekehrter Reihenfolge.
- **-R** Rekursive Ausgabe aller dem Arbeitsverzeichnis bzw. dem spezifizierten Verzeichnis untergeordneter Verzeichnisse sowie deren Inhalt.
- **-s** Zusätzliche Angabe der Dateigröße in Blöcken.
- **-t** Ausgabe der Dateien nach deren Modifikationsdatum.
- **-u** Ausgabe der Dateien nach deren Zugriffszeiten.

---

lxref

lxref [-N] *Datei* [*Optionen*]

Cross-Referenz-Programm zu Lisp. **lxref** greift auf *Datei* zu, welche mittels LISP Compiler **liszt** erstellt wurde und zeigt ein Cross-Referenz-Listing auf der Standardausgabe an.

Optionen

- **-N** Eine Funktion erscheint erst dann im Referenzlisting, falls diese mehr als N mal aufgerufen wird (Voreinstellung = 50). Wird diese Option nicht belegt, so erfolgt grundsätzlich eine Ausgabe.

- **-a** *Quelldatei*
Es wird begrenzte Cross-Referenzinformation in die spezifizierten *Quelldateien* eingefügt.

---

m4

m4 [*Optionen*] [*Dateien*]

Makro-Präprozessor für RATFOR, C und anderen Sprachen.

Optionen

- **-B***n* Einstellung der Puffergröße für rückbezügliche Argumente (Voreinstellung ist 4096).
- **-D***Name*[=*Wert*]
Definition von *Name* und Belegung mit *Wert*. Wird kein *Wert* angegeben, so ist die Belegung von *Name* null.
- **-e** Interaktiver Modus.

»

- **-H***n* Einstellung der Feldgröße der Symboltabelle.

m4
Fortsetzung

-s   Aktivieren von Filterausgabe.
-S*n* Stackgröße auf *n* setzen (Voreinstellung ist 100).
-T*n* Token-Puffergröße auf *n* Bytes setzen (Voreinstellung 512 Bytes).
-U*Name*
     Löschen der Definition *Name*.

---

mail

mail [*Optionen*] [*Benutzer*]

Lesen oder Übermitteln von Mail an andere Benutzer. Mit "?" erhalten Sie eine Zusammenfassung der Kommandos.

Optionen

-e   Keine Ausgabe von Mail. Ist Mail vorhanden, so wird der Rückgabewert 0 gemeldet. Falls keine Nachrichten in der entsprechenden Mail-Datei existieren, so wird 1 gemeldet.
-f*Datei*
     Es wird *Datei* anstelle der voreingestellten Mail-Datei gelesen.
-H   Nur Header-Informationen ausgeben.
-i   Ignorieren von Unterbrechungen.
-n   Das Lesen der Datei **Mail.rc** wird unterdrückt.
-s*Thema*
     Thema festlegen.
-u*Benutzer*
     Lesen der Nachrichten, die für Benutzer bereitgehalten werden.
-v   Anzeigen von detaillierten Informationen bei Übermittlung der Nachricht.

---

make

make [*Optionen*] [*Ziele*]

Aktualisierung eines oder mehrerer Ziele entsprechend der Abhängigkeiten, die in der Datei **Makefile** (oder *makefile* im aktuellen Verzeichnis) deklariert wurden. Siehe Abschnitt 9.

Optionen

-b   Kompatibilität zu alten Makefile-Versionen.
-d   Ausgabe von detaillierten Debugging-Informationen.

»

make
Fortsetzung

- **-e** Makefile-Zuweisungen werden durch Environment-Variablen außer Kraft gesetzt.
- **-f** *makefile*
  Entnimmt die notwendigen Informationen aus *makefile* (oder .DEFAULT) anstatt aus der Datei **Makefile**.
- **-i** Ignorieren von negativen Kommando-Rückgabewerten (oder .IGNORE).
- **-k** Die Bearbeitung des derzeitigen Eintrags wird abgebrochen und mit damit nicht in Verbindung stehenden Einträgen fortgesetzt.
- **-m** Ausgabe der Speichermaske.
- **-n** Ausgabe der Befehle, jedoch keine Befehlsausführung.
- **-p** Ausgabe der Makrodefinitionen und Makefile-Beschreibungen.
- **-q** Der Rückgabewert ist 0, wenn sich die Datei auf dem aktuellen Stand befindet; andernfalls ist der Rückgabewert ungleich null.
- **-r** Es werden keine voreingestellten Regeln bearbeitet.
- **-s** Es werden keine Befehlszeilen ausgegeben (.SILENT in der Deskriptionsdatei).
- **-t** Führt den Befehl **touch** auf die Zieldateien aus, was dazu führt, daß diese dann als aktualisiert betrachtet werden.

---

man

man [*Optionen*] [*Abschnitt*] *Schlüsselwort*

Ausgabe der Seiten des *UNIX Programmers Manual*, die *Schlüsselwort* zugeordnet sind. Das *Schlüsselwort* ist ein Befehl, wie im Abschnitt 1 beschrieben, soweit mit der optionalen Angabe *Abschnitt* keine andere Sektion als 1 bis 8 bezeichnet wird.

Optionen

- **-** Die Ausgabe wird in **more -s** umgeleitet.
- **-f** *Datei*
  Anzeigen der Manualseiten, die mit *Datei* in Verbindung gebracht werden können.
- **-k** *Muster*
  Anzeigen der Kopfzeilen von Manualseiten, die *Muster* enthalten.
- **-m***Pfad*
  Suchpfad zur Datei, der die Beschreibung von *Schlüsselwort* enthält.

»

man
Fortsetzung

-p*Pfad*
  Die Manualseiten werden im Verzeichnis, das mit *Pfad* angegeben wird, gesucht.
-t Formatieren der Manualseiten mit **troff**.

---

mesg

mesg [*Optionen*]

Gibt den derzeitigen Status der Schreibrechte aus, die auf Ihrem Terminal bestehen. Dieses Schreibzugriffsrecht wird mit folgenden *Optionen* modifiziert.

Optionen

n Verbietet anderen Benutzern, Mitteilungen an Ihr Terminal zu senden.
y Erlaubt anderen Benutzern, Mitteilungen an Ihr Terminal zu senden.

---

mh

mh

Lesen von Mail. **mh** verfügt über einen vielfältigen Befehlssatz. Zu Beginn sollten Sie mittels **inc** die voreingestellten Dateiangaben verwenden. Die folgenden Kommandos werden unterstützt:

mh-Befehle

ali	Ausgabe der Äquivalente (aliases).
anno	Mitteilungen mit Anmerkung versehen.
burst	Kurzmitteilungen in Mitteilungen erweitern.
comp	Mitteilung schreiben.
dist	Mitteilung an weiteren Adressaten verteilen.
folder	Aktuelle(n) Ordner/Mitteilung setzen/ausgeben.
folders	Ausgabe aller Ordner.
forw	Weiterreichen der Mitteilung.
inc	Neues Mail einbinden.
mark	Markieren von Mitteilungen
mhl	Formatierte Liste von **mh**-Mitteilungen erstellen.
mhmail	Mail senden oder lesen.
mhook	**mh** Mail-Empfangseinrichtung.
mhpath	Die vollen Pfadnamen der **mh**-Mitteilungen und des Ordners ausdrucken.

»

UNIX-Kommandos   59

mh	**msgchk**	Abfrage von Mitteilungen.
Fortsetzung	**msh**	**mh**-Shell und Mailbox-Leser
	next	Die nächste Mitteilung am Bildschirm ausgeben.
	packf	Einen Ordner zu einer einzigen Datei komprimieren.
	pick	Mitteilungen nach Inhalt auswählen.
	prev	Vorherige Mitteilung am Bildschirm ausgeben.
	prompter	Editor (**ed**) als Editor für **mh** einstellen.
	rcvstore	Neues Mail asynchron einbinden.
	refile	Mitteilungen in anderen Ordner abspeichern.
	repl	Eine Mitteilung beantworten.
	rmf	Ordner löschen.
	rmm	Mitteilungen löschen.
	scan	Eine Liste der Mitteilungen mit einer Zeile je Mitteilung erstellen.
	send	Mitteilung senden.
	show	Eine Liste der Mitteilungen am Bildschirm ausgeben.
	sortm	Mitteilungen sortieren.
	vmh	Visual (**vi**) als Editor für **mh** einsetzen.
	whatnow	Abfrage für **send**.
	whom	Empfänger der Mitteilung eingeben.

Mit der Option **-help** erhalten Sie weitere Informationen zu den jeweiligen Befehlen.

---

mkdir

mkdir *Verzeichnisse*

Erstellt ein oder mehrere *Verzeichnisse* (Directories). Dazu muß Schreibzugriff auf das Arbeitsverzeichnis bestehen.

---

mkstr

mkstr [*Optionen*] *Meldungsdatei Präfix Dateien*

Extrahieren von Fehlermeldungen aus C-Quell-*Dateien*. Die Meldungen werden in *Meldungsdatei* geschrieben. Der C-Quellcode wird in *Dateien* gleichen Namens, jedoch beginnend mit *Präfix*, geschrieben.

Optionen

-    Fehlermeldungen am Ende der *Meldungsdatei* hinzufügen.

more **more** [*Optionen*] [*Dateien*]

Zeigt die angegebenen *Dateien* seitenweise an. Ist eine volle Bildschirmseite angezeigt, so kann entweder über die Taste RETURN die nächste Zeile oder mit der Leertaste die folgende Seite angefordert werden. Eine Erläuterung weiterer Befehle erhalten Sie durch Betätigen der Taste **h**. Dieser Befehl kann auch unter dem Namen **page** aufgerufen werden.

Optionen

- **-c**   Überschreiben von Zeilen.
- **-d**   Der Benutzer wird mit "Hit space to continue, Rubout to abort." zu einer entsprechenden Eingabe aufgefordert.
- **-f**   Logisches Zeilenzählen anstatt Zählen der Bildschirmzeilen.
- **-n**   Ein Fenster hat *n* Zeilen. Die Voreinstellung ist eine gesamte Bildschirmseite.
- **+n**   Die Anzeige beginnt mit Zeile *n*.
- **-s**   Mehrfach hintereinander auftretende Leerzeilen werden als eine Leerzeile ausgegeben.
- **-u**   Unterstreichungen und Control-H (Backspace) werden unterdrückt.
- **+/***Muster*

  Die Anzeige beginnt zwei Zeilen vor dem erstmaligen Auftreten von *Muster*.

---

mount **mount** [*Spez-Datei*] [*Verzeichnis*]

Werden keine Argumente spezifiziert, so wird der Status der momentan aktiven logischen Massenspeichergeräte ausgegeben. Werden *Spez-Datei* und *Verzeichnis* angegeben, so wird das Gerät, das über das *Spez-Datei* angesprochen wird, für *Verzeichnis* aktiviert. Mit dem Kommando **unmount** kann ein Gerät wieder deaktiviert werden.

Die Befehlsoptionen zu diesem Kommando sind systemabhängig.

---

mset **mset**

Setzt Tastaturbelegung von ASCII auf die eines IBM 3270-Terminals.

UNIX-Kommandos

msgs msgs [*Optionen*] [*Mnum*] [*-n*]

Ein Programm zum Lesen von Systemmeldungen. Normalerweise wird **msgs** beim Login aufgerufen.

Optionen

-c[*-days*]
: Löscht alle Meldungen, die über 21 Tage alt sind.
-f Unterdückt die Meldung "No new messages".
-h Gibt nur den Kopfteil einer Meldung aus.
-l Zeigt nur Meldungen lokalen Ursprungs an.
-p Umleiten längerer Meldungen in **more**.
-q Abfrage, ob ein Meldung vorliegt. Liegen Meldungen vor, so erscheint die Meldung "There are new messages.".
-s Das Versenden von Meldungen einstellen.

Mnum
: Beginnt mit der Meldung Nummer *Mnum* anstatt der in **.msgrc**-Datei gezeigten Meldung.

-n
: Beginnt *n* Meldungen hinter der in der **.msgrc**-Datei angezeigten.

---

mt mt [**-f** *Bandname*] *mt-Befehle* [*n*]

Sendet *mt-Befehle n* mal an das Magnetbandlaufwerk (Voreinstellung ist 1). Falls der Gerätename *Bandname* nicht angegeben ist, wird **/dev/rmt12** angesprochen.

Optionen

-f Benutze *Bandname* als angegebenes Gerät (Voreinstellung ist **/dev/nrmt0**).

mt-Befehle

eof,weof
: *Num* EOF-Markierungen (Dateiende) schreiben.
fsf Vorwärtsspulen um *Num* Dateien.
fsr Vorwärtsspulen um *Num* Records.
bsf Rückwärtsspulen um *Num* Dateien.
bsr Rückwärtsspulen um *Num* Records.
rew Zurückspulen des Bandes.
status
: Bandlaufwerksinformation ausdrucken.
offl Band zurückspulen und ausschalten.

»

mt
Fortsetzung

erase
    Gesamtes Magnetband löschen.
retension
    Magnetband wieder einspannen.
reset
    Rücksetzen des Bandlaufwerks.

---

mv

mv [*Optionen*] *Datei Ziel*

Umbenennen von *Datei* in *Ziel* oder Befördern von einer oder mehrerer *Dateien* in das Verzeichnis *Ziel*.

Optionen

-   Alle folgenden Argumente sind Datei- oder Verzeichnisnamen; einschließlich Namen, die mit "-" beginnen.
- **-f**   Unterdrücken von Fehlermeldungen.
- **-i**   Interaktive Benutzerbefragung bei jeder Aktion.

---

neqn

neqn [*Optionen*] [*Dateien*]

Präprozessor für numerische Formeln zu **nroff**. Unter **troff** erfüllt **eqn** diesen Zweck. Mehr Informationen über **eqn** finden Sie in Abschnitt 7.

Optionen

-dxy x und y als Begrenzer verwenden.
-fn Auf Font n ändern.
-pn Die Größe des Hochstellzeichens auf n-Punkte reduzieren.
-sn Die Punktgröße auf n-Punkte reduzieren.

---

netstat

netstat [*Optionen*][*System*][*Core*]

Symbolische Anzeige des Netzwerkstatus. *System* und *Core* können angegeben werden, um die voreingestellten Werte **/vmunix** und **/dev/kmem** zu ersetzen.

»

UNIX-Kommandos

netstat
Fortsetzung

Optionen

- **-a** Status aller "Sockets" anzeigen.
- **-A** Die Adressen aller relativen Protokoll-Kontrollblöcke anzeigen.
- **-f***Adresse_Familie*
  Statistik und Anzeige auf die durch *Adresse_Familie* spezifizierten begrenzen. Mögliche Adress-Familien sind:
  inet   AF_INET
  ns   AF_NS
  unix   AF_UNIX
- **-h** Status der IMP-Hosttabelle anzeigen.
- **-i** Status des selbstkonfigurierten Interface anzeigen.
- **-I***Interface n*
  Information nur über das angegebene *Interface* alle *n* Intervalle anzeigen.
- **-m** Statistiken von Speicherverwaltungsprozessen anzeigen.
- **-n** Netzwerkadressen als Ziffer anstelle eines Symbols anzeigen.
- **-p***Protokoll*
  Status der "Sockets" mit *Protokoll* anzeigen.
- **-r** Routing-Tabellen anzeigen.
- **-s** Statistiken pro Protokoll anzeigen.

Interval
Fortlaufende Anzeige der Informationen zur Paketübertragung, mit Aktualisierung alle *Interval* Sekunden.

---

newalias

newalias

Erstellt die Laufzeit-Datenbank für die Datei **/usr/lib/aliases**, welche synonyme Adressen für **mail** enthält, neu.

---

nice

nice [*Optionen*] *Kommandos* [*Argumente*]

Führt ein *Kommando* und *Argumente* mit niedriger Priorität aus.

Optionen

- **-n** (Nur Bourne-Shell.) Die Priorität auf *n* erhöhen (1-19). Je höher der Wert von *n*, um so niedriger wird die Priorität (Voreinstellung ist 4).

»

nice
Fortsetzung

-*n*   (Nur C-Shell.) Die Priorität auf *n* erhöhen (1-19). Nur der Super-User darf die Priorität erhöhen.

+*n*   (Nur C-Shell.) Die Priorität auf *n* herabsetzen (1-19).

--*n* (Nur Bourne-Shell.) Die Priorität auf *n* erhöhen (1-19). Nur der Super-User darf die Priorität erhöhen.

---

nm

nm [*Optionen*] [*Dateien*]

Symboltabelle (Liste der Namen) für eine oder mehrere *Dateien* in alphabetischer Reihenfolge ausdrucken.

Optionen

- **-a**   Alle Symbole einschließen.
- **-g**   Nur externe Symbole ausdrucken.
- **-n**   Numerisch sortieren.
- **-o**   Jede Zeile mit Quelldateinamen beginnen.
- **-p**   Keine Sortierung vornehmen.
- **-r**   In umgekehrter Reihenfolge sortieren.
- **-u**   Nur undefinierte Symbole ausdrucken.

Symbolbelegungen

- **A**   Absolutes Symbol.
- **B**   **bss**-Segment Symbol.
- **C**   Bekanntes Symbol.
- **D**   Datensegment Symbol.
- **f**   Dateiname.
- **T**   Textsegment Symbol.
- **U**   Undefiniertes Symbol.
- **-**   Debug Symboleinträge.

---

nohup

nohup *Befehl* [*Parameter*] &

Der angegebene *Befehl* und dessen mögliche *Parameter* werden weiter bearbeitet, nachdem die Terminalverbindung abgebrochen wurde (dient dazu, einen Befehl vor Abstürzen zu bewahren).

notes

notes [*Optionen*] *Notizdateien*

Auf eine Datenbank von über USENET ausgegeben "Notes" zugreifen oder sie aktualisieren. Dieses Interface kann anstelle von Programmen wie **readnews** oder **vnews** verwendet werden.

Optionen

- **-s** Sequenzer benutzen.
- **-x** Sequenzer benutzen und Dateien öffnen, auch wenn keine neuen Texte vorhanden ist.
- **-i** Sequenzer benutzen, aber Indexseite anstelle der ersten Notiz anzeigen.
- **-n** Sequenzer nicht benutzen.
- **-o***Datumspec*
  Artikel nach dem Muster *Datumspec* suchen.
- **-a***subseq*
  Subsequenzer angeben.
- **-t***ttytyp*
  TERM-Environment-Variable unterdrücken und durch *ttytyp* ersetzen.
- **-f***Datei*
  Liste der zu durchsuchenden Dateien aus *Datei* lesen.

nroff

nroff [*Optionen*] [*Dateien*]

Eine oder mehrere Text-*Dateien* formatieren. Mehr Information zu **nroff** finden Sie in Abschnitt 5.

Optionen

- **-e** Wörter mit gleichem Abstand ausdrucken.
- **-h** Größere Abstände durch Tabulatoren ersetzen.
- **-i** Nach dem Einlesen von Dateien von der Standardeingabe weiterlesen.
- **-m***Name*
  /usr/lib/tmac/tmac.*Name* zu den Eingabedateien hinzufügen.
- **-n***n* Die erste Seitennummer auf *n* setzen.
- **-o***Liste*
  Nur die in *Liste* enthaltenen Seiten ausdrucken. Eine Seitenauswahl wird mit *n-m* angegeben.
- **-q** Simultanes Aufrufen von Ein-/Ausgabe bei **.rd**-Anforderungen.

»

nroff
Fortsetzung

-r*an* Register *a* auf *n* setzen.
-s*n* Nach jeweils *n* Seiten anhalten.
-T*Name*
    Ausgabe für Gerätetyp *Name* vorbereiten.

---

od

od [*Optionen*] [*Datei*] [[+][*Offset* [.][b][*Label*]]

Oktale Darstellung des Speicherauszugs der angegebenen *Datei* erstellen.

Optionen

- **-a**   Bytes als Zeichen darstellen.
- **-b**   Bytes als Oktalzahlen darstellen.
- **-c**   Bytes als ASCII-Zeichen darstellen.
- **-d**   Wörter als Dezimalzahlen darstellen.
- **-f**   Wörter als Gleitkommazahlen darstellen.
- **-h**   Kurzwörter als Hexadezimalzahlen darstellen.
- **-i**   Kurzwörter als Dezimalzahlen darstellen.
- **-l**   Langwörter als Dezimalzahlen mit Vorzeichen darstellen.
- **-o**   Wörter als Oktalzahlen darstellen (Voreinstellung).

-s[*n*]
    Null-terminierte Zeichenkette mit einer minimalen Länge von *n* darstellen.

- **-v**   Alle Daten darstellen.

-w[*n*]
    n Eingabebytes pro Zeile darstellen.

- **-x**   Kurzwörter als Hexadezimalzahlen darstellen.
- **+**   Obligatorisch, falls *Datei* nicht angegeben wird.

Offset
    Beginn der Darstellung des Speicherauszugs der Datei auf Offset (oktal).

- **.**   Dezimales Offset.
- **b**   Offset in 512-Byte-Blöcken.

Label
    Pseudo-Adresse für das erste angezeigte Byte.

---

pagesize

pagesize

Gibt die Größe einer Speicher-Page in Bytes aus.

UNIX-Kommandos

passwd   **passwd** [*Benutzer*]

Erstellung oder Änderung eines Paßworts in Verbindung mit einem Benutzernamen (Voreinstellung ist der momentan aktive Benutzer). Ein Paßwort kann nur vom Benutzer selbst oder vom Super-User geändert oder gesetzt werden.

Optionen

- **-f** GECOS-Informationsfeld ändern.
- **-s** **login**-Shell ändern.

---

patch   **patch** [*Optionen*] *Datei Patchdatei* [+[*Optionen*] *Datei*]

Schreibt die in *Patchdatei* enthaltenen Unterschiede in *Datei* und die ursprüngliche Version der *Datei* in *Datei*.**orig**. *Patchdatei* kann in allen drei von **diff** erstellten Formaten vorliegen.

Optionen

-b*ENDUNG*
  Die ursprüngliche Version der Datei in eine Datei mit der Erweiterung *ENDUNG* schreiben.
- **-c** Interpretieren der *Patchdatei* als das Ergebnis einer **diff**-Aktion.

-d*dir*
  Ändern des Arbeitsverzeichnisses vor Bearbeitung auf *dir*.
- **-D** Verwenden von **#ifdef...endif** Sequenzen, um Änderungen zu markieren.
- **-e** Interpretieren der *Patchdatei* als **ed**-Script.
- **-l** Mustererkennung wird mit Toleranz durchgeführt.
- **-n** Interpretieren der *Patchdatei* als normales **diff**-Resultat.
- **-N** **diff**-Resultate werden nicht umgekehrt.

-o*Name*
  Ausgabe erfolgt in Datei *Name*.
- **-p** Führende Pfadnamen beibehalten.

-r*Datei*
  Datei wird nicht bearbeitet.
- **-R** Bei Erstellung der *Patchdatei* wurden die alte Dateiversion und die neue Dateiversion vertauscht.
- **-s** Es erfolgen keine Ausgaben, bis auf einen Fehler gestoßen wird.

-x<*n*>
  Setzen von internen Flags zum Debugging.

pc   **pc** [*Optionen*] *Dateien*.**p**

Pascal-Quellcode aus *Datei*.**p** in Pascal compilieren und eine ausführbare Datei (Voreinstellung ist **a.out**) erzeugen.

Optionen

- **-b** Blockausgabe.
- **-c** Laden während der Compilierung underdrücken und **.o**-Dateien erzeugen.
- **-C** Bei der Compilierung alle Variablen mit 0 initialisieren, Laufzeitüberprüfungen durchführen und **assert**-Aufrufe verifizieren.
- **-g** Zusätzliche Symboltabelle erzeugen.
- **-i** Angegebene Prozeduren, Funktionen und **include**-Dateien ausgeben.
- **-l** Programm während der Übersetzung auflisten.
- **-O** Objektcode Optimierung aufrufen.
- **-p** Objektdateien für **prof** vorbereiten.
- **-s** Nur Standard-Pascal akzeptieren.
- **-S** Assembler **.s**-Dateien erzeugen.
- **-t***dir*
  Temporäre Compiler-Dateien in *dir* schreiben.
- **-w** Warnmeldungen unterdrücken.
- **-z** Ausführung durch **pxp** erlauben.

---

pdx   **pdx** [*Optionen*] [*Objektdatei*]

Debuggen und Ausführen von Pascal-Programmen. *Objektdatei* ist eine durch **pi** erstellte Objektdatei.

Optionen

- **-r** Sofortige Ausführung von *Objektdatei*.

---

pi   **pi** *Optionen Datei*.**p**

Pascal-Interpretercode erzeugen und Ausgabe an **a.out** schicken.

»

UNIX-Kommandos

pi
Fortsetzung

Optionen

- **-b** Ausgabe zwischenspeichern.
- **-i***Dateien*
  Funktionen, Prozeduren oder **include**-Dateien angeben.
- **-l** Auflistung erzeugen.
- **-L** Ausschließlich Kleinschrift für Funktions- und Prozedurnamen verwenden.
- **-n** Neue Seite für jede **include**-Datei ausgeben.
- **-o***Name*
  Ausgabe an *Name* senden.
- **-p** Rückverfolgung bei Fehler unterdrücken.
- **-s** Warnmeldung bei Nicht-Standard-Pascal erzeugen.
- **-t** Laufzeittests der Unterbereiche unterdrücken.
- **-u** Zeilen auf 72 Zeichen begrenzen.
- **-w** Alle Warnmeldungen unterdrücken.
- **-z** Objektdatei für **pxp** vorbereiten; **pmon.out** wird erzeugt.

---

pix

pix [*Optionen*] *Datei.p* [*Argumente*]

Übersetzt und führt Pascal-Interpreter-Code aus. Das Programm verwendet **pi** zur Übersetzung des Codes und **px** zur Ausführung.

Optionen

Alle unter **pi** möglichen Optionen sind verfügbar.

---

plot

plot [*Optionen*] [*Dateien*]

Erstellt Zeicheninstruktionen für diverse Ausgabegeräte. Die Kommandos dazu werden von der Standardeingabe gelesen.

Optionen

- **-T***Terminal*
  Das Zielgerät der Ausgabe ist *Terminal*. Eine Reihe von *Terminals* können als Ausgabegerät spezifiziert werden.
- **-r***n* Setzt die Auflösung des Ausgabegerätes auf *n*.

pmerge

pmerge *Dateien*.p

Erstellt eine einzige große Pascal-Quellcode-Datei aus einer Reihe von kleinen Pascal-Dateien.

pr

pr [*Optionen*] [*Dateien*]

Formatieren der angegebenen *Dateien*. Jede Ausgabeseite enthält eine Kopfzeile mit Seitennummer, Dateiname, Datum und Zeit.

Optionen

- **-f** Der Seitenvorschub geschieht über Formfeed (^L) anstelle von Leerzeilen.
- **-h***Zeichenkette*
  Voreingestellte Kopfzeile enthält *Zeichenkette*.
- **-l***n* Setzt die Seitenlänge auf *n* Zeilen.
- **-m** Fügt die Dateien zusammen, und gibt pro Spalte je eine Datei aus (die Optionen **-k** und **-a** werden ignoriert).
- **+***n* Die Ausgabe erfolgt ab Seite *n* (Voreinstellung ist 1).
- **-***n* Erzeugt Ausgabe in *n* Spalten (Voreinstellung ist 1).
- **-s***c* Die Spalten werden durch das Zeichen *c* getrennt (Voreinstellung ist das Tabulatorzeichen).
- **-t** Keine Ausgabe von Kopfzeile und Informationen.
- **-w***n* Setzt die Zeilenbreite auf *n* (Voreinstellung ist 72 für Ausgabe von Spalten mit gleicher Breite).

printenv

printenv [*Variable*]

Ausgabe der Belegungen aller *Variablen* im Environment. Wird *Variable* angegeben, so wird nur die Belegung dieser Variable ausgegeben.

prmail

prmail [*Benutzer*]

Druckt **mail**-Mitteilungen des Benutzers. Wird *Benutzer* spezifiziert, so werden die **mail**-Mitteilungen, die für *Benutzer* vorliegen, gedruckt.

UNIX-Kommandos

prof **prof** [*Optionen*] [*Objektdatei* [*Profildatei*]]

Profil-Daten für *Objektdatei* darstellen. Falls nicht angegeben, ist die voreingestellte Objektdatei **a.out** und die voreingestellte Profildatei **mon.out**.

Optionen

- **-a** Alle Symbole anzeigen.
- **-l** Ausgabe nach symbolischen Werten sortieren.
- **-n** Ausgabe nach Anzahl der Aufrufe sortieren.
- **-s** Eine Zusammenfassung **mon.sum** erzeugen.
- **-v**[*-m*[*-n*]]
  Grafische Version des Profils. Die tiefste (*m*) und höchste (*n*) Begrenzung in Prozent mit höherer Auflösung berechnen. (Voreinstellungen sind 0 und 100).
- **-z** Routinen auflisten, die nicht aufgerufen wurden.

---

prs **prs** [*Optionen*] *Dateien*

Ausgabe aller oder einiger Bestandteile von SCCS *Datei(en)*. Siehe dazu Abschnitt 8.

Optionen

- **-a** Ausgabe von Informationen zu gelöschten Deltas.

---

ps **ps** [*Optionen*]

Ausgabe aktiver Prozesse.

Optionen

- **-a** Alle Prozesse ausgeben, mit Ausnahme von solchen, die dem Führer einer Prozeßgruppe angehören oder die nicht mit einem Terminal in Verbindung gebracht werden können.
- **-c** Alle Befehlsnamen ohne Argumente ausgeben.
- **-e** Alle in der Umgebung bekannten Prozesse ausgeben.
- **-g** Alle Prozesse ausgeben, inklusive Prozeßgruppen.
- **-k** Voreinstellungen für Kernelname, Speicherauszugsdatei und Swapdatei ändern.

»

ps
Fortsetzung
- **-l** Eine ausführliche Auflistung erzeugen.
- **-n** Numerische Ausgabe.
- **-s** Eine Spalte für die SSIZ des Kernelstapels.
- **-t***tty* Alle Prozesse des Terminals *tty*. Diese Option muß als letzte angegeben werden.
- **-u***Benutzer*
  Alle Prozesse, die vom *Benutzer* gestartet wurden.
- **-U** Datenbank mit Systeminformation aktualisieren.
- **-v** Ausgabe mit virtuellem Speicherfeld.
- **-w** Ausgabe in einem breiten Format.
- **-x** Alle Prozesse ohne die Terminalbezeichnung ausgeben.
- **-***n* Information zum Prozeß *n* ausdrucken. Diese Option muß als letzte angegeben werden.

---

ptx

ptx [*Optionen* [*Datei1* [*Datei2*]]]

Generiert einen permutierten Index der *Datei1* und schreibt diesen in *Datei2*. Dateien müssen mit **nroff -mptx** formatiert werden, um den Index tatsächlich zu erzeugen. Falls Dateien nicht angegeben werden, wird Standard-Ein-/Ausgabe verwendet.

Optionen

-b*Datei*
  Zeichen in Datei dazu verwenden, um Wörter zu trennen.
-f Groß- Kleinschreibung ignorieren.
-g *n*
  Spaltenabstand auf *n* Leerzeichen ändern (Voreinstellung ist 3 Leerzeichen).
-i *Datei*
  Die in *Datei* enthaltenen Schlüsselwörter ignorieren.
-o *Datei*
  Nur die in *Datei* enthaltenen Wörter verwenden.
-r Das erste Feld in *Eingabedatei* als fünftes Feld (nicht-permutierte Referenz-ID) in *Ausgabedatei* verwenden.
-t Die Ausgabe auf Fotobelichter vorbereiten.
-w *n*
  Zeilenlänge auf *n* ändern (Voreinstellung ist 72).

UNIX-Kommandos

pwd **pwd**

Gibt den vollständigen Pfadnamen des derzeitigen Verzeichnisses aus. (Unter Verwendung der C-Shell ist zu diesem Zweck das integrierte Kommando **dirs** wesentlich schneller in der Ausführung.)

---

px **px** [*Objektdatei*[*Argumente*]]

Interpretieren von Pascal-Objektcode.

---

pxp **pxp** [*Optionen*] *Datei*.p

Pascal-Programm formatieren oder profilieren.

Optionen

- **-a** Alle Prozeduren und Funktionen einschließen.
- **-c** **core**-Datei für die Profildaten verwenden.
- **-d** Deklarationen einschließen.
- **-e** **include**-Anweisungen entfernen und mit Inhalt der **include**-Dateien ersetzen.
- **-f** Ausdruck in Klammern setzen.
- **-j** Prozeduren und Funktionen linksbündig formatieren.
- **-L** Nur Kleinschrift für Schlüsselwörter und Semantikzeichen verwenden.
- **-n** Neue Seiten bei **include**-Dateien einfügen.
- **-s** Kommentare entfernen.
- **-t** Liste der Anzahl der Aufrufe von Prozeduren und Funktionen erstellen.
- **-u** Nur die ersten 72 Zeichen pro Zeile benutzen.
- **-w** Warnmeldung unterdrücken.
- **-z***Name* ...
  Ein Ausführungsprofil aller Funktionen und Prozeduren oder aller mit *Name* angegebenen Funktionen und Prozeduren erstellen.
- **-_** Schlüsselwörter unterstreichen.
- **-$\bar{n}$** Um *n* Leerzeichen für "Pretty"-Format einrücken, 2<=*n*<=9 (Voreinstellung ist 4).

pxref **pxref** *Optionen Datei*

Erzeugt ein Listing und eine Cross-Reference einer Pascal-Quellcode-Datei.

Optionen

- Das Listing wird nicht ausgegeben.

quota **quota** *[Optionen] [Benutzer]*

Ausgabe von Information zur Plattenspeicherbelegung und statistischen Informationen. Nur der Superuser darf Informationen zu anderen Benutzern erfragen.

Optionen

-q Schränkt die statistischen Informationen über Dateisysteme ein.
-v Ausgabe aller Informationen.

ranlib **ranlib** *[Optionen] Archive*

Konvertiert *Archive* in eine Laufzeitbibliothek, die sehr schnell geladen werden kann.

Optionen

-t Das Archiv wird nur mit **touch** behandelt, jedoch nicht modifiziert.

ratfor **ratfor** *[Optionen] [Dateien]*

Konvertieren von rationalem FORTRAN in irrationales FORTRAN.

Optionen

-C Bemerkungen in die übersetzte Version übernehmen.
-h Zeichenketten in Hollerith-Konstanten konvertieren.
-6*c* Fortsetzungszeichen auf *c* ändern.

rcp

rcp [*Optionen*] *Quelle(n)* *Ziel*

Kopiert Dateien zwischen Systemen. Sowohl die *Quelle*, als auch das *Ziel* werden im Format *Host:Pfadname* spezifiziert. Für Kopiervorgänge innerhalb eines Systems kann die Angabe *Host* weggelassen werden.

Optionen

- **-p** Der Modifikationszeitpunkt und die Zugriffsmaske der Dateien werden beibehalten.
- **-r** Ist sowohl die *Quelle* als auch das *Ziel* ein Verzeichnis, so werden alle dem Quellverzeichnis untergeordneten Verzeichnisse und deren Inhalte kopiert.

rdist

rdist [*Optionen*] [*Dateien*]

Verwalten von identischen Dateien über mehrere Hostrechner.

Optionen

- **-n** Befehlsausgabe, jedoch keine Ausführung.
- **-q** Keine Ausgabe der Dateien auf der Standardausgabe.
- **-b** Durchführen eines binären Vergleichs und Aktualisierung der Dateien, falls Unterschiede festgestellt werden.
- **-R** Löschen von zusätzlichen Dateien.
- **-h** Verfolgen von symbolischen Links.
- **-i** Ignorieren von nicht bearbeiteten Links.
- **-v** Überprüfen, ob *Dateien* auf allen Hosts auf den aktuellen Stand gebracht sind.
- **-w** Anfügen des gesamten Dateinamens an den Namen des Zielverzeichnisses.
- **-y** Dateien mit einem neueren Erstellungsdatum als das der Master-Kopie der Datei werden nicht aktualisiert.

-f*Datei*
   Aktualisieren aller Verzeichnisse und Dateien, die in *Datei* aufgeführt werden.

-d *var=val*
   Definition oder Übergehen von Variablendefinitionen.

-m*Host*
   Eine Aktualisierung wird nur auf dem angegebenen Host vorgenommen. Diese Option kann mehrmals in der Argumentenliste erscheinen.

- **-c** Alle folgenden Argumente werden als Dateinamen aufgefaßt, die Listen von zu aktualisierenden Dateien oder Verzeichnissen enthalten.

readnews

readnews [*Optionen*]

Lesen von News-Artikeln, die über **Usenet** versandt wurden. Es werden nur die Artikel angezeigt, die noch nicht gelesen wurden.

Optionen

-a*Datum*
    Auswahl von Artikeln, die nach *Datum* eingetroffen sind.
-n*Gruppen*
    Auswahl von Artikeln nach *Gruppe*.
-t*Wörter*
    Auswahl von Artikeln, die eines der angegebenen *Wörter* enthalten.
-l   Nur Ausgabe der Titel. Keine Dateiaktualisierung.
-e   Es werden nur die Titel ausgegeben. Die Datei wird aktualisiert.
-p   Alle selektierten Artikel werden auf die Standardausgabe geschrieben.
-r   Ausgabe der Artikel in umgekehrter Reihenfolge.
-x   Selektieren sowohl gelesener als auch ungelesener Artikel.
-h   Die Ausgabe erfolgt in einem weniger aufwendigen Format (bei 300 Baud).
-f   Es werden keine Fortsetzungs-Artikel ausgegeben.
-u   Aktualisierung der Datei **.newsrc** in Intervallen von 5 Minuten.
-M   **mail**-Schnittstelle.
-c[*Mailprogramm*]
    Schnittstelle zu **/bin/mail**. Wird *Mailprogramm* angegeben, so werden alle selektierten Artikel in eine temporäre Datei abgelegt und Mailprogramm zur Betrachtung aufgerufen.
-s   Ausgabe einer Liste der auf dem System abonnierten Gruppen.

---

refer

refer [*Optionen*] [*Dateien*]

Präprozessor für **nroff** und **troff** zum Auffinden und Formatieren von Referenzen.

Optionen

-a[*n*]
    Vor- und Nachname aller bzw. der ersten *n* Autoren werden umgestellt.

»

refer
Fortsetzung

-b Unterdrücken von Zahlen und Label im Text.
-B*l.m*
   Bibliografischer Modus.
-c*Zeichenkette*
   Alle Felder, deren Schlüsselzeichen in *Zeichenkette* angegeben sind, werden groß geschrieben.
-e Zusammenführen der Referenzen und Erstellen der Sequenz:
   .[
   $LIST$
   .]
-f*n* Setzen der Fußnotennummer auf *n* (Voreinstellung *n*=1).
-k*x* Labels werden einer Referenzdatenzeile entnommen, die mit %*x* beginnt (Voreinstellung ist %L).
-l[*m,n*]
   Der Autorenname und das Veröffentlichungsdatum erscheinen in der Referenz. Es werden nur die ersten *m* Buchstaben des Nachnamens und die letzten *n* Stellen des Datums verwendet.
-n Die voreingestelle Datei wird nicht durchsucht.
-p*Datei*
   Die voreingestellte Datei wird nach *Datei* durchsucht.
-P Satzzeichen werden nach und nicht vor der Referenzsequenz plaziert.
-s*Zeichenkette*
   Sortieren der Referenzen nach Feldern, deren Schlüsselzeichen in *Zeichenkette* enthalten sind.
-S Alternative Formateinstellung.

---

rev

rev [*Dateien*]

Die Reihenfolge aller Zeichen jeder Zeile der angegebenen *Dateien* wird umgekehrt. Der Text wird also gespiegelt.

---

rlogin

rlogin *Host* [*Optionen*]

Definiert ein Terminal am lokalen Host als ein Terminal eines anderen Systems *Host*.

»

rlogin
Fortsetzung

Optionen

-e*c* Spezifiziert das Austrittszeichen als *c* (Voreinstellung=˜).
-8   Erlauben von 8-Bit Eingabedaten.
-L   Führt die **rlogin**-Sitzung im Litout-Modus durch.

---

rm

rm [*Optionen*] *Dateien*

Löschen von einer oder mehreren *Dateien*. Um eine Datei zu löschen, muß der Benutzer Schreibzugriff auf das Verzeichnis, in dem sich die Datei befindet, besitzen. Es ist jedoch nicht erforderlich, Schreibzugriff auf die Datei selbst zu besitzen. Falls auf die zu löschende Datei keine Schreibberechtigung besteht, so wird der Benutzer vor dem Löschen um Bestätigung gefragt.

Optionen

-f   Bedingungsloses Löschen der spezifizierten Dateien.
-i   Aktivieren einer Benutzerbefragung.
     Hiermit wird der Benutzer vor jedem Löschvorgang zur Bestätigung aufgefordert.
-r   Falls es sich bei der zu löschenden *Datei* um ein Verzeichnis handelt, so wird der gesamte Inhalt des Verzeichnisses einschließlich aller Unterverzeichnisse und das Verzeichnis selbst gelöscht. Diese Option kann gefährlich sein.
-    Diese Option muß vor einer Liste von Dateinamen angegeben werden, falls einer der Namen mit dem Zeichen "-" beginnt.

---

rmdel

rmdel *Optionen Dateien*

Löschen von Deltas in einer oder mehreren SCCS-*Dateien*. Siehe dazu auch **sccs**. Im Abschnitt 9 finden Sie eine detaillierte Erläuterung zu SCCS.

Optionen

-r *sid*
    Die SCCS-ID-Versionsnummer.

rmdir

rmdir *Directories*

Die Verzeichnisse *Directories* werden gelöscht. Die zu löschenden *Directories* dürfen keine Dateien enthalten. Das Arbeitsverzeichnis muß zum Zeitpunkt des Löschvorgangs hierarchisch über dem zu löschenden Verzeichnis liegen. Sie können ein Verzeichnis, das nicht leer ist, mit **rm -r** löschen.

---

roffbib

roffbib [*Optionen*] [*Datenbank*]

Ausgabe aller Datensätze von *Datenbank*.

Optionen

- **-e** Gleicher Wortabstand.
- **-h** Verwendung von Tabulatormarken bei großen Abständen.
- **-m***Name*
    Die Datei **/usr/lib/tmac/tmac.***Name* wird an den Anfang der Dateien gesetzt.
- **-n***n* Seitennumerierung. Die erste Seite wird auf *n* gesetzt.
- **-o***Liste*
    Es werden lediglich die Seiten ausgedruckt, die in *Liste* enthalten sind. Ein Seitenbereich wird mit *n-m* angegeben.
- **-Q** Umleiten der Ausgabe zum Fotosatzbelichter.
- **-r***an* Setzen des Registers *a* auf *n*.
- **-s***n* Nach jeweils *n* Seiten wird die Ausgabe angehalten.
- **-T***Term*
    Die Ausgabe wird dem Gerätetyp *Term* angepaßt.
- **-V** Ausgabe für Versatec.
- **-x** Formatieren der Felder %X als Absätze.

---

rsh

rsh *Host* [*Optionen*] [*Befehl*]

Verbindung zu *Host* herstellen und *Befehl* ausführen. Wird kein *Befehl* angegeben, so erlaubt **rsh** mittels **rlogin** Verbindung zu *Host* aufzunehmen.

Optionen

- **-l***Benutzername*
    Verbindung zu Host als Benutzer *Benutzername* herstellen.
- **-n** Eingabe wird an **/dev/null** umgelenkt.

ruptime

ruptime [*Optionen*]

Gibt Statusinformationen von lokal vernetzten Maschinen aus.

Optionen

- **-a** Nach allen Benutzern sortieren, auch nach Benutzern, die länger als eine Stunde nicht gearbeitet haben.
- **-r** In umgekehrter Reihenfolge sortieren.
- **-l** Nach Ladedurchschnitt sortieren.
- **-t** Nach "Uptime" im System sortieren.
- **-u** Nach Anzahl von Benutzern sortieren.

rwho

rwho [*Optionen*]

Ausgabe einer Benutzerliste für das gesamte lokale Netzwerk.

Optionen

- **-a** Alle Benutzer werden berücksichtigt. Auch die Benutzer, die länger als eine Stunde nicht gearbeitet haben, werden ausgegeben.

sact

sact *Dateien*

Zeigt die derzeitige Änderungsaktivität einer oder mehrerer SCCS-*Dateien* an.

sccs

sccs *Dateien*

Ermöglicht den Zugriff auf alle SCCS-Befehle und -Dateien ohne die sonst notwendige "s."-Erweiterung. In der Voreinstellung enthält das SCCS-Verzeichnis die **s.**-Dateien. **sccs** stellt die folgenden SCCS-Pseudo-Befehle zur Verfügung. Mehr Informationen zu SCCS finden Sie in Abschnitt 9.

»

UNIX-Kommandos

sccs
Fortsetzung

Optionen

-d*Prepfad*
    Prepfad als Quelle der *Datei* anstelle des aktuellen Verzeichnisses verwenden.
-p*Endpfad*
    Endpfad als Verzeichnis, in dem *Datei* sich befindet, angeben.
-r *sccs* mit Ihrem echten Benutzernamen anstelle Ihres *Benutzer-IDs* als Identifikation verwenden.

sccs-Befehle
admin, cdc, comb, delta, get, help, prs, rmdel, sact, sccsdiff, unget, val, what

sccs Pseudo-Befehle
admin, check, clean, create, deledit, delget, diffs, edit, fix, info, tell, unedit

---

sccsdiff

sccsdiff **-r***sid1* **-r***sid2* [*Optionen*] [*diffopts*] *Dateien*

Zeigt die Unterschiede zwischen zwei Versionen einer SCCS-*Datei* an. Siehe auch **sccs**. Mehr Informationen über SCCS finden Sie in Abschnitt 9.

Optionen

-diffopts
    Die *diff*-Optionen **-b, -c, -D, -e, -f** und **-h** können *sccsdiff*-Optionen hinzugefügt werden.
-p Ausgabe in **pr** umlenken.
-r*sidn*
    Die Deltas von *sid1* und *sid2* vergleichen.
-s*n* Speicherplatz einer Datei auf *n* begrenzen.

---

script

script [*Optionen*] [*Datei*]

Gesamte Bildschirmausgabe in *Datei* kopieren.

Optionen

-a Ausgabe an *Datei* anfügen.

sed

    sed [*Optionen*] [*Dateien*]

    Editiere eine oder mehrere Dateien mit den in *Dateien* enthaltenen Befehlen oder über Standardeingabe. Mehr Informationen über **sed** finden Sie in Abschnitt 4.

    Optionen

    -e*Script*
        In *Script* enthaltenen Befehle ausführen.
    -f*Datei*
        Script aus *Datei* nehmen.
    -n Voreinstellung der Ausgabe unterdrücken.

sendbug

    sendbug [*Adresse*]

    Meldungen über Fehler im korrektem Format mittels **uucp** versenden. Falls keine andere Adresse angegeben wurde, Fehlermeldungen an "4bsd-bugs@Berkeley.EDU" schicken.

sh

    sh [*Optionen*] [*Befehle*]

    Der Standardbefehlsinterpreter, der die vom Terminal oder einer Datei eingegebenen *Befehle* ausführt. Mehr Informationen über **sh** finden Sie in Abschnitt 2.

    Optionen

    -c*Zeichenkette*
        Befehle von *Zeichenkette* lesen.
    -s Befehle von der Standardeingabe lesen.
    -i Interaktive Shell; Terminierungs- und Unterbrechungssignale werden ignoriert.

shutdown

    shutdown [*Optionen*] [*Zeit*]

    Alle Prozesse abschließen und das System in Einzel-Benutzermodus schalten. Das Format der Zeitangabe und der Optionen sind systemspezifisch.

››

shutdown Fortsetzung	*Optionen* **-h** Systemhalt ausführen. **-k** **shutdown**-Meldungen ausgeben, aber **shutdown** nicht ausführen. **-r** Reboot ausführen.
size	**size** [*Objektdateien*...] Dezimale Ausgabe der Größe aller *Objektdateien* in Bytes. Wird keine Objektdatei angegeben, so bezieht sich die Ausgabe auf **a.out**.
sleep	**sleep** *Sekunden* Wartet eine bestimmte Anzahl von *Sekunden*.
soelim	**soelim** [*Dateien*] Löschen der **.so** Befehle (siehe **nroff**) von *Datei* und direkte Dateiverknüpfung.
sort	**sort** [*Optionen*] [*Dateien*] Die Zeilen der genannten *Dateien* in alphabetischer Reihenfolge sortiern. *Optionen* **-b** Führende Leerzeichen und Tabulatoren ignorieren. **-c** Eingabedatei überprüfen. **-d** In Wörterbuchreihenfolge sortieren. **-f** Großbuchstaben in Kleinbuchstaben umwandeln. **-i** Zeichen außerhalb des ASCII-Bereiches 040-176 ignorieren. **-m** Bereits sortierte Eingabedateien mischen.

»

sort
Fortsetzung

-n   Eine ursprüngliche numerische Zeichenkette nach arithmetischem Wert sortieren.

-o*Datei*
     Ausgabe in *Datei* schreiben.

-r   Die Bedeutung der Vergleiche umkehren.

-t*c*   Das Feldtrennzeichen auf *c* setzen (Voreinstellung ist Tabulator).

-T*dir*
     Die von **sort** temporär abgelegten Dateien in Verzeichnis *dir* speichern.

-u   Zeilen, die nur einmal vorkommen, ausdrucken.

+*Pos1*[-*Pos2*]
     Sortierschlüssel auf ein Feld, das an *Pos1* beginnt und gerade vor *Pos2* endet, beschränken. *Pos1* und *Pos2* sind im Format *m.n*, wobei *m* die Anzahl der von Zeilenanfang zu überspringende Felder und *n* die Anzahl der danach zu überspringenden Zeichen angibt.

---

sortbib

sortbib [*Optionen*] *Datenbanken*

Eine Datei von **refer**-Datensätzen nach vom Benutzer angegebenen Schlüsseln sortieren.

Optionen

-s*Schüssel*
     Gibt neue *Schlüssel* zum Sortieren an.

---

spell

spell [*Optionen*] [*Dateien*]

Vergleicht die Wörter einer oder mehrerer *Dateien* mit dem Systemwörterbuch und gibt alle Abweichungen aus.

Optionen

-v   Alle nicht in der Liste vorhandene Worte ausgeben.

-b   Nach britischer Schreibweise überprüfen.

-x   Jeden plausiblen Wortstamm für alle Worte ausgeben (gekennzeichnet mit einem Gleichheitszeichen "=").

-d*Datei*
     Datei als sekundäre Wortliste verwenden.

»

spell
Fortsetzung

-s*Datei*
  Datei als sekundäre Stoppliste verwenden.
-h*Datei*
  Datei als sekundäre History verwenden.

---

spline

spline [*Optionen*]

Eine "Glättungs"-Funktion wird von den x-y-Koordinaten, die als numerische Paare via Standardeingabe eingegeben werden, erzeugt. Die Ausgabe besteht ebenfalls aus x-y-Koordinaten, die mit **graph** und **plot** grafisch dargestellt werden können. Maximal 1000 Punkte können angegeben werden.

Optionen

-**a** Abszissen automatisch hinzufügen.
-**k***n* *n* als konstanten Wert benutzen, um die Begrenzungen zu berechnen.
-*n* *n* Intervale zwischen den unteren und oberen x-Begrenzungen benutzen.
-**p** Periodische Ausgabe erstellen.
-**x***unten*[*oben*]
  Untere und obere x-Begrenzungen.

---

split

split [*Optionen*] [*Eingabedatei*] [*Ausgabedatei*]

Teilt die *Eingabedatei* nach einer angegebenen Anzahl von Zeilen und gibt diese Segmente in *Ausgabedatei***aa**, *Ausgabedatei***ab** etc. aus. (Voreinstellung ist **xaa**, **xab**, etc.)

Optionen

-**n** Teilt *Eingabedatei* in *n*-Zeilensegmente (die Voreinstellung beträgt 1000 Zeilen).

strings **strings** *Dateien*

Durchsuchen einer oder mehrerer *Dateien* (in der Regel binäre Dateien) nach Folgen von vier oder mehr druckbaren Zeichen, die mit Null oder Zeilenvorschub beendet werden.

Optionen

- \-   Die gesamte *Datei* wird durchsucht.
- **-o** Offset-Angabe nach jeder String-Ausgabe.
- *-n* Die minimale String-Länge ist *n*.

strip **strip** [*Optionen*] *Dateien*

Löscht Symboltabelle und Relocation-Bits von Objektdateien.

struct **struct** [*Optionen*] *Datei*

Übersetzen eines FORTRAN-Programms in ein RATFOR-Programm.

Optionen

- **-a** "else if"-Anweisungen werden in Nicht-RATFOR **switch**-Anweisungen verwandelt.
- **-b** "go to"-Anweisungen werden anstelle von verschachtelten Abbruchsanweisungen verwendet.
- **-c***n* Labels in Schritten von *n* inkrementieren (Voreinstellung ist 1).
- **-e***n* *n*=0: Code in einer Schleife einsetzen.
  n›0: Code-Segmente mit weniger als *n* Anweisungen können in Schleifen zusammengefaßt werden.
- **-i** "go to"-Anweisungen nicht in **switch**-Anweisungen verwandeln.
- **-n** "go to"-Anweisungen anstelle von verschachtelten next-Anweisungen verwenden.
- **-s** Eingabe in Standardformat.
- **-t***n* *n* wird zum kleinsten Label des Ausgabeprogramms (Voreinstellung ist 10).

stty

stty [*Optionen*]

Setzen von Ein/Ausgabeoptionen für das Terminal. Werden keine Optionen gegeben, so gibt **stty** die derzeitigen Einstellungen aus. Um die derzeitigen Einstellungen eines Fremdterminals zu betrachten, kann folgendes eingegeben werden (nur durch den Superuser):

stty [*Optionen*] ‹ *Gerät*

Optionen

all	Ausgabe aller Optionen.
everything	Ausgabe aller möglichen Informationen.
speed	Ausgabe der Geschwindigkeit des Terminals.
size	Ausgabe der Darstellungsgröße (Spalten und Zeilen).

Optionen zum setzen der Modi

0	Verbindung abbrechen.
even	Eingabe mit gerader Parität zulassen.
-even	Eingabe mit gerader Parität nicht zulassen.
odd	Eingabe mit ungerader Parität zulassen.
-odd	Eingabe mit ungerader Parität nicht zulassen.
raw	Roher Eingabe-Modus (direkte Zeichenweiterleitung, ohne Behandlung der Eingabe).
-raw	Kein Roher-Modus.
cooked	Kein Roher-Modus.
cbreak	Jedes Zeichen kann wie eingegeben gelesen werden.
-cbreak	Jedes Zeichen kann nur nach einem Zeilenvorschub wie eingegeben gelesen werden.
-nl	Erlauben von Wagenrücklauf als Zeilenvorschub.
nl	Nur Zeilenvorschub wird als solcher akzeptiert.
echo	Jedes eingegebene Zeichen wird am Bildschirm wiedergegeben.
-echo	Eingegebene Zeichen werden nicht am Bildschirm wiedergegeben.
lcase	Umwandeln von Großbuchstaben in Kleinbuchstaben.
-lcase	Keine Umwandlung.
tandem	Flußkontrolle aktivieren.
-tandem	Flußkontrolle ausschalten.
-tabs	Tabulatormarken werden durch Leerzeichen ersetzt.
tabs	Tabulatormarken werden nicht durch Leerzeichen ersetzt.

››

stty
Fortsetzung

Einstellungen zur Steuerung durch Eingabezeichen

Die Definition dieser Argumente kann durch Belegung mit "**u**" rückgängig gemacht werden.

ek	Erase=#, kill= @.
erase *c*	Das Erase-Zeichen wird auf *c* gesetzt (Voreinstellung #).
kill *c*	Das Kill-Zeichen wird auf *c* gesetzt (Voreinstellung @).
intr *c*	Das Interrupt-Zeichen wird auf *c* gesetzt (Voreinstellung DEL).
quit *c*	Das Quit-Zeichen wird auf *c* gesetzt (Voreinstellung CTRL-\).
start *c*	Das Start-Zeichen wird auf *c* gesetzt (Voreinstellung CTRL-Q).
stop *c*	Das Stopp-Zeichen wird auf *c* gesetzt (Voreinstellung CTRL-S).
eof *c*	Das EOF (Dateiende) - Zeichen wird auf *c* gesetzt (Voreinstellung CTRL-D).
brk	Das Break-Zeichen wird auf *c* gesetzt (keine Voreinstellung).
cr*n*	Wagenrücklaufverzögerung auf *n* setzen (*n* ist 0-3).
nl*n*	Zeilenvorschubverzögerung auf *n* setzen (*n* ist 0-3).
tab*n*	Tabulatorverzögerung auf *n* setzen (*n* ist 0-3).
ff*n*	Seitenvorschubverzögerung auf *n* setzen (*n* ist 0 oder 1).
bs*n*	Verzögerung von Backspace auf *n* setzen (*n* ist 0 oder 1).

Terminal-Modi

tty33	Modi für ein Teletype Model 33 Terminal setzen.
tty37	Modi für ein Teletype Model 37 Terminal setzen.
vt05	Modi für ein DEC VT05 Terminal setzen.
dec	Modi für Benutzer eines DEC Betriebssystem setzen.
tn300	Modi für ein GE TermiNet 300 setzen.
ti700	Modi für Terminals der TI 700 Reihe setzen.
tek	Modi für ein Tektronix 4014 Terminal setzen.
n	Einstellung der Baudrate des Terminal auf *n*. Mögliche Baudraten sind: 50, 75, 110, 134, 150, 200, 300, 600, 1200, 1800, 2400, 4800, 9600, exta, extb.

»

UNIX-Kommandos 89

stty
Fortsetzung

rows *n*
    Anzahl von Zeilen, die das Terminal unterstützt.
cols *n*
    Anzahl von Spalten, die das Terminal unterstützt.

Eingabemodi (Teletype)

Diese Option gelten nur für Eingabetreiber, die die Job-Steuerung der **csh** und deren erweiterte Funktionalität unterstützen.

new	Verwendung eines neuen Treibers.
crt	Modi für ein CRT setzen.
crtbs	Echo eines Erase-Zeichens ist Backspace.
prterase	Echo des Erase-Zeichens sind "/" und "\" (bei Druckern).
crterase	Gelöschte Zeichen werden mit "Backspace-Leerzeichen-Backspace" ausgegeben (auffüllen).
-crterase	Kein Auffüllen.
crtkill	Auffüllen gelöschter Zeilen mit "Backspace-Leerzeichen-Backspace".
-crtkill	Echo beim Zeilenlöschen ist das Kill-Zeichen und ein Zeilenvorschub.
ctlecho	Echo für Steuerzeichen ist "^x" und für das Lösch-Zeichen "^?". Zwei Backspace-Zeichen gefolgt von CTRL-D werden ausgegeben.
-ctlecho	Echo von Steuerzeichen sind die Steuerzeichen selbst.
decctlq	Nur das Start-Zeichen führt die Ausgabe weiter.
-decctlq	Jedes Zeichen führt die Ausgabe nach einem Stopp weiter (Voreinstellung).
tostop	Hintergrundprogramme werden angehalten, falls sie versuchen, auf dem Terminal auszugeben.
-tostop	Hintergrundprogramme dürfen Ausgabe am Terminal erzeugen.
tilde	Konvertieren von "~" nach "`" bei der Ausgabe.
-tilde	Keine Konvertierung von "~".
flusho	Die Ausgabe wird mittels CTRL-O vermieden.
-flusho	Die Ausgabe wird durch CTRL-O nicht vermieden.
pendin	Bei Eingaben, die nach **cbreak** aktiv sind, erfolgt Umschaltung auf **cooked**.
-pendin	Die Eingabe ist nicht aktiv.
pass8	Alle 8-Bit der Eingabe werden akzeptiert.
-pass8	Das Bit 0200 der Eingabe wird entfernt (gilt nicht für Rohen-Modus).
mdmbuf	Die Ausgabe wird nach dem Trägersignal angehalten oder gestartet.

»

stty Fortsetzung	**-mdmbuf**	Ausgabe eines Fehlers, nach Schreibversuchen nachdem das Trägersignal abgefallen ist.
	litout	Die Ausgabezeichen werden nicht bearbeitet.
	-litout	Die Ausgabezeichen werden normal bearbeitet.
	nohang	Es wird kein Signal übermittelt, nachdem der Carrier abgefallen ist.
	-nohang	Es wird ein Hangup-Signal übermittelt, nachdem der Carrier abgefallen ist.
	exack	Handshaking über **etx/ack**.
	susp *c*	Das Haltezeichen der Ausgabe auf *c* setzen (Voreinstellung CTRL-Z).
	dsusp *c*	Das Haltezeichen für verzögertes Unterbrechen auf *c* setzen (Voreinstellung CTRL-Y).
	rprnt *c*	Das Zeichen zum erneuten Ausgeben der Zeile auf *c* setzen (Voreinstellung CTRL-R).
	flush *c*	Das Flush-Ausgabezeichen auf *c* setzen (Voreinstellung CTRL-O).
	werase *c*	Das Zeichen zum Löschen von Wörtern auf *c* setzen (Voreinstellung CTRL-W).
	lnext *c*	Das Zeichen, das zum Definieren des folgenden Zeichens als Nicht-Metazeichen verwendet wird, auf *c* setzen (Voreinstellung CTRL-V).

---

su   **su** [*Optionen*] [*Benutzer*]

Ändert den aktiven Benutzer auf *Benutzer*. Wird *Benutzer* nicht angegeben, so wird auf den **Superuser** gewechselt. Mit **Control-D** gelangen Sie in den ursprünglichen Kommandointerpreter zurück.

Optionen

-    Die gesamte Login-Sequenz wird abgearbeitet.
- **-f**   Die Datei **.cshrc** wird nicht ausgeführt.

---

sum   **sum** *Dateien*

Errechnet eine Prüfsumme und die Anzahl der Blöcke für die benannten *Dateien*.

symorder   **symorder** *Reihenfolgenliste Symboldatei*

Reorganisiert Symbole in *Symboldatei* entsprechend der Beschreibung in *Reihenfolgenliste*.

---

sync   **sync**

Aktualisiert den Super-Block. **Sync** sollte vor dem Ausschalten (**shutdown**) des Systems aufgerufen werden, um die Datei-Konsistenz des Filesystems sicherzustellen.

---

sysline   **sysline** [Optionen]

Periodische Ausgabe der Systemstatus-Information in der Statuszeile des Terminals.

Optionen

- **-b** Jede halbe Stunde ein Signalton und jede volle Stunde zwei aufeinander folgende Signaltöne ausgeben.
- **-c** Die Statuszeile wird für 5 Sekunden gelöscht, bevor sie erneut dargestellt wird.
- **-d** Die Daten der Statuszeile werden in einem lesbaren Format ausgegeben.
- **-D** Ausgabe des aktuellen Tages vor der Uhrzeit.
- **-e** Die Ausgabe von Steuerzeichen wird unterbunden.
- **-w** Die Ausgabe der Statusinformationen erfolgen in der aktuellen Zeile.
- **-H***Host*
  Der Belastungsdurchschnitt eines Fremdsystems *Host* (nur VAX) wird ausgegeben.
- **-h** Der Name des Fremdsystems wird nach der Zeit angezeigt (nur VAX).
- **-l** Die Namen der sich anmeldenden und abmeldenden Benutzer werden nicht angezeigt.
- **-m** Es wird nicht nach möglicherweise eingegangenen Mail-Nachrichten gesucht.
- **-p** Es werden keine Informationen zu laufenden und abgeschlossenen Prozessen gegeben.
- **-r** Die Ausgabe erfolgt nicht invers.
- **+***n* Die Anzeige wird alle *n* Sekunden erneuert (Voreinstellung 60).

»

sysline
Fortsetzung

-q Es werden keine diagnostischen Meldungen ausgegeben.
-i Die Prozeßidentifikationsnummer wird zu Beginn ausgegeben.
-s Ausgabe einer Kurzform durch linksbündige Ausrichtung der Statusinformationen.
-j Erzwingen der linksbündigen Ausrichtung.

---

syslog

syslog [*Optionen*]

Fügt eine Meldung an die System-Protokolldatei an.

Optionen

-       Anfügen von Zeilen aus der Standardeingabe.
-i*Name*
    Name wird zur Protokollidentifikation verwendet.
-p Die Prozeßidentifikationsnummer wird mit der Meldung ausgegeben.
-n Die Meldung wird auf Level *n* im Protokoll aufgenommen.

---

systat

systat [*Optionen*]

Ausgabe von System-Statistiken.

Optionen

-*display*
    Angabe des Darstellungstyps.
-n Aktualisierung der Darstellung nach jedem Intervall *n*.

---

tabs

tabs [*Optionen*] [*Terminal*]

Setzt Tabulator-Haltepunkte auf dem bezeichneten Terminal.

Optionen

-n Der linke Rand wird nicht eingerückt.

tail

tail [*Optionen*] [*Datei*]

Die letzten zehn Zeilen der angegebenen *Datei* ausgeben.

Optionen

- **-f** Nicht am Ende der Datei abbrechen.
- **-r** Zeilen in umgekehrter Reihenfolge ausgeben.
- **+n[lbc]**
  Mit der *n*-ten Zeile (**l**)(Voreinstellung), Block (**b**) oder Zeichen (**c**) gezählt vom Anfang der Datei beginnen. Bis Dateiende ausgeben.
- **-n[lbc]**
  Mit der *n*-ten Zeile (**l**)(Voreinstellung), Block (**b**) oder Zeichen (**c**), gezählt vom Ende der Datei anfangen. Bis Dateiende ausgeben.

talk

talk *Benutzer* [*Schnittstelle*]

Kommunikation mit *Benutzer*. Falls ein Benutzer mehrmals beim System angemeldet ist, so muß zusätzlich das entsprechende Terminal mittels der jeweiligen *Schnittstelle* bezeichnet werden.

tar

tar [*Schlüssel*][*Dateien*]

Schreiben und Lesen von mehreren *Dateien* zu und von einem Magnetband.

Funktionsschlüssel (*nur eine kann angewahlt werden*).

- **c** Neues Magnetband vorbereiten.
- **r** *Dateien* dem Magnetband hinzufügen.
- **t** Namen der am Magnetband gespeicherten *Dateien* ausdrucken. Falls keine *Dateien* angegeben werden, wird das Inhaltsverzeichnis aller auf dem Magnetband gespeicherter Dateien ausgegeben.
- **u** Dateien, die nicht am Magnetband vorhanden oder neueren Datums sind, werden hinzugefügt.
- **x** *Dateien* von Magnetband lesen. Falls *Dateien* nicht angegeben werden, werden alle Dateien gelesen.

»

tar
Fortsetzung

Zusatzoptionen

b*n* Angabe des Blockungsfaktors (Maximum ist 20, Voreinstellung ist 1).

B Das Schreiben und Lesen mit 20 Blöcken pro Satz erzwingen.

-C*dir*
In Verbindung mit **-c** und **-r**, ändert dieser Befehl den Pfad zum Verzeichnis *dir*, so daß Dateien mit kurzen Pfadnamen angegeben werden können.

f *Datei* als Archive benutzen (Voreinstellung ist **/dev/mt?**).

F[F] Alle SCCS-Verzeichnisse ausklammern. Das zweite F gibt **tar** an, alle **.o**-, SCCS-, **core**-, **a.out**- und **err**-Dateien auszuklammern.

h Symbolische Verweise berücksichtigen.

i Prüfsummenfehler ignorieren.

l Fehlermeldungen ausgeben.

m Die Modifikationszeit nicht wiederherstellen, sondern die aktuelle Zeit.

o Verzeichnisinformation unterdrücken.

p Zugriffsrechte übernehmen.

n Magnetbandlaufwerk *n* anwählen (0-9, Voreinstellung ist 8).

v Funktionszzeichen und Dateinamen ausdrucken.

w Auf Bestätigung warten ("y" führt das Kommando aus).

X*XDatei*
Die in *XDatei* geführten Dateien oder Verzeichnisse werden ausgeklammert.

---

tbl

tbl [*Optionen*][*Dateien*]

Ein Präprozessor für *nroff* und *troff* zur Formatierung von Tabellen, welche in *Dateien* enthalten sind und zwischen den Kommandozeilen .TS und .TE stehen.

Optionen

-TX Ausschließlich vollvertikale Zeilenbewegungen benutzen.

tc	**tc** *Optionen Datei*

Simuliert die Ausgabe eines Fotosatzbelichters auf einem Tektronix 4014 Terminal.

Optionen

-p*n*   Setzt die Seitenlänge auf *n* Zeilen.
-s*n*   Überspringt die ersten *n* Seiten.
-t   Es wird nicht auf Zeilenvorschub am Ende einer Seite gewartet. |
| tcopy | **tcopy** *Quelle* [*Ziel*]

Kopieren von Magnetbändern. Wird kein *Ziel*-Band angegeben, so werden Informationen über die Größe der Bandeinträge und Dateien ausgegeben. |
| tee | **tee** [*Optionen*] [*Dateien*]

Nimmt Daten aus der Standardeingabe auf, dupliziert diese in die angegebene *Datei*, und gibt diese auf der Standardausgabe aus.

Optionen

-a   Die Ausgabedatei wird nicht neu erstellt. Die Daten werden am Dateiende angefügt.
-i   Abbruchsignale werden ignoriert. |
| telnet | **telnet** [*Host*[*Port*]]

Befehl zur Kommunikation mit einem anderen Hostrechner über das TELNET-Protokoll. Eine Zusammenfassung der gültigen Befehlseingaben werden durch Eingabe von "?" ausgegeben. |

test   test *Ausdruck*
oder [*Ausdruck*]

test wertet den *Ausdruck* und gibt, falls sein Wert wahr ist, den Exit-Status Null zurück; andernfalls wird ein anderer Exit-Status als Null zurückgegeben. In dem Shell-Script kann man die alternative Ausdrucksweise [*Ausdruck*] verwenden. Dieser Befehl wird normalerweise in Verbindung mit bedingten Konstrukten in Shell-Programmen verwendet. Mehr Information finden Sie im Abschnitt 2.

Grundelemente

-d *Datei*   Wahr, falls *Datei* existiert und ein Verzeichnis ist.
-f *Datei*   Wahr, falls *Datei* existiert und ein normale Datei ist.
-n*z1*   Wahr, falls die Länge von Zeichenkette *z1* ungleich Null ist.
-r *Datei*   Wahr, falls *Datei* existiert und Leseberechtigung besteht.
-s *Datei*   Wahr, falls *Datei* existiert und eine Länge größer als Null hat.
-t [*n*]   Wahr, falls die offene Datei mit dem Dateibezeichner *n* (Voreinstellung ist 1) einem Terminalgerät zugeordnet ist.
-w *Datei*   Wahr, falls *Datei* existiert und Schreibberechtigung besteht.
-z *z1*   Wahr, falls die Länge der Zeichenkette *z1* Null ist.
z1 = *z2*   Wahr, falls die Zeichenketten *z1* und *z2* identisch sind.
z1 != *z2*   Wahr, falls die Zeichenketten *z1* und *z2* nicht identisch sind.

Zeichenkette
    Wahr, falls *Zeichenkette* nicht eine Null-Zeichenkette ist.

n1 op n2   Wahr, falls Vergleich *op* zwischen den beiden Integer *n1* und *n2* wahr ist. Beliebiger Vergleichsoperator **-eq, -ne, -gt, -lt** und **-le** kann als *op* eingesetzt werden.

Diese Grundelemente können mit dem Negationsoperator (!), dem binären *UND* (-a), dem binären *ODER* (-o) und Klammern verbunden werden.

tftp	**tftp** [*Host*]
	Übertragung von Dateien zu oder von einem System *Host*. Die Befehlseingabe geschieht hier interaktiv. Mit "?" erhalten Sie eine Liste mit möglichen Befehlseingaben.
time	**time** *Kommando*
	Ausführung von *Kommando* mit optionalen Argumenten und nachfolgende Ausgabe von Ausführungszeit, Prozeßausführungszeit und Systemzeit des Befehls.
tip	**tip** [*Option*][*Name/Nummer*]
	Verbindung mit einer anderen Maschine aufnehmen. Hostrechner kann mit einem gültigen *Namen* identifiziert werden, falls *Name* in den Dateien **/etc/remoter** und **/etc/phones** definiert ist oder durch eine Telephonnummer angegeben wird.

Optionen

-v Gesetzte Variable anzeigen.
-*Übertragungsgeschwindigkeit*
  Verbindung mit der *Übertragungsgeschwindigkeit* Baudrate aufnehmen.

tip wird in zwei Prozessen realisiert, transmit und receive. Transmit liest Daten von Standard Ein-/Ausgabe und überträgt sie zum Hostrechner (außer Zeilen, die mit "~" anfangen). Receive liest Daten von Hostrechner (außer Zeilen, die mit "~" anfangen).

Escape-Sequenzen

~^D, Unterbrechen und verlassen des Hostrechners.
~c[*dir*]
  Verzeichnis ändern auf *dir* des lokalen Rechners.
~! Ausgang zu einer Shell des lokalen Rechners.
~> Datei vom lokalen Rechner zum Host-Rechner kopieren.
~< Datei vom Host-Rechner zum lokalen Rechner kopieren.
~p*Datei*[*Ziel*]
  Datei an einen Host UNIX-Rechner senden.

tip
Fortsetzung

~t*Datei*[*Ziel*]
    Datei von einem Host UNIX-Rechner übertragen.
~| Ausgabe von Host-Kommando an einen lokalen Prozeß umlenken.
~% Ausgabe vom lokalen Kommando an Host-Prozeß umlenken.
~# BREAK-Signal zum anderen System senden.
~s Variable setzen.
~^Z **tip** unterbrechen (nur mit Job-Control).
~^Y Nur "lokale" **tip**-Prozesse unterbrechen (nur mit Job-Control).
~? Zusammenfassung der Tilde-Sequenzen ausdrucken.

---

tk

tk [*Optionen*] [*Datei*]

Formatiert *Datei* zur Ausgabe auf einem Tektronix 4014 Terminal.

Optionen

-t Zwischen den Seiten wird nicht gewartet.
-n Teilt den Bildschirm in *n* Spalten und wartet nach der letzten Spalte.
-p*n* Setzt die Seitenlänge auf *n* Zeilen.

---

tn3270

tn3270 [*System*]

Baut eine Verbindung zwischen einem UNIX-System und einem IBM-System unter VM/CMS auf. Für den Benutzer des UNIX-Systems verhält sich diese Verbindung so, als befände er sich vor einem IBM3270-Terminal. Wird bei Kommandoaufruf *System* nicht angegeben, so erscheint die Anforderung **tn3270>**. Folgende Befehle können eingegeben werden: **open, close, quit, Z** (Abbruch), **status** oder **?** (Erläuterungen).

---

touch

»

touch [*Optionen*] [*Datum*] *Dateien*

Aktualisierung der Zugriffs- und Modifikationszeit und des Datums auf den momentanen Zeitpunkt oder auf das optional

touch
Fortsetzung

angegebene *Datum*. Es können eine oder mehrere Dateien Fortsetzungangegeben werden.

Optionen

- **-a** Nur der Zugriffszeitpunkt wird aktualisiert.
- **-c** Wurden Dateien angegeben, die nicht existieren, so werden diese nicht erstellt.
- **-f** Die Ausführung von **touch** trotz Zugriffsrechte erzwingen.
- **-m** Nur der Modifikationszeitpunkt wird aktualisiert.

Datum

Datum und Zeit im Format: *mmttssmm*[*jj*] (d.h. MonatTagStundeMinute[Jahr]).

---

tp

tp [*Schlüssel*] [*Name*]

Laden oder Sichern von Dateien auf DECtape oder Magtape.

Funktionsschlüssel (muß angegeben werden)

- **r** Die angegebenen Dateien werden auf das Band geschrieben.
- **u** Das Band wird nur aktualisiert, falls der Modifikationszeitpunkt einer Datei auf dem Band älter ist, als derjenige der zu sichernden Datei (Voreinstellung).
- **d** Löschen der angegebenen Dateien auf dem Band (nur für DECtape).
- **x** Laden der angegebenen Dateien (oder aller Dateien, falls die Dateiangabe weggelassen wird) vom Band.
- **t** Zeigt Namen der angegebenen Dateien an, falls sich solche auf dem Band befinden. (Wird die Dateiangabe weggelassen, so werden alle Dateien aufgelistet.)

Schlüssel

- **m** Magtape anstelle von DECtape.
- **n** Das Band befindet sich im Laufwerk *n* (0 <= *n* <= 7). Die Voreinstellung für Magtape ist 0.
- **v** Anzeigen der Transaktionen.
- **c** Die Bandeinträge werden vor Transferbeginn gelöscht.
- **i** Beim Auftreten von Fehlern wird nicht abgebrochen.
- **f** Die zuerst genannte Datei ist das Archiv, nicht das Band.
- **w** Der Benutzer wird vor jedem Dateitransfer zur Bestätigung aufgerufen.

tr **tr** [*Optionen*] [*Zeichenkette1*] [*Zeichenkette2*]

Ersetzt Zeichenfolgen, die in *Zeichenkette1* auftreten durch *Zeichenkette2*.

Optionen

- **-c** Alle Zeichen in *Zeichenkette1* werden mit ASCII 001-377 ergänzt.
- **-d** Zeichen in *Zeichenkette1* von Ausgabe werden gelöscht.
- **-s** Mehrfach auftretenden Zeichen werden in einem Einzelzeichen in *Zeichenkette2* zusammengezogen.

---

troff **troff** [*Optionen*][*Dateien*]

Dateien zur Ausgabe an einem Satzbelichter formatieren. Mehr Information über **troff** finden Sie im Abschnitt 5.

Optionen

- **-a** Druckbare ASCII-Annäherungen benutzen.
- **-b** Gib Status des Satzbelichters wieder.
- **-f** Seitenvorschub nach Ablauf unterdrücken.
- **-F***dir*
  In *dir* statt **/usr/lib/font** (Voreinstellung) nach der Breitentabelle suchen.
- **-i** Standardeingabe nach Dateien lesen.
- **-m***Name*
  Die Makrodatei **/usr/lib/tmac/.***name* an Dateienanfang setzen.
- **-n***n* Die erste Seitenummer ist *n*.
- **-o***Liste*
  Nur Seiten in Datei *Liste* ausdrucken. Ein Seitenbereich wird mit *n-m* angegeben.
- **-p***n* Alle Zeichen im Schriftgrad *n* drucken.
- **-q** **.rd**-Abfragen unterdrücken.
- **-r***an* Register *a* auf *n* setzen.
- **-s***n* Nach jeweils *n* Seiten anhalten.
- **-t** Ausgabe an Standardausgabe ausgeben.
- **-w** Warten bis Satzbelichter frei ist.

true

true [*Optionen*]

Gibt den Rückgabewert eines erfolgreich verlaufenen Befehls. Siehe dazu auch den Befehl **false**.

tset

tset [*Optionen*][*Typ*]

Terminalmodus einstellen. Werden keine Optionen angegeben, so wird das Terminal mit der TERM-Environment-Variablen neu initialisiert.

Optionen

- **-** Terminalname an Standardausgabe ausgeben.
- **-e** *c* Das Lösch-Zeichen auf *c* einstellen. (Voreinstellung ist Rücktaste ^H.)
- **-ic** Das Unterbrechungszeichen auf *c* einstellen. (Voreinstellung ist ^C.)
- **-I** Ausgabe der Terminaleinstellung unterdrücken.
- **-k** *c* Zeilenlöschzeichen auf *c* setzen (Voreinstellung ist ^X).
- **-m**[*Port*][*Baudrate*][*:tty*]
  Terminalangaben ausgeben.
- **-n** Neuer tty-Treibermodus für dieses Terminal initialisieren (für 4BSD-Treiber).
- **-Q** "Erase set to"- und "Kill set to"-Ausgaben unterdrücken.
- **-s** TERM- und TERMCAP-Zuweisung in Umgebung ausgeben.
- **-S** TERM- und TERMCAP-Zuweisung in *csh*-Umgebung ausgeben.

Port Geräteart (normalerweise **dialup** oder **plug-board**).

Baudrate
Geschwindigkeit (Mögliche Vorzeichen: >, =, <, @ und !).

tty Art des Terminals.

tsort

tsort [*Datei*]

Topologisches Sortieren von *Datei*.

tty

tty [*Optionen*]

Anzeigen der Geräteschnittstelle Ihres Terminals.

Optionen

-l Ausgabe der synchronen Schnittstellennummer.
-s Nur Rückgabe von:
    0 = es handelt sich um ein Terminal.
    1 = kein Terminal.

ul

ul [*Optionen*] [*Dateien*]

Aktivierung von Unterstreichungen in einer oder mehreren *Dateien*. Dazu wird die Environment-Variable TERM benutzt. Falls das Terminal keine Möglichkeit zum Unterstreichen bereithält, so werden diese ignoriert.

Optionen

-i Unterstreichungen werden in der Zeile unterhalb des zu unterstreichenden Textes angezeigt.
-t *tty*
    Die Benutzung der TERM-Variable wird übergangen und stattdessen der angegebene Terminaltyp *tty* verwendet.

umount

umount *Optionen*

Siehe dazu den Befehl **mount**.

unifdef

unifdef [*Optionen*] [*Dateien*]

Löschen von *ifdef*-Zeilen einer *Datei*.

Optionen

-t Auch Text, der kein C-Code ist, wird bearbeitet.
-l Die gelöschten Zeilen werden durch Leerzeichen ersetzt.
-c Die Operation von **unifdef** wird umgekehrt.

unifdef
Fortsetzung

-D*Symbol*
Definition von *Symbol*.
-U*Symbol*
Definition von *Symbol* wird rückgängig gemacht.
-id*Symbol*
Die Definition von *Symbol* wird ignoriert, bleibt jedoch im ausgeklammerten Zustand erhalten.
-iu*Symbol*
Das Rückgängigmachen der Definition von *Symbol* wird ignoriert, bleibt jedoch im ausgeklammerten Zustand erhalten.

---

uncompress

uncompress [*Optionen*] [*Dateien*]

Wiederherstellen der ursprünglichen Datei aus einer *Datei*, die mit **compress** behandelt wurde.

Optionen

-f Bedingungslose Ausführung. (Werden Dateien überschrieben, so wird vom Benutzer keine Bestätigung verlangt.)
-v Ausgabe des Reduzierungsprozentsatzes jeder komprimierten Datei.
-c Die Ausgabe erfolgt über die Standardausgabe; es werden keine Dateien verändert.

---

unexpand

unexpand [*Optionen*] [*Dateien*]

Leerzeichen in den angegebenen *Dateien* werden wieder in Tabulator-Zeichen konvertiert. Siehe dazu auch den Befehl **expand**.

Optionen

-a Es wird ein Tabulator eingefügt, falls ein oder mehrere Leerzeichen auftreten.

unget

unget [*Optionen*] *Dateien*

Wiederherstellen einer oder mehrerer SCCS-Dateien, die mit **get** behandelt wurden. Siehe dazu auch **sccs**. Detaillierte Informationen zu SCCS finden Sie im Abschnitt 9

Optionen

- **-n** Durch get erzeugte Dateien werden nicht gelöscht.
- **-r***sid*
   Die SCCS Versionsidentifikationsnummer.
- **-s** Unterdrückt die Standardausgabe.

uniq

uniq [*Optionen*] [*Eingabedatei* [*Ausgabedatei*]]

Löschen von mehrfach auftretenden Zeilen in *Eingabedatei*, und Schreiben des Resultats in *Ausgabedatei*. Der Befehl wird häufig als Filter benutzt.

Optionen

- **-c** Ausgabe der nur einmal auftretenden Zeilen und Zählen mehrfach auftretender Zeilen.
- **-d** Mehrfach auftretende Zeilen werden nur einmal ausgegeben.
- **-u** Es werden nur die in *Eingabedatei* einmal auftretenden Zeilen ausgegeben.
- **-***n* Die ersten *n* Felder einer Zeile werden ignoriert.
- **+***n* Die ersten *n* Zeichen eines Feldes werden ignoriert.

units

units

Interaktives Umwandeln von Zahlen (mittels einer Formel) von einer Einheit in eine andere. Die Datei **/usr/lib/units** zeigt eine komplette Auflistung der möglichen Einheiten. Programmaustritt über **Control-D**.

UNIX-Kommandos

uptime

    uptime

Er werden die aktuelle Uhrzeit, der Zeitraum seit dem Login, die Anzahl der angemeldeten Benutzer und die durchschnittliche Belastungszeit des Systems werden ausgegeben.

---

users

    users

Die derzeitig angemeldeten Systembenutzer werden angezeigt.

---

uuclean

    uuclean [*Optionen*]

Löschen von Dateien aus dem **uucp** Spool-Verzeichnis, deren Name mit *pre* beginnt und die älter als *stu* Stunden sind.

Optionen

- **-m**   Benachrichtigen des Dateieigentümers nach dem Löschvorgang.
- **-n** *stu*
      Löscht Dateien, die älter als *stu* sind.
- **-p** *pre*
      Löscht Dateien mit dem Prefix *pre*.

---

uucp

    uucp [*Optionen*] [*Quelle!*]*Datei* [*Ziel!*]*Datei*

Kopieren einer *Datei* (oder einer Reihe von Dateien) von *Quelle* nach *Ziel*. Sowohl *Quelle* als auch *Ziel* können dabei Fremdsysteme sein. Die Zieldatei kann auch ein Verzeichnis sein.

Optionen

- **-a**   Das derzeitige Verzeichnis wird nicht mit **getwd** ermittelt.
- **-c**   Die Dateien werden nicht in das Spool-Verzeichnis kopiert.
- **-C**   Die Dateien werden in das Spool-Verzeichnis kopiert.
- **-d**   Falls das Verzeichnis für die Kopie nicht existiert, wird es automatisch erstellt (Voreinstellung).

»

uucp
Fortsetzung
	-f Es werden keine Verzeichnisse bei Bedarf erstellt.
	-m Bei Abschluß des Kopiervorgangs wird eine Mail-Nachricht zum Benutzer geschickt.
	-r Der Auftrag wird in eine Warteschlange gegeben. Der Transfer mit dem Fremdsystem wird nicht gestartet.
	-n*Benutzer*
	   Benutzer wird von der Übermittlung der Dateien mittels Mail benachrichtigt.
	-g*c* Setzt die Priorität des Übertragungsauftrags auf *c*. Je niedriger diese Priorität in der ASCII-Sequenz ist, desto vorrangiger wird der Auftrag behandelt (Voreinstellung=**n**).
	-s*Verzeichnis*
	   Verwendung von *Verzeichnis* als Spool-Verzeichnis.
	-x*n* Funktionsprotokoll wird bis zur Ebene *n* ausgegeben.

---

uudecode	**uudecode** [*Datei*] Lesen einer *Datei*, die mit **uuencode** behandelt wurde, und Herstellen ihres ursprünglichen Zustandes. Dabei werden Dateiname und -Modus beibehalten. Siehe dazu auch **uuencode**.

---

uuencode	**uuencode** [*Datei*] *Name* | **mail** *System!Benutzer* Konvertieren einer binären *Datei* in eine Form, die mittels **mail** übertragen werden kann. Die Kodierung erfolgt in ein Format, das ausschließlich aus ASCII-Zeichen besteht, und den *Dateinamen* und dessen Modus beinhaltet. Bei Wiederherstellung der Datei auf dem Zielsystem mittels des Befehls **uudecode** wird auf den kodierten Dateinamen und -modus bezug genommen. Oftmals befindet sich auf dem Zielsystem ein spezieller Benutzereintrag, der die mit **uuencode** konvertierten Dateien automatisch in den ursprünglichen Zustand umsetzt. Beachten Sie, daß **uuencode** auch die Standardeingabe als Eingabe erkennt. In diesem Fall wird das erste Argument zur Vergabe des Dateinamens bei der Behandlung durch **uudecode** verwendet.

uulog

uulog [*Optionen*]

Ausgabe von Informationen aus der **uucp**-Protokolldatei.

Optionen

-s*System*
: Anzeigen von Informationen über aktive Aufträge, die mit *System* zusammenhängen.

-u*Benutzer*
: Anzeigen von Informationen über aktive Aufträge, die *Benutzer* erteilt hat.

uuname

uuname [*Optionen*]

Ausgabe von Systemen, die dem lokalen **uucp** bekannt sind.

Optionen

-l Ausgabe des lokalen Systemnamens.

uuq

uuq [*Optionen*]

Analysieren von Einträgen in der UUCP-Warteschlange.

Optionen

-h Ausgabe einer Statistik mit jeweiliger Anzahl von Zeilen, die für die Systeme bestimmt sind.
-l Auflisting im Langformat.
-s*Sys*
: Informationsausgabe ausschließlich über Systeme, deren Name mit *Sys* beginnt.

-u*Ben*
: Informationen ausschließlich über Benutzer, deren Benutzername mit *Ben* beginnt.

-d*Jobx*
: Löschen eines **UUCP**-Auftrags aus der Warteschlange mit der Nummer *Jobx*.

»

uuq
Fortsetzung

    -r *Dir*
        Anstelle des voreingestellten Spool-Verzeichnisses wird das angegebene Verzeichnis *Dir* nach den entsprechenden Dateien der Warteschlange durchsucht.

    -b *Baud*
        Die Transferzeit wird anhand der angegebenen Baudrate *Baud* anstelle der voreingestellten Rate von 1200 Bps errechnet.

---

uusend

uusend [*Optionen*] *Datei System1!System2....!Zieldatei*

uusend übermittelt eine Datei in eine bestimmte Position auf einem Fremdsystem. Das Fremdsystem muß dabei nicht direkt mit dem lokalen System verbunden sein, jedoch muß eine Verbindung über **uucp**-Knotenpunkte mit dem Fremdsystem bestehen. Alle in den Transfer verwickelte Systeme müssen das Kommando **uusend** unterstützen.

Optionen

-m *Zugriffsmaske*
    Die *Zugriffsmaske* der Zieldatei auf dem Fremdsystem (oktal).

---

uux

uux [*Optionen*] [[*System!*]*Kommando*]

Sammelt Dateien von verschiedenen Systemen und führt ein *Kommando* auf dem bezeichneten Fremdsystem *System* aus.

Optionen

-    Die Standardeingabe wird konsultiert.
- **-c** Eine lokale Datei wird für den Transfer nicht in das Spool-Verzeichnis kopiert.
- **-C** Erzwingt das Kopieren von lokalen Dateien in das Spool-Verzeichnis.
- **-l** Die Dateien werden nicht in das Spool-Verzeichnis kopiert, sondern mittels **link** verknüpft.
- **-L** Ausführen von **uucico**.
- **-n** Aktiviert Benachrichtigung durch **mail**.
- **-p** Die Standardeingabe wird konsultiert.

»

UNIX-Kommandos

uux
Fortsetzung

-r Gibt den Übermittlungsauftrag in die Warteschlange. Das Kommunikationsprogramm **uucico** wird nicht gestartet.

-z Der Benutzer wird benachrichtigt, falls der Übertragungsauftrag fehlschlägt.

-a*Benutzer*
   Benutzer wird als Benutzeridentifikation verwendet.

-g*c* Setzen der Priorität des Übertragungsauftrags auf *c*. Je kleiner *c* (als ASCII-Sequenz) ist, desto schneller wird der Transfer durchgeführt (Voreinstellung=n).

-x*Zahl*
   Zahl (0-9) als Bezeichnung der Informationsmenge, die zur Verfolgung der Abarbeitung eines jeweiligen Auftrags gegeben werden. Eine höhere Zahl erzeugt mehr Information.

---

vacation

vacation [*Optionen*]

Teilt anderen Benutzern, die Ihnen eine Nachricht übersandt haben, mit, daß Sie sich im Urlaub befinden.

Optionen

-I Initialisierung der Dateien **.vacation.pag** und **.vacation.dir**

Benutzer
   Die Meldung wird sowohl dem Benutzer, der Ihnen eine Nachricht gesandt hat, als auch Ihnen selbst mittels **mail** übermittelt.

---

val

val [*Optionen*] *Dateien*

Überprüfen von einer oder mehrerer SCCS-Dateien. Siehe dazu auch **sccs**. Detaillierte Informationen zu SCCS finden Sie in Abschnitt 9.

Optionen

-m *Belegung*
   Vergleicht *Belegung* mit der eines Schlüsselwortes %M%.

-r*sid*
   Die SCCS Versionsidentifikationsnummer.

-s Unterdrücken von Standardausgaben.

-y *Belegung*
   Vergleicht *Belegung* mit der des Schlüsselwortes %Y%.

vgrind

vgrind [*Optionen*] *Dateien*

Formatieren von Programmtext mittels **troff**.

Optionen

- **-f** Filter-Modus.
- **-** Eingabe ist die Standardeingabe.
- **-t** Ausgabe ist die Standardausgabe.
- **-n** Schlüsselwörter erscheinen nicht im Fettdruck.
- **-x** Erstellt einen Index im speziellem Format.
- **-W** Die Ausgabe ist für einen Versatec-Drucker anstelle eines Varian bestimmt.
- **-s***n* Der Schriftgrad der Ausgabe in *n* Punkt.
- **-h***Header*
    Jeder Ausgabeseite wird ein *Header* hinzugefügt. (Voreinstellung ist der jeweilige Dateiname.)
- **-d***Datei*
    Entnimmt Sprachdefinitionen aus *Datei* (Voreinstellung ist **/usr/lib/vgrindefs**).
- **-l***Sprache*
    Formatiert in den Konventionen der angegebenen *Sprache*.

---

vi

vi [*Optionen*] *Dateien*

Ein bildschirmorientierter Texteditor, der auf **ex** basiert. In Abschnitt 4 finden Sie eine Zusammenfassung der Befehle.

Optionen

- **-r** Laden der zuletzt gesicherten Version von *Datei* nach einem Systemabsturz.
- **-R** Ausschließlicher Lesezugriff auf *Datei*.
- **-t** *tag*
    Eingabebeginn ist Position *tag* in *Datei*.
- **-w***n* Setzt Voreinstellung der Fenstergröße auf *n* Zeilen.
- **-x** Editieren einer verschlüsselten Datei.
- **+**[*n*][*Muster*]
    Positioniert den Cursor am Dateiende, in der Zeile *n*, oder beim erstmaligen Auftreten von *Muster*. Betrachten von Datei mittels **vi**-Kommandos ohne Anbringen von Änderungen.
- **-r***Datei*
    Laden der zuletzt gesicherten Version von *Datei* nach einem Systemabsturz.

UNIX-Kommandos

vlp

vlp [*Optionen*] *Dateien*

Formatieren von Dateien zur Bearbeitung durch **nroff**, **vtroff** oder **troff**.

Optionen

- **-p***n* Ändern der Punktgröße nach *n* (Voreinstellung = 8).
- **-d** Debug-Modus.
- **-f** Filter-Modus.
- **-l** Nach Funktionen werden keine Labels gesetzt.
- **-v** Die Ausgabe wird an **vtroff** anstelle der Standardausgabe weitergeleitet.
- **-T** *Titel*
  Ausgabe von Titel am Seitenanfang jeder Seite des Dokuments. Diese Option kann für jede der angegebenen *Dateien* gesetzt werden.

---

vmstat

vmstat [*Optionen*] [*Laufwerke*] [*Sekunden*[*n*]]

Gibt die CPU-Aktivität *n*-mal im Intervall *Sekunden* aus.

Optionen

- **-f** Informationen ausschließlich über **forks** und **vforks**.
- **-s** Ausgabe der Inhalte der **sum**-Struktur.
- **-i** Gibt die Interrupt-Anzahl aus, die jedes Gerät beansprucht.

---

vnews

vnews [*Optionen*]

Lesen von News-Artikeln, die über Usenet versandt wurden.

Optionen

- **-a***Datum*
  Auswahl von Artikeln, die nach einem bestimmten *Datum* eingetroffen sind.
- **-n***Gruppen*
  Auswahl von Artikeln nach *Gruppen*.

»

vnews
Fortsetzung

    -t*Zeichenketten*
        Auswahl von Titeln, deren Thema (Subject) eines der angegebenen *Zeichenketten* enthält.
    -r Ausgabe der Artikel in umgekehrter Reihenfolge.
    -u Aktualisierung der Datei **.newsrc** in Intervallen von 5 Minuten.
    -c Ausgabe der ersten Seite jedes Artikels.
    -s Ausgabe einer Liste der auf dem System abonnierten Gruppen.

---

vwidth

vwidth *Zeichensatzdatei Punktgröße* › ft.*xx*.c

Die Zeichenbreiteninformation einer Datei im **vfont** Format wird in **troff** Format übertragen.

---

w

w [*Optionen*] [*Benutzer*]

Zeigt an, wer sich auf dem System befindet und welche Funktionen die einzelnen *Benutzer* gerade ausführen.

Optionen

    -h Die Titelzeile der Ausgabe wird unterdrückt.
    -l   Langform der Ausgabe.
    -s Kurzform der Ausgabe.

---

wait

wait *n*

Wartet auf alle Prozesse, die im Hintergrund laufen und gibt deren Austrittsstatus aus. Wird *n* angegeben, so wird lediglich auf Prozeß mit der Prozeßnummer *n* gewartet. Wird in Shell-Scripten verwendet.

UNIX-Kommandos

wall

wall

Mitteilung

Eine *Mitteilung* wird an alle angemeldeten Benutzer geschickt. Der Text wird mit **Control-D** abgeschlossen.

---

wc

wc [*Optionen*] *Dateien*

Zählen von Zeichen, Wörtern und Zeilen von *Dateien*.

Optionen

- **-c** Nur die Zeichenanzahl wird ausgegeben.
- **-l** Nur die Zeilenanzahl wird ausgegeben.
- **-w** Nur die Anzahl der Worte wird ausgegeben.

---

what

what *Dateien*

Gibt die Versionen der Objekt-Module aus, die bei Erstellung von *Dateien* benutzt wurden.

---

whatis

whatis [*Kommandos*]

Gibt eine kurze Beschreibung zu den angegebenen *Kommandos* aus.

---

whereis

whereis [*Optionen*] [*Verzeichnisoptionen*] *Dateien*

Auffinden von Quellcode, Binärdatei oder Manualseiten für zu einer oder mehreren *Dateien*.

Optionen

- **-b** Suchen nach Binärdateien.
- **-m** Suchen nach Manualseiten.

»

whereis Fortsetzung	**-s**	Suchen nach Quellcode.
	-u	Suchen nach unüblichen Einträgen.

Verzeichnisoptionen

- **-f**   Verzeichnisliste stoppen.
- **-B**   Suchen nach Binärdateien.
- **-M**   Suchen nach Manualseiten.
- **-S**   Suchen nach Quellcode.

---

which

which [*Kommandos*]

Gibt eine List von Dateien aus, die die *Kommandos* bei Ausführung als Befehle interpretieren.

---

who

who [*Datei*]

Gibt die Namen der derzeit angemeldeten Benutzer oder Ihren Login-Name aus.

Wird *Datei* angegeben, so wird diese anstelle von **/etc/utmp** analysiert.

---

whoami

whoami

Ausgabe des Benutzernamens, unter dem Sie sich angemeldet haben.

---

whois

whois *Name*

Ausgabe von benutzerspezifischen Informationen.

UNIX-Kommandos

window **window** [*Optionen*]

Aktiviert eine Fensterumgebung (Windows) auf ASCII-Terminals.

Optionen

- **-t** Ausgabeformat reduzieren.
- **-f** Die Anfangssequenz wird übergangen.
- **-d** Voreistellung auf zwei Fenster.
- **-e**c Setzen des Austrittszeichens auf *c*.
- **-c***Befehl*
    Ausführung von *Befehl* vor Aktivierung.

---

write **write** [*Benutzer*] [*Schnittstelle*]
Mitteilung

Einleiten oder Beantworten einer interaktive Konversation mit einem anderen *Benutzer*. Der Befehl wird mit **Control-D** abgeschlossen.

Schnittstelle
die *Schnittstelle* des Terminals, an dem das Terminal von *Benutzer* angeschlossen ist. Wird nur benötigt, falls der anzusprechende *Benutzer* an mehreren Arbeitsplätzen angemeldet ist.

---

xget **xget**

Empfangen von verschlüsselten Mail-Nachrichten. Dieses Kommando fordert den Benutzer auf, ein Paßwort einzugeben. Betrachen Sie dazu auch die Befehle **enroll** und **xsend**.

---

xsend **xsend** *Benutzer*

Übermittelt eine verschlüsselte Mail-Nachricht an *Benutzer*. Siehe dazu auch **enroll** und **xget**.

xstr   **xstr** [*Optionen*] [*Datei*]

Entnimmt Zeichenfolgen (Strings) aus einer C-Code *Datei*. Hiermit können diese mehreren Modulen zugänglich gemacht werden.

Optionen

-    Lesen der Standardeingabe.
- **-c***Name*
     Zeichenfolgen aus *Name* entnehmen.
- **-v**   Verfolgen der getätigten Extrahierungen am Bildschirm.

---

yacc   **yacc** [*Optionen*] *Datei*

Entwicklungswerkzeug für den Compilerbau
(Yet Another Compiler-Compiler).

Optionen

- **-d**   Generieren von **y.tab.h** mit definen Anweisungen.
- **-v**   Produziert **y.output**.

---

yes   **yes** [*Wort*]

Wiederholte Ausgabe von "y" (yes), oder ein optional angegebenes *Wort*.

---

zcat   **zcat** [*Dateien*]

Anzeigen von mit **compress** komprimierten *Dateien* auf der Standardausgabe. Siehe dazu auch den Befehl **compress**.

2

Shell-Syntax

Die C-Shell

Die Bourne-Shell

Folgende Beschreibungen beziehen sich auf beide Shells:

>Spezifische Dateien
>
>Metazeichen in Dateinamen
>
>Belegen von Variablen
>
>Spezielle Symbole
>
>Shell-Variablen
>
>Standardbefehle

C- und Bourne-Shell im Vergleich

Die C-Shell

Hinweis: Die C-Shell ist kein offizieller Bestandteil von UNIX System-V. Jedoch sind verschiedene Formen der C-Shell in vielen System-V Umgebungen integriert.

Spezifische Dateien

˜/.cshrc	Wird bei jedem Aufruf der Shell ausgeführt.
˜/.login	Wird bei Benutzeranmeldung nach .cshrc ausgeführt.
˜/.logout	Wird von der Login-Shell beim Abmelden ausgeführt.
/etc/passwd	Diese Datei dient als Quelle für Abkürzungen des Formats ˜name zur Entnahme des Pfades eines Benutzerverzeichnisses.

Metazeichen in Dateinamen

*	Gültig ist jede Zeichenkette mit keinem oder beliebig vielen Zeichen.
?	Gültig ist jedes beliebige Zeichen.
[...]	Gültig ist jedes Zeichen, das innerhalb der eckigen Klammern steht. Wird ein Minus-Zeichen zwischen zwei Zeichen angegeben, so sind alle Zeichen, die lexikalisch zwischen dem Zeichenpaar liegen, gültig.
{abc,xxx,...}	Gültig ist jede durch Komma getrennte Zeichenfolge, die in geschweiften Klammern steht. Es könnte **ls** {**ch, sec**}**?** zum Beispiel als Ausgabebasis die Dateien **ch1, ch2, sec1** und **sec2** verwendt werden. Bei Plazierung eines Minus-Zeichens zwischen zwei Zeichen sind alle Zeichen gültig, die lexikalisch zwischen dem Zeichenpaar liegen. Die Zeichenfolge {**ch1-chn**} könnte für **ch1, ch2,..., chn** stehen.
˜	Abkürzung für den Pfad des eigenen Benutzerverzeichnisses.
˜Name	Abkürzung des Pfades eines Benutzers *Name*.

Belegen von Variablen

In den folgenden Operationen können geschweifte Klammern dazu benutzt werden, einen Variablennamen von nachfolgenden Zeichen abzugrenzen, die ansonsten Bestandteil des Variablennamens wären.

%*Variable*	Ansprechen der Belegung von *Variable*.
%{*Variable*}	
%*Name* [*n*]	Ansprechen des Wortes *n* im Feld *Name*.
%{*Name* [*n*]}	
%#*Name*	Rückgabe ist die Anzahl von Worten im Feld *Name*.
%{#*Name*}	
%1...%9	Argumente der Kommandozeile.
%{1}...%{9}	
%*	Alle Argumente der Kommandozeile.

Die obigen Operationen können von *einem* der folgenden **Modifizierer** gefolgt sein:

:g, :h, :r, :t, :x, :gh, :gr, :gt

Diese Modifizierer werden später in diesem Abschnitt behandelt.

%?*Name*	Rückgabewert ist 1, wenn *Name* belegt ist. Ansonsten ist der
%{?*Name*}	Rückgabewert 0.
%%	Prozeßidentifikationsnummer des aktuellen Prozesses.
%<	Lesen einer Zeile aus der Standardeingabe.

Spezielle Symbole

|	Umleiten. Die Ausgabe des spezifizierten Komman-dos wird als Eingabe des folgenden Befehls umgelenkt (z.B. **cat** *Datei* | **lpr**).
;	Trennt mehrere Befehle innerhalb einer Befehlszeile, die nacheinander ausgeführt werden sollen.
&	Der Befehl wird im Hintergrund ausgeführt (z.B. **lpr** *Datei* **&**).
&&	Der Befehl wird nur ausgeführt, wenn der vorangegangene erfolgreich verlief (z.B. **grep** *Wort Datei* **&&** **lpr** *Datei*).
||	Der Befehl wird nur ausgeführt, wenn der vorangegangene nicht erfolgreich verlief (z.B. **grep** *Wort1 Datei* || **grep** *Wort2 Datei*).
'...'	Alle Zeichen innerhalb dieser Marken werden lexikalisch interpretiert. Spezielle Zeichenbedeutungen werden ignoriert.
\	Das folgende Zeichen wird lexikalisch interpretiert.
"..."	Alle Zeichen innerhalb dieser Marken werden lexikalisch interpretiert. Spezielle Zeichenbedeutungen und Variablenbelegungen innerhalb der Marken werden als solche aufgefaßt.
`cmd`	Die Ausgabe des Befehls **cmd** wird als Argument eines weiteren Befehls aufgefaßt.
>!*Datei*	Umleiten nach *Datei*, selbst wenn **noclobber** gesetzt ist.
|&	Der Standardfehler wird zusammen mit der Standardausgabe weitergeleitet.
#	Kennzeichnen eines Kommentarbeginns innerhalb einer Shell-Datei.
<*Datei*	Die Eingabe erfolgt aus *Datei*.
<<*Wort*	Die Standard-Eingabe wird solange gelesen, bis auf eine Zeile, die ein mit *Wort* indentisches Wort enthält, gestoßen wird.
>*Datei*	Leitet Ausgabe in *Datei* um. (Falls *Datei* bereits existiert, so wird diese überschrieben.)
>>*Datei*	Leitet die Ausgabe an das Ende von *Datei* um.
>&*Datei*	Umleiten des Standardfehlers zusammen mit der Standardausgabe nach *Datei*.

Vorbelegte Variablen

argv	Enthält eine Liste der Shell-Argumente der aktuellen Kommandoeingabe.
cdpath	Kann auf eine Folge mit Verzeichnispfaden gesetzt werden, die durchsucht werden, falls ein Unterverzeichnis sich nicht im aktiven Verzeichnis befindet. (Zum Beispiel ist **"set cdpath =(/usr/lib); cd macros"** identisch zu **"cd /usr/lib/macros"**.)
cwd	Enthält den vollständigen Pfadnamen des aktiven Verzeichnisses.
echo	Ist diese Variable gesetzt, so werden alle Kommandos und Argumente vor Ausführung angezeigt.
histchars	Die Zeichen, die mit dem History-Mechanismus verwendet werden.
history	Gibt die Größe der History an (z.B. **"set history=24"**).
home	Enthält den Pfadnamen des Benutzerverzeichnisses.
ignoreeof	Ist diese Variable gesetzt, so wird EOF (Dateiende) von Terminals ignoriert. Diese Variable kann gesetzt werden, um einen versehentlichen Sitzungsabbruch zu vermeiden.
mail	Diese Variable gibt den Pfad der Datei an, die nach elektronischer Post durchsucht werden soll (z.B. **"set mail=/usr/spool/mail/axel"**).
noclobber	Ist diese Variable gesetzt, so wird die Ausgabeumleitung eingeschränkt. Sie kann benutzt werden, um ein versehentliches Löschen von Dateien zu vermeiden.
noglob	Ist diese Variable gesetzt, so wird die Dateinamenerweiterung zurückgehalten.
nonomatch	Ist diese Variable gesetzt, so wird bei Mustererkennung das Fehlen von Dateien mit einer bestimmten Dateinamenserweiterung nicht als Fehler aufgefaßt.
notify	Ist diese Variable gesetzt, so werden Informationen zu abgeschlossenen Prozessen ausgegeben. Andernfalls werden lediglich Informationen bei Abschluß des aktuellen Prozesses angezeigt.
path	Diese Variable kann auf eine Folge von Verzeichnissen gesetzt werden, in welchen nach Kommandos gesucht werden soll (z.B. **"set path=(. /usr/bin)"**).
prompt	Enthält die Zeichenkette, welche vom System vor **jeder** Kommandozeile als Aufforderung zur Kommandoeingabe ausgegeben wird. Die Voreinstellung ist %. Im Format **"set prompt="axel \!%"** erscheint in jeder Kommandozeile eine Referenznummer, anhand derer ein Zugriff auf die History stattfinden kann.
shell	Enthält den Pfadnamen des aktiven Kommandointerpreters.
status	Enthält den Rückgabewert des zuletzt ausgeführten Kommandos. Dabei bedeutet 0 erfolgreich ausgeführt und 1 Kommando nicht ausgeführt.

time	Diese Variable kann zur automatischen Ablaufkontrolle von Befehlen gesetzt werden. Beansprucht ein Befehl mehr Rechenzeit in Sekunden, als der in der **%time** abgelegte Wert, so wird nach Ausführung die verstrichene Rechenzeit angegeben (z.B. "set time=3").
verbose	Ist diese Variable gesetzt, werden die Bestandteile jedes Befehls nach einem Ersatz durch History ausgegeben.

Operatoren

Die Operatoren sind in absteigender Ordnung entsprechend ihrer Priorität aufgelistet.

-,+	Plus und Minus-Vorzeichen.
~	Binäre Negation.
!	Logische Negation.
*, /, %	Multiplikation, Division und ganzzahliger Rest.
+, -	Addition, Subtraktion.
‹‹, ››	Verschieben nach links, Verschieben nach rechts.
‹=	Kleiner-gleich.
›=	Größer-gleich.
‹	Kleiner als.
›	Größer als.
==	Gleich.
!=	Ungleich.
=~	Gleich. (Auf der rechten Seite der Vergleichsoperation steht ein Muster, das *, ? oder [...] enthält.)
!~	Ungleich. (Auf der rechten Seite der Vergleichsoperation steht ein Muster, das *, ? oder [...] enthält.)
&	Binäres Und.
^	Binäres Exklusiv-Oder.
|	Binäres Oder.
&&	Logisches Und.
||	Logisches Oder.
()	Geklammerte Ausdrücke zur Gruppierung (notwendig bei Verwendung der Operatoren ‹, ›, & oder |).
{*Kommando*}	1, falls *Kommando* mit dem Rückgabewert 0 beendet wird, andernfalls 0.

Diese Operatoren können auch mit logischen Dateikonventionen angegeben werden, die im Format *-l Name* spezifiziert werden.

Shell-Syntax

Gültige Belegungen von *l*:

d	Verzeichnis
e	Datei existiert
f	gewöhnliche Datei
o	Eigentümer
r	Lesezugriff
w	Schreibzugriff
x	Ausführberechtigung
z	leere Datei

Name ist Befehl oder Dateiname. Wird der *Name* als Muster angegeben, so muß er vor der Überprüfung aufgelöst sein.

History

Kommandozeilen-Selektion

!!	Erneute Ausführung des letzten Befehls.
!*n*	Erneute Ausführung des Befehls *n* der History.
Muster	Erneute Ausführung der aktuellsten Befehlszeile der History, die mit *Muster* beginnt.
!?*Muster*?	Erneute Ausführung der aktuellsten Befehlszeile in der History, die *Muster* enthält.

Wortselektion

Im Zugriff auf Kommandozeilen, die von der History gespeichert werden, ist es möglich, einzelne Wörter oder Kommandoargumente zu selektieren, um Modifikationen bei der neuen Befehlsangabe einbringen zu können. Dazu kann ein Doppelpunkt gefolgt von einem dieser Kürzel angegeben werden (bei einigen Befehlen ist der Doppelpunkt nicht notwendig):

0	Das erste Wort (meist der Kommandoname); z.B. **!!:0**
n	Das (*n*+1)-te Wort; z.B. **!!:3**
^	Das zweite Wort (meist das erste Argument); z.B. **!!^** (Doppelpunkt kann weggelassen werden).
%	Das letzte Wort; z.B. **!!%** (Doppelpunkt muß nicht angegeben werden).
x-y	Ein Bereich von Argumenten; z.B. **!!:5-7**
-y	Abkürzung von "0-y" (der Doppelpunkt kann weggelassen werden).
*	Steht für ^% (Doppelpunkt muß nicht angegeben werden).
*x**	Abkürzung von *x*-%, wobei *x* die Wortposition darstellt.
x-	Wie *x**, jedoch ohne das letzte Wort.

Modifizierung

Die folgenden Funktionen können unter Angabe der entsprechenden Kürzel in Folge einer History-Referenz oder **gegebenenfalls** mit einer Wort-Spezifikation durchgeführt werden:

:e	Löscht alles bis auf die Dateinamenerweiterung .xxx; z.B. **!!:3:e**.
:h	Löscht das letzte Element eines Pfadnamens; z.B. **!!%:h**.
:p	Der Befehl wird ausgegeben, aber nicht ausgeführt; z.B. **!!*:p**.
:r	Löscht die Dateinamenerweiterung .xxx; z.B. **!!%:r**.
:s/*alt*/*neu*/	Ersetzen der Zeichenkette *alt* durch die Zeichenkette *neu*; z.B. **!!:s/axel/david/**. Um eine Zeichenkette in der direkt vorrangegangenen Befehlszeile zu ersetzen, kann das Kürzel ^ verwendet werden; z.B. **!!:/axel/david/ = ^axel^david**.
:q	Klammert die ersetzten Belegungen aus, um weiteres Ersetzen zu verhindern; z.B. **!!:s/axel/david/:q**.
:t	Löscht alles bis auf das letzte Element eines Pfadnamen.
:x	Trennt Wörter bei Leerzeichen, Tabulatormarken und Zeilenvorschub; z.B. **!!:x**.
:&	Wiederholen des vorangegangenen Ersetzvorgangs; z.B. **!6:&**.
:g	Globales Ersetzen; z.B. **!!:g:s/axel/david/**.

Standard-C-Shell-Befehle

alias	**alias** [*Bezeichnung*] [*Kommando*] Weist einem *Kommando* eine alternative *Bezeichnung* zu. Wird kein *Kommando* angegeben, so wird - wenn vorhanden - die Belegung der *Bezeichnung* ausgegeben. Werden keine Argumente spezifiziert, so wird ein Liste aller alternativen Befehlsbezeichnungen ausgegeben.
bg	**bg** [*%job* ...] Kommando, um den aktuellen oder angegebenen *Job* im Hintergrund abzuarbeiten. Identisch mit *%job* **&**.
break	**break** Bricht eine Schleife, die mit **while** oder **foreach** gebildet wurde ab, und führt die Bearbeitung in der Ebene unter dieser Schleife fort.
breaksw	**breaksw** Break-Funktion unter einer **switch**-Anweisung. Die Bearbeitung wird im Programmtext nach der **endsw**-Anweisung wieder aufgenommen.
case	**case** *Muster* Identifizierung von *Muster* innerhalb einer **switch**-Anweisung.

cd   **cd** [*Directory*]

Wechselt das aktuelle Verzeichnis auf *Directory*. Wird kein *Directory* angegeben, so wird auf Benutzerverzeichnis (Home-Directory) gewechselt.

---

chdir   **chdir** [*Directory*]

Wechselt das Arbeitsverzeichnis. Identisch zu **cd**.

---

continue   **continue**

Setzt die Ausführung in der nächstliegenden Verschachtelungsebene einer Schleife, die mit **while** oder **foreach** gebildet wurde, fort.

---

default   **default**

Schlüsselwort, das innerhalb einer **switch**-Anweisung die Voreinstellung einer Bedingung bezeichnet.

---

dirs   **dirs**

Ausgabe des Verzeichnisstapelspeichers.

---

echo   **echo** [-n] *Zeichenkette*

Gibt *Zeichenkette* auf der Standardausgabe aus. Ist die Option **-n** angegeben, so wird der Ausgabe kein Zeilenvorschub angefügt.

Shell-Syntax

eval eval *Argument*

Prüft die Argumente als Kommandozeile, und verwendet das Ergebnis als Eingabe für die Shell.

---

exec exec *Kommando*

Führt das bezeichnete *Kommando* anstelle der aktiven Shell aus.

---

exit exit [(*Ausdruck*)]

Beendigung des aktiven Kommandointerpreters. Rückgabewert ist das Ergebnis des zuletzt ausgeführten Befehls oder der durch *Ausdruck* gegebene Wert.

---

fg fg [%*Job*...]

Befördert den aktuellen oder den bezeichneten Job in den Vordergrund. Enspricht %*jobn*.

---

foreach foreach *Name* (*Wortliste*)
        Befehle
end

Setzt den Variablenamen für jedes Element von *Wortliste*, und führt für jede dieser Belegungen die *Befehle* zwischen **foreach** und **end** aus.

---

glob glob *Wortliste*

Ähnlich zu **echo**, aber es wird das Austrittszeichen "\" nicht interpretiert. Die Wörter werden mit Null terminiert.

goto goto *Zeichenkette*

Setzt die Ausführung an der Stelle, wo *Zeichenkette* gefolgt von einem Doppelpunkt auftritt, fort. In einer solchen Zeile können nur Tabulator- und Leerzeichen vor der zu adressierenden Zeichenkette stehen, jedoch keine weiteren Zeichen oder Worte.

---

hashstat hashstat

Gibt statistische Informationen über die Effektivität der internen Suchtabelle aus, die zur Lokalisierung von Kommandos in Pfaden angelegt wird.

---

history history

Gibt eine Liste von vorhergegangenen Befehlseingaben aus. (Die History-Syntax wurde bereits in diesem Abschnitt besprochen.)

---

if
```
if (Bedingung) Befehl
oder if (Bedingung1) then
         Befehle1
[else if (Bedingung2) then
         Befehle2]
              .
              .
              .
     else
         Befehle3
endif
```

Falls *Bedingung* erfüllt, wird *Befehl* ausgeführt.

Oder:

Falls *Bedingung1* erfüllt, so werden *Befehle1* ausgeführt. Ist *Bedingung1* nicht erfüllt, jedoch *Bedingung2*, so werden *Befehle2* ausgeführt. Ist weder *Bedingung1* noch *Bedingung2* erfüllt, so werden *Befehle3* ausgeführt.

jobs   **jobs [-l]**

Gibt eine Liste der aktiven Jobs aus. Unter Angabe der Option **-l** werden auch die entsprechenden Prozeßidentifikationsnummern angezeigt.

kill   **kill** [*-Signal*] *Prozeßidentifikationsnummer*

Abbruch des durch *Prozeßidentifikationsnummer* bezeichneten Prozesses mit optionaler Signalbezeichnung durch *-Signal*. Mittels **kill -l** erhalten Sie eine Auflistung aller gültigen Signale.

limit   **limit** *Resource Maximum*

Begrenzt den Umfang von *Resource* des derzeitigen Prozesses und aller seiner Unterprozesse auf ein *Maximum*. Wird kein *Maximum* angegeben, so wird die aktuelle Grenze von *Resource* ausgegeben. Wird *Resource* nicht angegeben, so werden alle Begrenzungen ausgegeben. *Resource* kann unter anderem mit **cputime**, **filesize, datasize, stacksize** und **coredumpsize** angegeben werden.

login   **login**

Kommando zum erneuten Anmelden beim System. Ersetzt die Login-Shell durch **/bin/login**.

logout   **logout**

Abbruch der Login-Shell

newgrp **newgrp** *Gruppe*

Wechseln der *Gruppe* des Benutzers, der den Befehl ausführt. Es wird eine neue Shell ausgeführt. Dabei geht der vorherige Shell-Status verloren.

---

nice **nice** [+*Nummer*] *Befehl*

Ändert die Priorität der Abarbeitungsgeschwindigkeit einer Kommandoausführung gegenüber anderen aktiven Prozessen im System. *Nummer* ist die Priorität, *Befehl* das auszuführende Kommando. Die Voreinstellung von *Nummer* ist 4.

---

nuhup **nohup** [*Befehl*]

Dieses Kommando führt dazu, daß der *Befehl* bei Abbruch der Terminalverbindung nicht beendet wird. **Befehl** soll nicht innerhalb der Shell-Scripts angewendet werden, um ein Abbruch des Scripts zu unterbinden.

---

notify **notify** [*%Job...*]

Weist den Kommandointerpreter an, Statusänderungen der aktuellen oder angegebenen Jobs anzuzeigen.

---

onintr **onintr** [-] [*Label*]

Veränderung der Auswirkung von Interrupts auf die Shell. Unter Angabe der Option - werden alle Interrupts ignoriert. Wird *Label* angegeben, so führt der Kommandointerpreter die Anweisung "**goto** *Label*" bei Erhalt eines Interrupts durch.

Shell-Syntax

popd **popd** +*n*

Entnimmt das erste Argument des Verzeichnis-Stapelspeichers und geht zum darauffolgenden Element über. +*n* löscht das *n*-te Element des Stapelspeichers.

---

pushd **pushd** [*Name*]
oder **pushd** +*n*

Wechselt zum Verzeichnis *Name* und fügt das derzeitige Verzeichnis dem Verzeichnis-Stapelspeicher an. Wird *Name* nicht angegeben, so werden die ersten beiden Elemente des Verzeichnis-Stapelspeichers vertauscht.

Wird *n* angegeben, so wird zum Verzeichnis *n* gewechselt und an den Anfang des Verzeichnis-Stapelspeichers gesetzt.

---

rehash **rehash**

Neuerstellung der Tabelle des Kommandosuchpfades. Dieser Befehl wird immer dann benutzt, wenn während einer Sitzung ein neuer Befehl hinzugefügt wird.

---

repeat **repeat** *n Befehl*

Befehl wird *n*-mal ausgeführt.

---

set **set** [*Variable* [*n*] [=*Wert*...]]

Belegen von *Variable* mit *Wert*. Werden mehrere Werte angegeben, so wird die *Variable* auf die Werteliste gesetzt. Wird ein Index *n* angegeben, so wird das *n*-te Wort des Variablenfelds auf *Wert* gesetzt. (Hierbei muß *Variable* mindestens mit *n* Wörtern belegt sein.) Werden keine Argumente spezifiziert, so wird die aktuelle Belegung der Variablen angezeigt.

setenv	**setenv** *Name Wert*
	Belegen der Environment-Variablen *Name* mit *Wert* (eine einzelne Zeichenkette). **setenv** muß zur Belegung der Variablen **USER**, **TERM** und **PATH** nicht eingegeben werden.
shift	**shift** [*Feld*]
	Verschieben der Argumente im angegebenen *Feld;* z.B. **%2** wird **%1**.
source	**source** *Datei*
	Entnahme von Befehlszeilen aus *Datei*.
stop	**stop**[*%Job....*]
	Stoppt den aktuellen oder angegebenen Job, der im Hintergrund läuft.
suspend	**suspend**
	Anhalten des Kommandointerpreters. Dabei verhält sich die Shell so, als wäre mit %% ein **stop**-Signal übermittelt worden.

switch	**switch** (*Zeichenkette*)
	 case *Muster1:*
	     Befehle
	 [**breaksw**]
	 case *Muster2:*
	     Befehle
	 .
	 .
	 .
	 [**breaksw**]
	 default:
	     Befehle

»	**endsw**

Shell-Syntax

switch
Fortsetzung

Es wird ein Vergleich der *Muster* mit der *Zeichenkette* durchgeführt. Ist die *Zeichenkette* identisch zu einem *Muster*, so werden die dort spezifizierten *Befehle* ausgeführt. Stimmt die *Zeichenkette* mit keinem der *Muster* überein, so werden die Befehle nach **default** aufgerufen. Die Anweisung **breaksw** bewirkt den Abbruch nach Ausführung der entsprechenden Befehle. Wird **breaksw** nicht angegeben, so werden auch die Befehle, die unter den nachfolgenden, nicht übereinstimmenden Mustern plaziert sind, ausgeführt.

---

time

time [*Kommando*]

Gibt eine Zusammenfassung zu der von *Kommando* beanspruchten Ausführungszeit aus. Wird kein Kommando angegeben, so bezieht sich die Zusammenfassung auf den aktiven Kommandointerpreter.

---

umask

umask [*nnn*]

Setzen der Maske zur Dateierstellung auf den oktalen Wert *nnn*. Diese Maske enthält die bei der Erstellung neuer Dateien nicht vergebene Bits in der Zugriffsmaske. Zum Beispiel erzeugt **umask 002** die Zugriffsmaske **rw-rw-r--**. Wird kein Argument angegeben, so wird die aktuelle Erstellungsmaske angezeigt.

---

unalias

unalias

Löschen von Einträgen der **alias**-Liste. Siehe auch **alias**.

---

unhash

unhash

Löschen der internen Tabelle mit Kommandosuchpfaden.

unlimit   **unlimit** [*Resource*]

Löschen von Restriktionen, die auf *Resource* bestehen. Wird *Resource* nicht angegeben, so werden alle Restriktionen gelöscht. Siehe hierzu **limit**.

---

unset   **unset** *Muster*

Löschen von Variablen, die das angegebene *Muster* enthalten. (Metazeichen können wie bei der Angabe von Dateinamen eingesetzt werden.)

---

unsetenv   **unsetenv** *Name*

Löschen von Environment-Variablen, die den angegebenen *Namen* enthalten. (Metazeichen können wie bei der Angabe von Dateinamen eingesetzt werden.)

---

wait   **wait**

Warten auf Beendigung aller im Hintergrund ablaufenden Jobs.

---

while   **while** (*Bedingung*) ....
                              Kommandos
                     end

Solange der Rückgabewert der angegebenen *Bedingung* ungleich Null ist, werden die Befehle zwischen **while** und **end** ausgeführt. Die Anweisungen **break** und **continue** können zum Abbruch bzw. Fortsetzen der Schleife eingesetzt werden.

Shell-Syntax

@ @[*Variable* [*n*] = *Ausdruck*]

Weist den Wert des arithmetischen *Ausdrucks* der *Variablen* oder dem Feldelement *n* zu (falls *n* gegeben). Die Operatoren dazu wurden in diesem Abschnitt bereits behandelt. Wird keine Variable oder kein Ausdruck angegeben, so werden die Belegungen aller Shell-Variablen ausgegeben. Die besonderen Formate @*Variable*++ bzw. @*Variable*-- können zur In- und Dekrementierung der Variablenbelegung eingesetzt werden.

Die Bourne-Shell

Spezifische Dateien:

$HOME/.profile   Wird automatisch beim login ausgeführt.

Metazeichen in Dateinamen

*	Gültig ist jede Zeichenkette mit beliebig vielen Zeichen.
?	Gültig ist jedes beliebige Zeichen.
[abc...]	Gültig ist jedes Zeichen, das innerhalb der eckigen Klammern steht. Wird ein Minus-Zeichen zwischen zwei Zeichen angegeben, so sind alle Zeichen, die lexikalisch zwischen dem Zeichenpaar liegen, gültig.
![abc...]	Alle Zeichen bis auf die in den eckigen Klammern spezifizierten sind gültig.

Belegen von Variablen

Variable=Wert...	Belegt *Variable* mit *Wert*.
$Variable	Benutzt den Inhalt von *Variable*.
$Variable[:]-*Wert*	Benutzt den Inhalt von *Variable*. Ist *Variable* nicht belegt, so wird *Wert* benutzt.
$Variable[:]=*Wert*	Benutzt den Inhalt von *Variable*. Ist *Variable* nicht gesetzt, so wird *Wert* benutzt, und zugleich wird *Wert* der *Variablen* zugewiesen.
$Variable[:]?*Wert*	Benutzt *Variable*. Wenn *Variable* nicht belegt ist, so wird *Wert* ausgegeben und Austritt.
$Variable[:]+*Wert*	Benutzt *Variable*. Falls *Variable* nicht belegt ist, wird nichts unternommen.

Wird in den obigen Spezifikationen ein Doppelpunkt (:) angegeben, so wird neben der Überprüfung, ob die Variable gesetzt ist, zusätzlich geprüft, ob der Variableninhalt ungleich Null ist. Achten Sie darauf, daß Sie in obigen Ausdrücke keine Leerstellen verwenden.

Shell Variablen

Die folgenden Variablen werden automatisch von der Shell belegt. (Beachten Sie, daß '%' eigentlich kein Bestandteil des Variablennamens ist. Alle bereits aufgeführten Belegungen können hier angewandt werden.)

%#	Anzahl der Argumente der Kommandozeile.
%-	Optionen, die bei Aufruf oder mittels des **set**-Befehls spezifiziert wurden.
%?	Rückgabewert des zuletzt ausgeführten Kommandos.
%%	Austritts-Prozeß-Nummer des derzeitigen Prozesses.
%!	Austritts-Prozeß-Nummer des zuletzt in den Hintergrund geschickten Kommandos.
%1...%9	Argumente der Kommandozeile.
%*	Alle Argumente der Kommandozeile ("%1 %2....").
%@	Alle Argumente der Kommandozeile in expliziten Zeichenketten ("%1" "%2" ....).

Folgende Variablen werden von der Shell benutzt, jedoch nicht automatisch belegt.

CDPATH	Verzeichnisse, die von dem **cd**-Befehl durchsucht werden.
HOME	Benutzerverzeichnis, das in der **passwd**-Datei definiert ist.
IFS	Trennzeichen interner Felder (Voreinstellung von Leerzeichen, Tabulator und Zeilenvorschub).
MAIL	Voreinstellung der Datei, in welcher die elektronische Post des Benutzers abgelegt werden soll.
MAILCHECK	Anzahl von Sekunden zwischen der periodischen Überprüfung der elektronischen Post.
MAILPATH	Dateien, die nach elektronischer Post durchsucht werden sollen. (Die Dateinamen werden durch Doppelpunkte getrennt.)
PATH	Suchpfad(e) der Shell nach ausführbaren Dateien (Voreinstellung ist **:/bin:/usr/bin**).
PS1	Primäre Prompt-Zeichenkette (Voreinstellung ist %).
PS2	Sekundäre Prompt-Zeichenkette (Voreinstellung ist >).
SHACCT	Datei, in die Protokoll-Informationen abgelegt werden sollen.
SHELL	Name der Shell.
TERM	Terminaltyp.

Spezielle Symbole

|	Umlenken (Ausgabe des spezifizierten Kommandos wird als Eingabe des folgenden Befehls umgelenkt (z.B. **cat** *Datei* | **lpr**).
;	Trennt mehrere Befehle innerhalb einer Befehlszeile, die nacheinander ausgeführt werden sollen.
&	Der Befehl wird im Hintergrund ausgeführt (z.B. **lpr** *Datei* &).
&&	Der daraufolgende Befehl wird nur ausgeführt, wenn der vorangegangene erfolgreich verlief (z.B. **grep** *Wort Datei* && **lpr** *Datei*).
||	Der daraufolgende Befehl wird nur ausgeführt, wenn der vorangegangene nicht erfolgreich verlief (z.B. **grep** *Wort1 Datei* || **grep** *Wort2 Datei*).
()	Die in Klammern () eingeschlossenen Befehle werden in einer untergeordneten Shell ausgeführt. Der gesamte Befehlsblock kann im Hintergrund ausgeführt werden oder wie die Ausgabe eines einzelnen Kommandos umgeleitet werden. Die Befehle innerhalb der Klammern sollten durch Semicolon-Zeichen getrennt sein.
{}	Die in geschweiften Klammern stehenden Befehle werden mit der aktiven Shell ausgeführt.
Name() {*cmds*}	Definiert eine Funktion *Name*.
'...'	Alle Zeichen innerhalb dieser Marken werden lexikalisch interpretiert. Spezielle Zeichen werden ignoriert.
\	Das folgende Zeichen wird lexikalisch interpretiert.
"..."	Alle Zeichen innerhalb dieser Marken werden lexikalisch interpretiert, wobei Sonderzeichen und Variablenbelegungen gestattet sind.
\`cmd\`	Die Ausgabe des Befehls *cmd* wird als Argument eines weiteren Befehls aufgefaßt.
#	Kennzeichnen eines Kommentarbeginns innerhalb einer Shell-Datei.
<*Datei*	Die Eingabe erfolgt aus *Datei*.
<<*Wort*	Die Standard-Eingabe wird solange gelesen, bis auf eine Zeile gestoßen wird, die *Wort* enthält.
>*Datei*	Leitet Ausgabe in *Datei* um. (Falls *Datei* bereits existiert, so wird diese überschrieben.)
>>*Datei*	Leitet die Ausgabe an das Ende von *Datei* um.
<&*n*	Dupliziert aus der Standard-Eingabe *n* (z.B. 2<&3).
<&-	Schließt die Standard-Eingabe.
n>	Umleiten der Ausgabe: von *n* anstelle von 1 (Voreinstellung).
n<	Umleiten der Eingabe: von *n* anstelle von 0 (Voreinstellung).

Standardbefehle der Bourne-Shell

:	:

Null-Befehl. Rückgabewert ist 0.

. *.Datei*

Datei wird gelesen und ausgeführt. *Datei* muß nicht ausführbar sein.

---

break   **break** [*n*]

Austritt aus **for** oder **while**. *n* spezifiziert die Austrittsebene.

---

case   **case** *Wert* **in**
         Muster [| *Muster*]) *Kommando*;;
             .
             .
Muster [| *Muster*]) *Kommando*;;
esac

Führt *Kommando* aus, falls *Wert* mit *Muster* übereinstimmt. Wird ein zweites Muster angegeben (mit dem Prefix |), so wird *Kommando* ausgeführt, wenn *Wert* mit einem der beiden Muster übereinstimmt. Diese Muster können Metazeichen, die in Dateinamen verwendet werden, beinhalten.

---

cd   **cd** [*dir*]

Wechseln zum Verzeichnis *dir*. (Voreinstellung ist das Benutzerverzeichnis $HOME.)

continue	**continue** [*n*] Fortsetzen der *n*-ten Ebene einer **for**- oder **while**-Schleife.
echo	**echo** *Zeichenkette* Schreibt *Zeichenkette* in die Standard-Ausgabe. Folgende **echo**-Sonderzeichen haben in der Bourne-Shell eine besondere Bedeutung: \b Löschen (Backspace). \c Unterdrücken eines abschließenden Zeilenvorschubs. \f Seitenvorschub \n Zeilenvorschub \r Wagenrücklauf \t Tabulator-Zeichen \\ Backslash *nnn* Zeichen mit dem ASCII-Wert *nnn*; wobei *nnn* ein ein- bis dreistelliger oktaler Wert ist, der mit 0 beginnt. Diese Sonderzeichen müssen innerhalb der Marken "..." stehen, so daß sie von **echo** anstatt von der Shell interpretiert werden.
eval	**eval** [*Argumente*] Setzt *Argumente* mit einer Kommandozeile gleich und interpretiert deren Ausgabe als Eingabe für die Shell.
exec	**exec** [*Kommando*] *Kommando* wird anstelle der aktuellen Shell ausgeführt.
exit	**exit** [*n*] Austritt aus der Shell mit dem Rückgabewert *n* (z.B. **exit 1**). Falls *n* nicht angegeben wird, so wird der Rückgabewert des zuletzt ausgeführten Kommandos übermittelt.

Shell-Syntax

export

export [*Variable* ...]

Überträgt *Variable* in das Umgebungs-Variablenfeld der nachfolgenen Kommandos. Wird kein Argument angegeben, so wird eine Liste der Variablen ausgegeben, die exportierbar sind.

---

for

for *Variable* [**in** *Liste*]
do
       Kommandos
done

Von Variable *x* (in optionaler Belegungsliste) werden *Kommandos* ausgeführt. Wird keine *Liste* angegeben, so wird %@ (Argumente der Kommandozeile) als solche angenommen.

---

hash

hash [**-r**] *Kommandos*

Sucht nach *Kommandos* (ausführbare Dateien) und speichert, wo sich diese befinden. Werden keine *Kommandos* angegeben, so wird eine Liste der gespeicherten Befehle ausgegeben. Die Option **-r** löscht Einträge in der Befehlsliste.

---

if

if *Bedingung1*
then *Kommandos1*
[**elif** *Bedingung2*
then *Kommandos2*]

    .
    .

[**else** *Kommandos3*]
fi

Falls *Bedingung1* erfüllt, werden *Kommandos1* ausgeführt. Falls *Bedingung1* nicht erfüllt ist, wird *Bedingung2* geprüft. Ist diese erfüllt, dann werden *Kommandos2* ausgeführt. Falls keine Bedingung erfüllt ist, werden *Kommandos3* aufgerufen. Bedingungen werden normalerweise mit dem **test** Befehl spezifiziert.

login	**login** [*Benutzer*] Beim System als anderer Benutzer anmelden.
newgrp	**newgrp** [*Gruppe*] Ändert die Gruppenzugehörigkeit des Benutzers, der diesen Befehl ausführt.
pwd	**pwd** Gibt das derzeitig aktive Verzeichnis auf der Standard-Ausgabe aus.
read	**read** *Variable1* [*Variable2* ...] Lesen einer Zeile der Standardeingabe. Jedes Wort wird an die entsprechende *Variable* zugewiesen, wobei alle übrigen Worte der letzten Variable zugewiesen werden. Wird nur eine Variable angegeben, so wird die gesamte Zeile mit dieser Variablen belegt.
readonly	**readonly** [*Variable1 Variable2* ...] Schützt die angegebenen Variablen vor Neubelegung. Sind keine Argumente angegeben, so werden alle Variablen mit exklusivem Lesezugriff angezeigt.
return	**return** [*n*] Bricht die Funktion mit dem Rückgabewert *n* bzw. mit dem Rückgabewert des zuletzt ausgeführten Befehls ab.

Shell-Syntax

set set [*Optionen*[[--]*Argument* ....]]

Wird kein *Argument* angegeben, so zeigt **set** alle der aktiven Shell bekannten Variablen mit deren Belegungen an. Folgende Optionen können aktiviert (-Option) oder deaktiviert (+Option) werden. Mit der Optionsangabe -- werden darauffolgende Argumente, die mit - beginnen, nicht als Optionen interpretiert.

a	Alle nachfolgend belegten oder definierten Variablen werden automatisch in das Enviroment-Variablenfeld übernommen.
e	Rückgabewert auf Fehler setzen, falls nicht interaktiv.
f	Deaktiviert die Generierung von Dateinamen.
h	Merkt sich Positionen von Kommandos, die innerhalb von Funktionen verwendet werden, nach ihrer Definition.
k	Schreibt Schlüsselwörter in ein Environment zum Kommando.
n	Die Kommandos werden gelesen, aber nicht ausgeführt.
t	Beenden nach der Ausführung eines Kommandos.
u	Nicht gesetzte Variablen werden als Fehler behandelt.
v	Die Eingabezeilen werden beim Lesen angezeigt.
x	Die Eingabezeilen werden bei Ausführung angezeigt.

Argument ....
    Zugewiesen in der Reihenfolge **%1,%2**,...

---

shift shift [*n*]

Verschieben der Eingabeargumente (z.B. aus **%2** wird **%1**). Wird *n* spezifiziert, so wird um *n* Positionen verschoben.

---

test test *Ausdruck* [| *Ausdruck*]
oder [*Ausdruck*]

Auswertung von *Ausdruck*. Ist diese Bedingung erfüllt, so wird der Rückgabewert Null mitgeteilt. Andernfalls ist der Rückgabewert ungleich Null. Ein alternatives Format dieses Befehls verwendet "[ ]" anstelle des Wortes *test*.

»

test
Fortsetzung

Die *Ausdrücke* können aus folgenden Komponenten bestehen:

-b *Datei*
: Erfüllt, falls *Datei* existiert und es sich um eine Special-Block-Datei handelt.

-c *Datei*
: Erfüllt, falls *Datei* existiert und es sich um eine Special-Character-Datei handelt.

-d *Datei*
: Erfüllt, falls *Datei* existiert und es sich um ein Verzeichnis handelt.

-f *Datei*
: Erfüllt, falls *Datei* existiert und es sich um eine gewöhnliche Datei handelt.

-g *Datei*
: Erfüllt, falls *Datei* existiert und das Set-Group-ID-Bit in der Zugriffsmaske gesetzt ist.

-k *Datei*
: Erfüllt, falls *Datei* existiert und das "Sticky-Bit" in Zugriffsmaske gesetzt ist.

-n *Zeichenkette*
: Erfüllt, falls Länge von *Zeichenkette* ungleich Null ist.

-p *Datei*
: Erfüllt, falls *Datei* existiert und es sich um eine FIFO-Datei handelt (Named-Pipe).

-r *Datei*
: Erfüllt, falls *Datei* existiert und Lesezugriff besteht.

-s *Datei*
: Erfüllt, falls *Datei* existiert und deren Größe größer als Null ist.

-t [*n*]
: Erfüllt, falls es sich bei der geöffneten *Datei*, deren Descriptor *n* ist (Voreinstellung 1), um einen Dateieintrag für ein Terminal handelt.

-u *Datei*
: Erfüllt, falls *Datei* existiert und das Set-User-ID-Bit in der Zugriffsmaske gesetzt ist.

-w *Datei*
: Erfüllt, falls *Datei* existiert und Schreibzugriff besteht.

-x *Datei*
: Erfüllt, falls *Datei* existiert und Ausführberechtigung besteht.

-z *z1*
: Erfüllt, falls die Länge der Zeichenkette *z1* Null ist.

z1=z2
: Erfüllt, falls Zeichenketten *z1* und *z2* identisch sind.

z1!=z2
: Erfüllt, falls Zeichenketten *z1* und *z2* *nicht* identisch sind.

Zeichenkette
: Erfüllt, falls *Zeichenkette* ungleich null ist.

test Fortsetzung	*n1 op n2* Erfüllt, falls der Vergleich mit dem Operator *op*, bezogen auf die zwei ganzzahligen Ausdrücke *n1* und *n2*, wahr ist. Die Operatoren können die Belegungen **-eq**, **-ne**, **-gt**, **-ge**, **-lt** und **-le** annehmen. Diese Komponenten können mit dem Negationsoperator (**!**), binärer Und-Verknüpfung (**-a**), binärer Oder-Verknüpfung (**-o**) oder Klammern kombiniert werden. Operatoren und Operanden müssen durch Leerzeichen getrennt sein.
times	**times** Ausgabe der verstrichenen Prozeßzeit.
trap	**trap** [[*Kommandos*] *Signale*] Ausführung von *Kommandos*, falls eines der *Signale* empfangen wird. Werden mehrere Programme angegeben, so sollten diese mit Anführungszeichen gruppiert und mit Strichpunkten intern separiert sein. Falls *Kommandos* die leere Zeichenkette ist (z.B. **trap** "" *Signale*), so werden die bezeichneten *Signale* von der Shell ignoriert. Wird die *Kommando*-Eingabe gänzlich weggelassen, so werden die ursprünglichen Funktionen der bezeichneten Signale wiederhergestellt. Werden weder *Signale* noch *Kommandos* angegeben, so werden die bestehenden **trap**-Einstellungen ausgegeben. Mögliche Signaleingaben sind:

0	Shell verlassen.
1	Verbindungsabbruch (Hangup).
2	Interrupt.
3	Beenden (Quit).
4	Unzulässige Instruktion.
5	Trace-Trap.
6	IOT-Instruktion.
7	EMT-Instruktion.
8	Ungültige Gleitkommainstruktion.
10	Busfehler.
12	Unzulässiges Argument zu einem System-Call.
13	Schreiben in eine FIFO-Datei ohne Lese-Prozeß.
14	Alarm-Timeout.
15	Software-Abbruch.

type	**type** *Kommandos*
	Gibt Informationen zu den bezeichneten *Kommandos* aus (Kommandoposition).

ulimit	**ulimit** [*Option*] [*n*]
	Maximale Größe von Dateien oder FIFO-Dateien, die durch Unterprozesse beschrieben werden, wird auf *n*-Blöcke gesetzt. Gültige Optionen sind **f** (Dateigröße, Voreinstellung) oder **p** (FIFO-Datei). Werden keine Argumente angegeben, so erfolgt die Ausgabe der derzeitigen Einstellung. Bei dieser Ausgabe bedeutet **0**, daß keine Begrenzung aktiv ist.

umask	**umask** [*nnn*]
	Anzeigen der Dateierstellungsmaske, oder Setzen der Maske auf die oktale Belegung *nnn*. Die Belegung der Dateierstellungsmaske bezieht sich auf deaktivierte Bits (z.B. wird mit **umask 002** bei Neugenerierung von Dateien die Zugriffsmaske **rw-rw-r--** vergeben).

unset	**unset** *Namen*
	Löschen der Definitionen von Variablen oder Funktionen, die als *Namen* definiert wurden.

until	**until** *Bedingung* **do** *Kommandos* **done**
	Bis *Bedingung* erfüllt ist, werden *Kommandos* ausgeführt. Die Bedingungsangabe erfolgt in der Regel über das Kommando **test**.

wait

wait [*n*]

Warten auf Beendigung eines Prozesses mit der Identifikationsnummer *n* und Ausgabe der Rückgabewerte des Prozesses, oder Warten auf Beendigung aller vom Prozeß aktivierten Unterprozesse.

while

while *Bedingung*
do
      Kommandos
done

Solange *Bedingung* erfüllt ist, werden *Kommandos* ausgeführt. Die Bedingungsangabe erfolgt in der Regel über den Befehl **test**.

Dateiname

Dateiname

Lesen und Ausführen des Kommandos der ausführbaren Datei *Dateiname*.

Bourne-Shell und C-Shell im Vergleich

Syntaktischer Vergleich von Funktionen, die in beiden Shells vorhanden sind.

Funktion	csh	sh
Prompt.	%	#
Programmanfang.	#	:
Umleiten der Ausgabe.	>	>
Ausgabe erzwingen.	>!	
Anfügen der umgeleiteten Ausgabe an Datei.	>>	>>
Erzwingen des Anfügens der Ausgabe.	>>!	
Umleiten der Eingabe.	<	<
Der Eingabe anfügen - "here"-Document.	<<	<<
Kombinieren von **stdout** und **stderr**.	>&	2>&1
Lesen vom Terminal.	$<	read
Umleiten in ein Kommando.	|	|
Veraltetes Umleiten in ein Kommando.	^	
Prozeß im Hintergrund bearbeiten lassen.	&	&
Mehrere Kommandos in einer Kommandozeile trennen.	;	;
Suchmuster für beliebige Zeichen.	*	*
Suchmuster für einzelne Zeichen.	?	?
Suchmuster für alle eingeschlossenen Zeichen.	[]	[]
Ausführung in einer untergeordneten Shell.	()	()
Suchmuster für alle Elemente einer Liste.	{}	{}
Ersetzen durch Ausgabe des eingeschlossenen Befehls.	``	``
Erlauben von Kommando-Argumenten etc. durch eingeschlossene Befehlsspezifikation.	""	""
Als Zeichenkette interpretieren.	'	'
Als Zeichen interpretieren.	\	\
Startzeichen einer Kommentarzeile.	#	:
Benutzerverzeichnis	$home	$HOME
Wertzuweisung bei Variablen.	set	=
Wert einer Variablen verwenden.	$var	$var
Prozeßidentifikationsnummer.	$$	$$
Kommandoname (Argument 0).	$0	$0
n-tes Argument ($0<n<9$).	$n	$n
Alle Argumente als ein "Wort".	$*	$*
Alle Argumente als separate "Wörter".		$@
Anzahl der übergebenen Argumente.	$#argv, $#	$#
Rückgabewert.	$status	$?
Rückgabewert bei Ausführung im Hintergrund.		$!
Derzeitige Optionen.		$-
Interpretieren von Datei.	**source**	.

INTERESSANTE PREISE FÜR JEDE ANTWORTKARTE

...tworten helfen uns, unser Buchprogramm ...sser zu planen. Deshalb ist uns Ihre Hilfe viel ...lle ausgefüllten Karten nehmen an einer ...verlosung von Addison-Wesley-Büchern Ihrer ...nd Addison-Wesley-Bildschirm-Typometern

...n – Ihre Mitarbeit lohnt sich.

...GEBOGEN

...schlecht
...nnlich ☐   weiblich ☐

...ter ☐☐

...d Sie berufstätig?
Berufsausbildung ☐
angestellt ☐
freiberuflich ☐
...üler ☐
...dent ☐

...elche Position haben Sie innerhalb Ihres Unternehmens?
_____
_____

...ieviel Computerbücher haben Sie ...rsönlich in den letzten 12 Monaten ungefähr gekauft?
und mehr ☐   10-19 ☐
- 9 ☐   1- 4 ☐

6 Wo haben Sie dieses Buch gekauft?
_____

7 Wieviel Geld geben Sie monatlich für Computerbücher aus?
bis 60 DM ☐
bis 90 DM ☐
bis ... DM ☐

8 Mit welcher Hardware arbeiten Sie hauptsächlich?
IBM-kompatibel ☐
Macintosh ☐
Workstations ☐
Sonstiges _____

9 Benutzen Sie Standardsoftware?
ja ☐   nein ☐

10 Falls ja, welche Standardsoftware?
_____

11 Schreiben Sie selber Programme?
ja ☐   nein ☐

12 Wenn ja, in welcher Programmiersprache?
Turbo Pascal ☐   Turbo C ☐
SQL ☐   C ☐
Lisp ☐   PASCAL ☐
Modula ☐   BASIC ☐
Sonstige _____

13 Zu welchen Themen wünschen Sie neue Bücher?
_____

14 Wofür nutzen Sie das Buch?
                          Beruf Freizeit
aktuelle Informationen   ☐   ☐
Einsteigerthemen   ☐   ☐
Programmieren   ☐   ☐
Kaufm. Anwendungen   ☐   ☐
Profithemen   ☐   ☐
Tips und Tricks   ☐   ☐
Studium   ☐   ☐
Sonstige _____

15 Welche Computerzeitschrift lesen Sie?
_____

T H E   S I G N   O F   E X C E L L E N C[E]

ADDISON-WESLEY ist einer der führenden Comput[er]buch-Verlage Amerikas, der jetzt auch in Deutschla[nd] mit Büchern zur Künstlichen Intelligenz, über Softwa[re,] Programmieren u. a. zu den Spitzenverlagen der Co[m]puterwelt gehört. Ihr Buchhändler bestellt Ihnen ger[n] jedes gewünschte ADDISON-WESLEY-Buch. Zu Ih[rer] Information senden wir Ihnen die aktuelle Ausga[be] des „ADDISON-WESLEY Computer Buch Magazin". [Ein] Kreuzchen auf Ihrer Postkarte genügt.

ADDISON-WESLEY

Absender

Name

Vorname

Straße

PLZ, Ort

☐ Bitte senden Sie mir das „ADDISON-WESLEY Computer Buch Magazin".

Teilnehmen kann jeder ab 18, ausgenommen Mitarbeiter des Verlages und ihre Angehörigen. Jede Einsendung nimmt an den Verlosungen teil – der Rechtsweg ist ausgeschlossen.
Ich bin einverstanden, daß meine Daten, soweit gesetzlich zulässig, gespeichert werden.

Datum   Unterschrift

Antwortkarte

Bitte m[it]
60 Pf
freimach[en]

**An
ADDISON-WESLEY Verlag
(Deutschland) GmbH
Poppelsdorfer Allee 32

5300 Bonn 1**

3
Mustererkennung

Eine Reihe von UNIX Befehlen zur Textverarbeitung, wie **ed, ex, vi, sed, awk** und **grep**, erlauben Textsuche und Textänderung mittels Mustererkennung durchzuführen, anstatt dazu statische Zeichenketten zu verwenden. Diese Suchmuster werden durch normale Zeichen in Kombination mit sogenannten Metazeichen gebildet.

Metazeichen und ihre Bedeutung

.   Steht für *ein* beliebiges Zeichen (*Zeilenvorschub* ausgenommen).

*   Steht für eine Zeichenkette beliebiger Länge (auch durch logische Ausdrücke gegebene Zeichen). Zum Beispiel bedeutet "." ein beliebiges Zeichen, während ".*" für eine Zeichenkette beliebiger Länge steht.

[...]   Steht für *eines* der in den eckigen Klammern eingeschlossenen Zeichen. Zum Beispiel steht [AB] entweder für das Zeichen A oder B. Es kann auch ein Zeichenbereich, der in alphabetischer Reihenfolge interpretiert wird, angegeben werden. Zum Beispiel steht [A-Z] für alle Großbuchstaben und [0-9] für alle Zahlen zwischen "0" und "9". Einige Metazeichen verlieren die ihnen zugewiesene Bedeutung, wenn sie in Klammern stehen. Das "^"-Zeichen zu Beginn des in Klammern stehenden Ausdrucks führt dazu, daß alle Zeichen, die *nicht* in dem angegebenen Bereich liegen, gültige Muster darstellen.

\\{n,m\\}   Steht für ein wiederholtes Auftreten eines einzelnen Zeichens (auch durch einen logischen Ausdruck angegeben), das unmittelbar davor steht. n und m sind ganzzahlige Werte zwischen 0 und 256. n bezeichnet die minimale Musterfolge und m die maximale Musterfolge. Die Angabe der maximalen Musterfolge ist optional. Zum Beispiel: X\\{5\\} findet alle Zeichenfolgen XXXXX; A\\{2,4\\} findet alle Zeichenfolgen AA, AAA und AAAA. (Ein einzelnes Auftreten von A wird nicht gefunden, da die minimale Wiederholung des Musters auf 2 gesetzt ist.)

^   Setzt voraus, daß die folgende logische Bedingung am Zeilenanfang erfüllt ist.

$ Setzt voraus, daß die vorangegangene logische Bedingung am Ende der Zeile erfüllt ist.

\\   Die spezielle Bedeutung des folgenden Zeichens wird aufgehoben. Zum Beispiel steht "\\." für einen Punkt und "*" für einen Stern.

\\(\\)   Überträgt das zwischen "\\(" und "\\)" eingeschlossene Muster in einen speziellen Puffer. Es können auf diese Weise bis zu neun Muster in einer einzelnen Zeile gespeichert werden. Die so abgelegten Muster können zu einem späteren Zeitpunkt mittels der Sequenzen "\\1" bis "\\9" wiederholt werden. Diese Funktion wird von **grep** und **egrep** nicht unterstützt.

\\n   Steht für das *n*-te Muster, das zuvor mit "\\(" und "\\)" in den Pufferspeicher abgelegt wurde. n ist eine Zahl zwischen 0 und 9. Die Muster der Zeile werden von links nach rechts angesprochen. Diese Funktion wird von **grep** und **egrep** nicht unterstützt.

&   Gibt das gesamte Suchmuster aus, falls dieses in einer Zeichenkette zum Ersetzen von Text verwendet wird.

Zusätzliche Metazeichen von egrep und awk:

Ausdruck + Steht für ein einzelnes oder mehrfaches Auftreten des logischen *Ausdrucks*.
Ausdruck ? Steht für 0 oder 1-maliges Auftreten des logischen *Ausdrucks*.
Ausdruck | *Ausdruck*
  Es werden Zeilen gefunden, für welche beide logische *Ausdrücke* zutreffen.
(*Ausdruck*) Klammern werden zum Gruppieren verwendet.

Zusätzliche Metazeichen des Editors ex (:Kommandos von vi):

\<, \> Steht für die Zeichen am Anfang (\<) oder am Ende (\>) eines Wortes. Der Ausdruck "\<Un" trifft nur für Wörter zu, die mit der Zeichenfolge "Un" wie z.B. "Unix" beginnen.
\l Umwandlung des ersten Zeichens der Ersatzzeichenkette in einen Kleinbuchstaben.
\L Umwandlung der Ersatzzeichenkette in Kleinbuchstaben.
\u Umwandlung des ersten Zeichens der Ersatzzeichenkette in einen Großbuchstaben.
\U Umwandlung der Ersatzzeichenkette in Großbuchstaben.

Beispiele zur Mustererkennung

Die folgenden Beispiele können unter Verwendung von **vi** bzw. **ex** eingesetzt werden:

/*Muster*   Suchen nach *Muster*.
?*Muster*   Rückwärts nach *Muster* suchen.
:d/*Muster*/   Löscht von der aktuellen Cursorposition bis *Muster*.
:s/*Muster*/*Ersatz*/   Ersetzen von *Muster* durch *Ersatz*.
:g/*Muster*/*Befehl*   Globale Ausführung von *Befehl* auf Zeilen, die *Muster* enthalten.
:%s/*Muster*/*Ersatz*/g   Globales Ersetzen von *Muster* durch *Ersatz*.
:/*Muster1*/,/*Muster2*/**co** *Zeile* Kopiert alle Zeilen zwischen *Muster1* und *Muster2* inklusive Grenzzeilen auf die angegebene *Zeile*.
:/*Muster1*/,/*Muster2*/**d**   Löscht alle Zeilen zwischen *Muster1* und *Muster2* inklusive der Grenzzeilen.
:/*Muster1*/,/*Muster2*/**mo** *Zeile* Überträgt alle Zeilen zwischen *Muster1* und *Muster2* inklusive Grenzzeilen auf die angegebene *Zeile*.

Die folgenden Beispiele sind **sed**-Kommandos:

/*Muster*/**a**\ *Text*	Einfügen von *Text* nach den Zeile(n), die *Muster* enthalten.
/*Muster*/**i**\ *Text*	Einfügen von *Text* vor den oder der Zeile(n), die *Muster* enthalten.
/*Muster*/**c**\ *Text*.	Ändern der durch *Muster* adressierten Zeilen in *Text*.
s/*Muster*/*Ersatz*/	Ersetzen von *Muster* durch *Ersatz*.
/*Muster*/**d**	Löschen der Zeilen, die *Muster* enthalten.

4
Zusammenfassung der Editor-Befehle

Dieser Abschnitt besteht aus vier Teilen:

> Der Editor **vi**
>
> Der Editor **ex**
>
> Der Editor **sed**
>
> **awk** - eine Sprache zur Datenmanipulation

Der Editor vi

Übersicht der Arbeitsweise von vi

Aufruf von vi

$vi [+n | +/Muster/] [Datei]

Datei wird zum Editieren mit optionaler Angabe einer Zeilenposition *n* oder der Positionierung beim erstmaligen Auftreten von *Muster* geöffnet. Wird keine *Datei* angegeben, so wird vi mit leerem Puffer geöffnet. Im Abschnitt 1 finden Sie weitere Informationen dazu.

Kommando-Modus

Nachdem vi geöffnet wurde, befinden Sie sich im Kommando-Modus. Von diesem Modus aus können der Eingabemodus aktiviert, Editor-Befehle eingegeben, Cursorbewegungen über die Pfeil-Tasten oder mit Zeilenangaben vorgenommen, ex-Befehle ausgeführt, eine UNIX-Shell aufgerufen und die aktuelle Datei gesichert bzw. vi ohne Sicherung verlassen werden.

Eingabemodus

Die folgenden Befehle aktivieren den Eingabemodus:

    a A i I o O R s S

Während Sie sich im Eingabemodus befinden, kann neuer Text eingegeben werden. Mit der ESCAPE-Taste verlassen Sie den Eingabemodus und gehen wieder zurück in den Kommando-Modus.

Kommando-Syntax

Die Syntax der Editor-Befehle lautet allgemein:

[*n*] *Operator* [*m*] *Objekt*

Die Befehle, die den Cursor in einer Datei positionieren, repräsentieren Objekte, welche von den grundlegenden Operatoren als Argumente aufgefaßt werden können. Objekte repräsentieren alle Zeichen bis (oder zurück bis) zum gekennzeichneten Objekt. Die Pfeiltasten und die Befehle zur Mustererkennung können als Objekte aufgefaßt werden.

Die grundlegenden Operatoren lauten:

    c   Ändern
    d   Löschen
    y   Schneiden oder Kopieren

Zusammenfassung der Editor-Befehle 155

Falls die aktuelle Zeile das zu behandelnde Objekt beinhaltet, so ist der Operator identisch zum Objekt: **cc, dd, yy.** *n* bzw. *m* gibt an, wie oft die Operation ausgeführt werden soll, bzw. auf wieviele Objekte die Operation wirken soll. Werden sowohl *n* als auch *m* angegeben, beträgt die Ausführungsanzahl *n* x *m*.

Die folgenden Textobjekte werden repräsentiert:

Wort	Enthält die Zeichen bis zu einem Leerzeichen oder einem Satzzeichen. Das großgeschriebene Objekt ist eine Variante, das nur Leerzeichen als Begrenzung zuläßt.
Satz	Enthält die Zeichen bis ., ! oder ?, gefolgt von zwei Leerzeichen.
Absatz	Alle Zeichen bis zur nächsten Leerzeile oder bis zu einer anderen Abbruchssequenz, wie sie mittels **para**= definiert wird.
Abschnitt	Bis zum nächsten Abschnitt, dessen Abbruchssequenz durch die Option **sec**= definiert wird.

Beispiele

2cw	Ändern der nächsten 2 Wörter.
d}	Löschen bis zum nächsten Absatz.
d^	Rückwärts bis zum Zeilenanfang löschen.
5yy	Kopieren der nächsten fünf Zeilen.
3dl	3 Zeichen rechts vom Cursor löschen.

Befehle der Statuszeile

Die meisten Befehle werden nicht bei der Eingabe am Bildschirm wiedergegeben. Die Statuszeile wird jedoch benutzt, um die Benutzereingabe der folgenden Befehle darzustellen:

/? Mustersuche.

:   Ausführung eines **ex**-Befehls.

!   Ausführung eines UNIX-Kommandos, das als Eingabe ein Objekt des Puffers nimmt und dies durch seine Ausgabe ersetzt.

Befehlseingaben der Statuszeile, müssen mit RETURN abgeschlossen werden. Zusätzlich werden Fehlermeldungen und die Ausgabe des ^G-Befehls in der Statuszeile angezeigt.

Ausführliche Informationen zum Editor *vi* finden Sie im Nutshell-Handbook *"Learning the vi-Editor"*.

Sichern und Beenden

ZZ	Beenden von *vi* und Sichern der Änderungen.
:wq	Beenden von *vi* und Sichern der Änderungen.
:q!	Erzwingen der Beendigung und Ignorieren der Textänderungen.
:w	Sichern der Änderungen ohne Beendigung.
:w *Datei*	Sichern in *Datei*.
:f *Datei*	Ändern des derzeitigen Dateinamens auf *Datei*.
:w %.old	Der derzeitige Dateiname wird unter *Datei.old* gesichert.
:n1,n2w*Datei*	Schreiben von Zeile *n1* bis *n2* in *Datei*.
:w!	Überschreiben einer existierenden Datei wird erzwungen.

Gleichzeitiges Editieren mehrerer Dateien

:e *Datei*	Editieren einer weiteren *Datei*. Die derzeitige Datei bleibt als sekundäre Datei erhalten.
:e!	Laden der zuletzt gesicherten Version der derzeitig zu bearbeitenden Datei.
:e +*Datei*	Cursor wird ans Dateiende gesetzt.
:e +*n Datei*	Cursor wird an den Anfang der Zeile *n* gesetzt.
:e#	Öffnen an der vorherigen Position der sekundären Datei.
:ta *tag*	Öffnet die Datei an der Position *tag*.
:n	Editieren der nächsten Datei.
:n!	Erzwingt das Editieren der nächsten Datei.
:n *Dateien*	Spezifikation einer neuen Liste der *Dateien*.
^G	Anzeigen der derzeitigen Datei und der aktuellen Position.
:args	Anzeigen der zu editierenden Dateien.
:rew	Rücksetzen der Dateienliste zum Anfang.

Texteingabe

a	Nach dem Cursor einfügen.
A	Nach der aktuellen Zeile einfügen.
i	Vor dem Cursor einfügen.
I	Am Zeilenanfang einfügen.
o	Eine Zeile nach der Cursorposition einfügen.
O	Eine Zeile über der Cursorposition einfügen.
ESC	Beendet den Eingabemodus.
^J	Eine Zeile nach unten bewegen.
^W	Ein Wort zurück.
RETURN	Einfügen einer neuen Zeile.
BACKSPACE	Ein Zeichen zurück.
KILL	Löschen der aktuellen Zeile (durch **stty** gesetzt).
^H	Ein Zeichen zurück.
^I	Tabulator einfügen.
^T	Zur nächsten Tabulatormarke springen.
^V	Nächstes Zeichen nicht als Kommando interpretieren.

Cursor-Positionierung

Eine Zahl vor einem Kommando wiederholt die Verschiebung des Cursors. Auch Kommandos sind Objekte für **c-**, **d-** und **y-** Operationen.

Zeichen oder Zeilenpositionierung

h oder	Ein Zeichen nach links.
j oder	Eine Zeile nach unten.
k oder	Eine Zeile nach oben.
l oder	Ein Zeichen nach rechts.
^	Zum ersten Zeichen der aktuellen Zeile.
0	Zur ersten Position der aktuellen Zeile.
$	Zum Ende der aktuellen Zeile.
SPACE	Ein Zeichen nach rechts.
RETURN	Zum ersten Zeichen der nächsten Zeile.
+	Zum ersten Zeichen der nächsten Zeile.
-	Zum ersten Zeichen der vorangegangenen Zeile.
G	Zur letzten Zeile der Datei.
*n***G**	Zur Zeilennummer *n*.
:*n*	Zur Zeilennummer *n*.
H	Zur ersten Bildschirmzeile.
M	Zur mittleren Bildschirmzeile.
L	Zur letzten Bildschirmzeile.
*n***H**	*n* Zeilen nach der ersten Bildschirmzeile.
*n***L**	*n* Zeilen vor der letzten Bildschirmzeile.

Wort-Positionierung

b	Ein Wort zurück.
B	Ein Wort zurück. (Satzzeichen werden ignoriert.)
e	Zum Ende des nächsten Wortes.
E	Zum Ende des nächsten Wortes. (Satzzeichen werden ignoriert.)
w	Zum Anfang des nächsten Wortes.
W	(Satzzeichen werden ignoriert.)

Absatz- oder Abschnittpositionierung

(	Anfang des vorangegangenen Satzes.
)	Anfang des folgenden Satzes.
G	Dateiende.
[[	Einen Abschnitt zurück.
]]	Einen Abschnitt vorwärts.
{	Zum Anfang des vorrangegangenen Absatzes.
}	Zum Anfang des folgenden Absatzes.

Bildschirmrollen

^B	Eine Bildschirmseite zurück.
^F	Eine Bildschirmseite vorwärts.
^D	Eine halbe Bildschirmseite vorwärts.
^U	Eine halbe Bildschirmseite rückwärts.
^L	Löschen und Neuaufbau der Bildschirmseite.
^R	Bildschirmaktualisierung.
^E	Eine Bildschimzeile nach oben.
^Y	Eine Bildschirmzeile nach unten.

Ändern und Löschen von Text

cw	Wort ändern.
cc	Zeile ändern.
C	Text von der momentanen Cursorpostion bis zum Zeilenende ändern.
3cl	Drei Zeichen rechts des Cursors ändern.
dd	Aktuelle Zeile löschen.
ndd	n Zeilen löschen.
D	Bis zum Zeilenende löschen.
dw	Ein Wort löschen.
d}	Bis zum nächsten Absatz löschen.
d^	Rückwärts bis zum Zeilenanfang löschen.
4dh	Vier Zeichen links vom Cursor löschen.
d/*Muster*	Bis zum erstmaligen Auftreten von *Muster* löschen.
dn	Bis zum nächsten Auftreten von Muster löschen.
df*a*	In der momentanen Zeile bis einschließlich *a* löschen.
dt*a*	In der momentanen Zeile bis *a* löschen.
dL	Bis zur letzten Bildschirmzeile löschen.
dG	Bis zum Dateiende löschen.
p	Den zuletzt gelöschten Text nach der Cursorposition einfügen.
P	Den zuletzt gelöschten Text vor der Cursorposition einfügen.
r*x*	Ersetzen eines Zeichens durch *x*.
R*Text*	Ersetzen von *Text* von der Cursorposition aus.
s	Ein Zeichen austauschen.
S	Die ganze Zeile austauschen.
u	Die letzte Veränderung rückgängig machen.
U	Wiederherstellen der aktuellen Zeile.
x	Löschen der aktuellen Cursorposition.
X	Zeichen links von aktueller Cursorposition löschen.
.	Letzte Änderung wiederholen.
~	Vertauschen von Groß- und Kleinschreibung.

Suchen

/*Text*	Suchen nach *Text* (vorwärts).
n	Letzte Suche wiederholen.
N	Letzte Suche in umgekehrter Richtung wiederholen.
/	Letzte Suche wiederholen (vorwärts).
?	Letzte Suche wiederhole (rückwärts).
?*Text*	Suchen nach *Text* (rückwärts).
/*Text*/+n	Springen zu Zeile *n* nach /*Text*.
?*Text*?-n	Springen zu Zeile *n* vor /*Text*.
%	Suchen nach aktueller Klammer.
f*x*	Auf *x* in der aktuellen Zeile vorrücken.
F*x*	Zurück auf *x* in der aktuellen Zeile rücken.
t*c*	Vorwärts nach *c* in der aktuellen Zeile suchen. Der Cursor wird vor *c* positioniert.
T*c*	Rückwärts nach *c* in der aktuellen Zeile suchen. Der Cursor wird hinter *c* positioniert.
,	Umkehren der Suchrichtung von **f, F, t** oder **T**.
;	Letzte Zeichensuche wiederholen (**f, F, t** oder **T**).

Kopieren und Verschieben

Y oder **yy**	Kopiert aktuelle Zeile in neuen Puffer.
"*x*yy	Kopiert die aktuelle Zeile in Puffer *x*.
"*x*d	Löschen in Puffer *x*.
"*x*p	Inhalt in Puffer *x* ablegen.
yy	Kopieren der aktuellen Zeile.
y]]	Kopieren bis zur nächsten Abschnittsüberschrift.
ye	Kopieren bis zum Wortende.

Markieren und Positionieren anhand von Markierungen

m*x*	Markieren der aktuellen Position mit *x*.
'*x*	Positionieren des Cursors auf *x*.
`*x*	Positionieren des Cursors auf *x* in der aktuellen Zeile.
'	Rückkehr zur vorherigen Marke oder Position nach einer Verschiebung.

Dialog mit Unix

:r *Datei*	Liest *Datei* und fügt den Inhalt nach der aktuellen Cursorposition an.
:r !*cmd*	Liest die Ausgabe des Kommandos *cmd* und fügt das Resultat nach der aktuellen Cursorpostion an.

:nr !cmd	Liest die Ausgabe des Kommandos *cmd* und fügt das Resultat nach Zeile *n* an.
:!cmd	Führt den Befehl *cmd* aus, und kehrt zum Editor zurück.
!obj cmd	Übergibt den Objektpuffer dem UNIX-Befehl und ersetzt diesen durch dessen Ausgabe.
:n1, n2! cmd	Übermittelt die Zeilen *n1* bis *n2* an das Kommando **cmd**, und ersetzt diesen durch dessen Ausgabe.
n!!cmd	Übermittelt *n* Zeilen an das UNIX-Kommando **cmd**, und ersetzt dieses durch dessen Ausgabe.
!!	Wiederholung des letzten Systembefehls.
:sh	Aufruf einer untergeordneten Shell. Mit Control-D kann zum Editor zurückgekehrt werden.
^?	Unterbrechen des Editors und Weiterführung mit **fg** (nicht in allen Versionen verfügbar).
^Z	Unterbrechen des Editors und Weiterführung mit **fg** (nicht in allen Versionen verfügbar).
:so Datei	Lesen und Ausführen der in *Datei* abgelegten Befehle.

Makros

:ab *Wort1 Wort2*	Verwendung von *Wort1* als Abkürzung für *Wort2*.
:unab *wort*	Abkürzungsmakro löschen.
:ab	Abkürzungen anzeigen.
:man *c seq*	Das Zeichen *c* mit Befehlsfolge belegen.
:unmap *c*	Löschen der Belegung des Zeichens *c*.
:map! *c seq*	Belegen des Zeichens *c* mit Folge von Eingabemodi.
:unmap! *c*	Belegung des Zeichens *c* mit Eingabe-Modi löschen.
:map	Anzeigen der belegten Zeichen.

Andere Kommandos

^Q	Nächstes Zeichen nicht als Kommando interpretieren.
«	Zeilen nach links schieben (Voreinstellung sind 8 Zeichen).
»	Zeilen nach rechts schieben (Voreinstellung sind 8 Zeichen).

Alphabetische Tastenübersicht

a	Nach dem Cursor einfügen.
A	Nach der aktuellen Zeile einfügen.
Control-A	Nicht belegt.
b	Ein Wort zurück.
B	Ein Wort zurück (Satzzeichen werden ignoriert).
Control-B	Eine Bildschirmseite zurück.

Zusammenfassung der Editor-Befehle

c	Ändern.
C	Text von der momentanen Cursorpostion bis zum Zeilenende ändern.
Control-C	Nicht belegt.
d	Löschen.
D	Text von der momentanen Cursorpostion bis zum Zeilenende löschen.
Control-D	Halbe Bildschirmseite nach unten rollen.
e	Zum Ende des nächsten Wortes gehen.
E	Zum Ende des nächsten Wortes gehen (Satzzeichen werden ignoriert).
Control-E	Eine Bildschimzeile nach oben rollen.
f	Zum angegebenen Zeichen in der aktuellen Zeile nach dem Cursor springen.
F	Zum angegebenen Zeichen in der aktuellen Zeile vor dem Cursor springen.
Control-F	Eine Bildschirmseite nach unten rollen.
g	Nicht belegt.
G	Zur letzten Zeile der Datei springen.
Control-G	Dateiinformationen auf der Statuszeile ausgeben.
h	Pfeiltaste nach links.
H	Cursor an den Bildschirmanfang setzen.
Control-H	Pfeiltaste nach links; Zeichen löschen im Eingabemodus.
i	Text vor dem Cursor einfügen.
I	Text am Beginn einer Zeile einfügen.
Control-I	Im Kommandomodus nicht belegt; im Eingabemodus Tabulator.
j	Pfeiltaste nach unten.
J	Zusammenfügen von zwei Zeilen.
Control-J	Pfeiltaste nach unten.
k	Pfeiltaste nach oben.
K	Nicht belegt.
Control-K	Nicht belegt.
l	Pfeiltaste nach rechts.
L	Cursor auf letzte Bildschirmposition.
Control-L	Neuaufbau der Bildschirmseite.
m	Die derzeitige Cursorposition in einem Register (a-z) ablegen.
M	Den Cursor auf die Bildschirmmitte setzen.
Control-M	Wagenrücklauf.

n	Wiederholen des letzten Suchbefehls.
N	Wiederholen des letzten Suchbefehls in umgekehrter Richtung.
Control-N	Pfeiltaste nach unten.
o	Neue Zeile unter der aktuellen Position.
O	Neue Zeile über der aktuellen Position.
Control-O	Nicht belegt.
p	Gelöschter oder gepufferter Text wird nach der aktuellen Zeile eingefügt.
P	Gelöschter oder gepufferter Text wird vor der aktuellen Zeile eingefügt.
Control-P	Pfeiltaste nach oben.
q	Nicht belegt.
Q	*vi* beenden, und zu *ex* übergehen.
Control-Q	Im Kommandomodus nicht belegt; im Eingabemodus wird das folgende Zeichen nicht als Kommando interpretiert.
r	Ersetzt das Zeichen unter dem Cursor durch das nächste eingegebene Zeichen.
R	Schaltet den Überschreibmodus ein.
Control-R	Neuaufbau der Bildschirmseite.
s	Ändert das Zeichen unter dem Cursor durch die darauf eingegebenen Zeichen.
S	Ändern der gesamten Zeile.
Control-S	Nicht belegt.
t	Setzt den Cursor nach vorn hinter das angegebene Zeichen in der aktuellen Bildschirmzeile, bevor das nächste Zeichen eingegeben wird.
T	Setzt den Cursor nach hinten vor das angegebene Zeichen in der aktuellen Bildschirmzeile, bevor das nächste Zeichen eingegeben wird.
Control-T	Im Kommandomodus nicht belegt; im Eingabemodus mit der *autoindent* Einstellung verwendet.
u	Die letzte Änderung wird rückgängig gemacht.
U	Die aktuelle Zeile wird nach einer Änderung wiederhergestellt.
Control-U	Eine halbe Bildschirmseite zurückrollen.
v	Nicht belegt.
V	Nicht belegt.
Control-V	Nicht belegt im Kommandomodus; im Eingabemodus wird das folgende Zeichen nicht als Kommando interpretiert.

Zusammenfassung der Editor-Befehle

w	Zum Anfang des nächsten Wortes gehen.
W	Zum Anfang des nächsten Wortes mit Ingnorieren von Satzzeichen gehen.
Control-W	Nicht belegt im Kommandomodus. Im Eingabemodus wird zum Anfang des letzen Wortes zurückgegangen.
x	Löscht das Zeichen unter dem Cursor.
X	Löscht das Zeichen vor dem Cursor.
Control-X	Nicht belegt.
y	Kopieren des Operators.
Y	Kopie der aktuellen Zeile.
Control-Y	Eine Bildschirmzeile nach unten rollen.
z	Neuaufbau der Bildschirmseite. Ist das folgende Zeichen RETURN, so wird der Cursor am Bildschirmanfang positioniert; ist das folgende Zeichen ein Punkt (.), so wird der Cursor in der Bildschirmmitte positioniert; ist das folgende Zeichen ein Bindestrich (-), so wird der Cursor am Bildschirmende positioniert.
ZZ	Beendet den Editor mit Sicherung der Änderungen.
Control-Z	Nicht belegt.

Zeichen, die im Kommandomodus nicht verwendet werden

Folgende Zeichen werden im Kommandomodus nicht verwendet und können von Benutzer definiert und als Benutzerbefehle eingesetzt werden.

^A	^C	g	^I
K	^K	^O	q
^Q	^S	^T	v
^V	^V	^W	^X
^Z			

Optionen von vi und ex

Diese Optionen erlauben es, die Eigenschaften der Ein- und Ausgabeumgebung dieser Editoren zu verändern.

Diese Angaben können in der Datei .exrc stehen oder während einer *vi*-Sitzung durch den Befehl **set** spezifiziert werden.

:set *x*	Aktivieren einer Option.
:set no*x*	Deaktivieren einer Option.
:set *x=Belegung*	Zuweisen einer *Belegung*.
:set	Anzeigen der geänderten Optionen.
:set all	Anzeigen aller Optionen.
:set *x*?	Zeigt die Belegung der Option *x* an.

(Werden die Optionen in der Datei .exrc abgelegt, sollte kein Doppelpunkt vor der Deklaration stehen.)

Verfügbare Optionen

Die folgenden Optionen können durch den Befehl **set** spezifiziert werden:

autoindent	Automatisches Einrücken.
autoprint	Eine Änderung wird nach der Befehlseingabe angezeigt.
autowrite	Schreiben vor Dateiänderung.
beautify	Ignorieren von Steuerzeichen bei der Eingabe.
directory	Verzeichnis, in das die Pufferdatei abgelegt werden soll.
edcompatible	Verwendung von *ed*-Funktionen.
errorbells	Bei auftretenden Fehlern wird ein Signalton ausgegeben.
hardtabs	Setzt Tabulatoren entsprechend der Terminal-Hardware.
ignorecase	Ignorieren von Groß- und Kleinschreibung bei Mustererkennung im Text.
lisp	Einrücken in Lisp-Terminologie.
list	Ausgabe von ^I für Tabulatoren und $ am Ende.
magic	. [* werden bei Mustererkennung als Metazeichen interpretiert.
mesg	Erlauben von Benutzermitteilungen z.B. über den Befehl *write* während der Sitzung.
number	Anzeigen von Zeilennummern.
open	Erlauben von Eingaben im *open* oder *visual* Modus.
optimize	Löschen von Zeilenvorschubzeichen bei Ausgabe mehrerer Zeilen.
paragraphs	Absatzmakros.
prompt	Setzen des Prompts von *ex*.
readonly	Keine Sicherung wird ohne ! zugelassen.
redraw	Simuliert ein intelligentes Terminal.

Zusammenfassung der Editor-Befehle 165

remap	Beibehalten von verschachtelten Kommandobelegungen für Tasten.
report	Angabe des Umfangs der Informationsausgabe bei Änderungen.
scroll	Zeilenanzahl beim Rollen des Bildschirms.
sections	Makronamen für Abschnitte.
shell	Pfadname zu einem Kommandointerpreter.
shiftwidth	Setzt die Breite der Software-Tabulatorenmarken.
showmatch	Wird das Zeichen (bzw. { eingegeben, so wird zum nächsten entsprechenden Zeichen) bzw. } im Text gegangen.
showmode	Ausgabe von "input mode", wenn der Eingabemodus aktiv ist.
tabstop	Anzahl der Leerstellen, die nach einer Tabulatormarke eingerückt werden.
taglength	Zeichen in tag.
tags	Pfad zu Dateien mit Funktionen.
term	Terminaltyp.
terse	Ausgabeumfang von Fehlermeldungen.
timeout	Timeout für Makros nach einer Sekunde.
ttytype	Terminaltyp.
warn	Warnungsmeldung "no write since last change".
window	Anzeigen einer gewissen Anzahl von Zeilen am Bildschirm.
wrapscan	Nach dem Dateiende suchen.
wrapmargin	Festlegen einer rechten Randbegrenzung.
writeany	Erlaubt es, jede Datei zu sichern.

Der Editor ex

ex ist ein Zeileneditor, der die Basis des Bildschirmeditors *vi* darstellt. Die Kommandos von *ex* beziehen sich auf die aktuelle Eingabezeile oder auf einen Zeilenbereich innerhalb des Dokuments. *ex*-Befehlseingaben in *vi* werden durch einen Doppelpunkt eingeleitet und durch RETURN abgeschlossen. *ex* kann auch eigenständig genauso wie *vi* oder wie die *ex*-Befehlseingabe in *vi* aufgerufen werden.

Das *vi*-Kommando "Q" beendet *vi* und aktiviert *ex*.

Befehle, um *ex* zu beenden:

- **:x**   Austritt mit Sicherung der vorgenommenen Änderungen.
- **:q!**   Austritt ohne Sicherung der vorgenommenen Änderungen.

Das *ex*-Kommando ":vi" beendet *ex* und aktiviert *vi*.

Ein *ex*-Kommando wird von *vi* aus folgendermaßen eingegeben:

    :[*Adresse*] *Kommando* [*Optionen*]

Der vorangestellte Doppelpunkt zeigt an, daß es sich um ein *ex*-Kommando handelt. Die angegebene *Adresse* ist die zu behandelnde Zeilennummer oder ein Bereich von zu behandelnden Zeilen.

Optionen

- **!**   Zeigt eine Befehlsvariante an.
- *Parameter*   Angabe zusätzlicher Informationen wie Dateinamen.
- *Zähler*   Die Anzahl der Ausführungen von *Kommando*.
- *Flag*   "#", "p" und "l" zeigen das Ausgabeformat an.

Im Gegensatz zu *vi* können keine Kommandozähler vor der Befehlsangabe spezifiziert werden, da *ex*-Befehlen eine Adresse vorangestellt ist. ("d3" löscht drei Zeilen von der aktuellen Zeile an, "3d" löscht Zeile 3.) Die Adreß- und Kommandoangabe wird in der Statuszeile angezeigt. Der jeweilige Befehl wird durch Drücken von RETURN ausgeführt.

Zusammenfassung der Editor-Befehle

Adressen

Wird keine Adresse angegeben, so wird die aktuelle Zeile als zu behandelndes Objekt angenommen. Das Format für einen zu behandelnden Zeilenbereich ist:

 x,y

wobei *x* und *y* die erste und letze Zeile des zu behandelnden Blocks darstellen (wobei *x* kleiner als *y* sein muß). *x* und *y* können sowohl Zeilennummern als auch Adressierungssymbole sein. Wird das Komma in der Bereichsspezifikation durch einen Strichpunkt ersetzt, so wird die aktuelle Zeile vor Ausführung des Kommandos auf *x* gesetzt.

1,$ adressiert alle Zeilen der Datei.

Adressierungssymbole

.	Aktuelle Zeile.
n	Absolute Zeilenangabe.
$	Letzte Zeile des Dokuments.
%	Gesamtes Dokument; identisch mit "**1,$**".
x-|+*n*	*n* Zeilen vor oder nach *x*.
-[*n*]	Eine oder *n* Zeilen vor der aktuellen Zeile.
+[*n*]	Eine oder *n* Zeilen nach der aktuellen Zeile.
'*x*	Mit *x* markierte Zeile.
"	Vorheriger Bezug.
/*Muster*/ oder ?*Muster*?	Bis zur Zeile, die *Muster* enthält; vor oder nach der aktuellen Zeile.

In Abschnitt 3 finden Sie weitere Informationen zur Verwendung von Suchmustern.

Zusammenfassung der ex-Kommandos

abbrev **ab** [*Zeichenkette Text*]

Definieren einer *Zeichenkette*, die bei Verwendung im *Text* umgewandelt werden soll. Werden keine Argumente angegeben, so werden die aktiven Abkürzungen ausgegeben.

append [*Adresse*] **a** [**!**]
Text
.

Anfügen von *Text* an die bezeichnete *Adresse* oder an die aktuelle Zeile, falls keine Adresse angegeben wurde. Unter der Angabe von **!** wird während der Eingabe von *Text* die Einstellung **autoindent** aktiviert.

args **ar**

Ausgabe der Argumentenliste. Das aktuelle Argument wird in eckige Klammern eingeschlossen.

change [*Adresse*] **c**[**!**]
Text
.

Ersetzen der bezeichneten Zeilen durch *Text*. Unter der Angabe von **!** wird während der Eingabe von *Text* die Einstellung **autoindent** aktiviert.

copy [*Adresse*] **co** *Ziel*

Kopieren der mit *Adresse* bezeichneten Zeilen zur Position *Ziel*. Der Befehl **t** ist identisch mit **copy**.

Zusammenfassung der Editor-Befehle

delete   [*Adresse*] **d** [*Puffer*]

Löschen der mit *Adresse* lokalisierten Zeilen. Wird *Puffer* angegeben, so werden die gelöschten Zeilen an den bezeichneten Puffer angefügt oder gesichert.

---

edit   **e**[!] [+*n*] *Datei*

Editieren von *Datei*. Wird ! angegeben, so erfolgt keine Warnmeldung, falls die aktuelle Datei nach einer Änderung nicht gesichert worden ist. Erfolgt die Angabe des Arguments +*n*, so wird der Cursor am Anfang auf die Zeile *n* der neuen Datei positioniert.

---

file   **f** [*Dateiname*]

Ändern des derzeitigen Namens der Datei auf *Dateiname*, die als "nicht editiert" behandelt wird. Wird kein Dateiname spezifiziert, so wird der Status der aktuellen Datei ausgegeben.

---

global   [*Adresse*] **g**[!]/*Suchmuster*/[*Befehle*]

Ausführen der angegebenen *Befehle* für alle Zeilen, die innerhalb des Bereichs *Adresse* liegen oder *Suchmuster* beinhalten. Werden keine *Befehle* angegeben, so erfolgt die Ausgabe aller passenden Zeilen. Wird ! angegeben, so werden die *Befehle* für alle Zeilen ausgeführt, die *Suchmuster* **nicht** enthalten.

---

insert   [*Adresse*] **i**[!]
Text
.

Einfügen von *Text* vor der angegebenen *Adresse* oder vor der aktuellen Zeile, falls keine Positionsangabe erfolgte. Wird ! angegeben, so wird die Einstellung **autoindent** während der Eingabe von *Text* aktiviert.

join   [*Adresse*] **j** [*Zähler*]

Plazieren von Text in den angegebenen Bereich auf einer Zeile. Dabei werden zwei Leerzeichen nach einem . eingefügt, falls kein ")"-Zeichen folgt, andernfalls wird ein Leerzeichen eingefügt.

---

k   [*Adresse*] **k** *Zeichen*

Markieren der gegebenen *Adresse* mit *Zeichen*. Auf diese Adresse kann zu einem späteren Zeitpunkt mit **'x** Bezug genommen werden.

---

list   [*Adresse*] **l** [*Zähler*]

Ausgabe der angegebenen Zeilen in einem eindeutigen Format.

---

map   **map** *Zeichen Befehle*

Definition eines Makros *Zeichen*, das *Befehle* enthält. Diese Befehlssequenz kann vom Eingabemodus aus dann mit *Zeichen* ausgeführt werden. *Zeichen* kann entweder durch ein gewöhnliches Zeichen oder durch #*n* belegt werden. Letztere Belegung entspricht der Funktionstaste *n*.

---

mark   [*Adresse*] **ma** *Zeichen*

Markieren der angegebenen *Adresse* mit *Zeichen*. *Zeichen* ist ein einzelner Kleinbuchstabe. Auf diese Zeile kann zu einem späteren Zeitpunkt mit **'x** Bezug genommen werden.

Zusammenfassung der Editor-Befehle 171

move   [*Adresse*] **m** *Ziel*

Bewegt die mit *Adresse* bezeichneten Zeilen auf die Position *Ziel*.

next   **n**[!] [[+*Kommando*] *Dateiliste*]

Editieren der nächsten Datei in der Argumentliste der Kommandozeile. Mit **args** wird eine Liste der Argumente ausgegeben. Wird *Dateiliste* angegeben, so wird die Argumentliste durch *Dateiliste* ersetzt und das Editieren der zuerst genannten Datei eingeleitet. Wird *Kommando* angegeben (ohne Leerzeichen), so wird *Kommando* nach dem Editieren der zuerst angegebenen Datei ausgeführt.

number   [*Adresse*] **nu** [*Zähler*]

Alle mit *Adresse* bezeichneten Zeilen werden mit einer vorangestellten Zeilennummer ausgegeben. **#** und **nu** können als Abkürzungen für **number** eingegeben werden.

open   [*Adresse*] **o** [/*Suchmuster*/]

Es wird in den Open-Modus nach dem durch eine *Adresse* oder einem *Suchmuster* angegebenen Zeilenbereich übergegangen. Der Open-Modus kann mit **Q** beendet werden.

preserve   **pre**

Der zuletzt aktive Editor-Puffer wird so abgespeichert, als ob ein Systemabsturz aufgetreten wäre.

print [*Adresse*] **p** [*Zähler*]

Ausgabe der durch *Adresse* angegebenen Zeilen mit Darstellung von nicht-druckbaren Zeichen. **P** kann auch als Abkürzung verwendet werden.

put [*Adresse*] **pu** [*Zeichen*]

Wiederherstellen der zuvor gelöschten oder veränderten Zeilen aus dem Puffer, der durch *Zeichen* gekennzeichnet wird. *Adresse* gibt die Zielposition an. Wird *Zeichen* nicht angegeben, so wird der zuletzt veränderte Textbereich wiederhergestellt.

quit **q**[!]

Beenden der aktiven Editor-Sitzung. Wurde die behandelte Datei vor der letzten Änderung nicht gesichert oder wurden Dateien der Argumentliste nicht editiert, so kann die Editor-Sitzung nur unter Angabe von ! beendet werden.

read [*Adresse*] **r**[!] *Datei*

Kopieren des in *Datei* befindlichen Texts auf die angegebene *Adresse*. Wird kein Dateiname angegeben, so wird die aktive Datei erneut gelesen.

read [*Adresse*] **r** !*Kommando*

Der Ausgabetext von *Kommando* wird nach der durch *Adresse* spezifizierte Dokumentposition in der aktuellen Datei kopiert.

Zusammenfassung der Editor-Befehle

recover   rec [*Datei*]

                 Wiederherstellen von *Datei*.

---

rewind   rew[!]

                 Zurücksetzen der Argumentliste auf den ersten Eintrag. Unter Angabe von ! geschieht das Zurücksetzen auch dann, wenn die aktuelle Datei nach einer Änderung nicht gesichert wurde.

---

set   se *Parameter Parameter2*....

                 Setzt die Belegung einer Option mit jedem *Parameter*. Wird kein *Parameter* angegeben, so erfolgt die Ausgabe aller Optionen, die von ihrer Voreinstellung abweichen. Für boolesche Optionen kann die Eingabe mit "*Option*" zur Aktivierung, oder "**no***Option*" zur Deaktivierung getätigt werden. Belegungen anderer Optionen können im Format "*Option=Belegung*" gesetzt werden.

---

shell   sh

                 Aufruf einer Shell. Wird diese abgebrochen, so wird die Editor-Sitzung wiederaufgenommen.

---

source   so *Datei*

                 Lesen und Ausführen der in *Datei* abgelegten Kommandos.

---

substitute   [*Adresse*] s [/*Suchmuster*/*Ersatz*/] [*Optionen*] [*Zähler*]

                 Ersetzt jedes Auftreten von *Suchmuster* innerhalb der bezeichneten Zeilen durch *Ersatz*. Erfolgen keine Angaben von *Suchmuster* und *Ersatz*, so wird der vorangegangene Textersatz

»   wiederholt.

substitute
Fortsetzung

Optionen

g   Ersetzt jedes Auftreten des *Suchmusters*.
c   Der Benutzer wird vor jedem Ersetzen um Bestätigung gefragt.

---

t

[*Adresse*] **t** *Ziel*

Kopieren der mit *Adresse* bezeichneten Zeilen zur *Ziel*-Adresse.

---

ta

[*Adresse*] **ta** *tag*

Wechseln zu *tag*.

---

unabbreviate

una *Wort*

Löscht *Wort* aus der Liste der Abkürzungen.

---

undo

u

Macht die durch den letzten Editor-Befehl getätigten Änderungen rückgängig.

---

unmap

unm *Zeichen*

Das Makro *Zeichen* wird von der Liste gelöscht.

v		[*Adresse*] **v**/*Muster*/ [*Befehle*]
		Befehle in allen Zeilen, die *Muster nicht* enthalten, ausführen. Werden keine *Befehle* angegeben, so werden diese Zeilen ausgedruckt.

---

version ve

Ausgabe der aktuellen Versionsnummer des Editors und des Datums der letzten Programmänderung, die am Editor vorgenommen wurde.

---

visual [*Adresse*] **vi** [*Typ*] [*Zähler*]

Einleiten des Visual-Modus (bildschirmorientierter Modus) an der durch *Adresse* bezeichneten Zeile. Austritt mit **Q**.

Typ

-, ^ oder . (siehe **z**).

Zähler

Angabe der Bildschirmgröße in Zeilen.

---

visual *vi* [+*n*] *Datei*

Einleiten des Editierens von *Datei* im Visual-Modus.

---

write [*Adresse*] **w**[!] [[»]*Datei*]

Schreiben der durch *Adresse* eingegebenen Zeilen in *Datei*. Wird keine *Adresse* angegeben, so wird der gesamte Puffer in Datei geschrieben. Wird keine *Datei* angegeben, so wird die Datei mit dem derzeitigen Dateinamen beschrieben. Wird »*Datei* benutzt, so wird an das Dateiende der Zieldatei angefügt. Die Angabe von ! erzwingt das Überschreiben des aktuellen Inhalts von *Datei*.

write   [*Adresse*] **w** !*Kommando*

Übergibt dem *Kommando* die durch *Adresse* bezeichneten Zeilen.

---

wq   **wq[!]**

Dateisicherung und Programmaustritt.

---

xit   **x**

Sichern der vorgenommenen Änderungen, und Beenden des Editors.

---

yank   [*Adresse*] **ya** [*Zeichen*] [*Zähler*]

Plazieren der mit *Adresse* bezeichneten Zeilen in den Puffer, der mit *Zeichen* benannt ist. Wird *Zeichen* nicht angegeben, so wird in den allgemeinen Puffer übertragen.

---

z   [*Adresse*] **z** [*Typ*] [*Zähler*]

Ausgabe eines Textfensters beginnend mit der durch *Adresse* spezifizierten Zeile.

Typ
+   Plazieren der angegebenen Zeile an den Anfang des Textfensters (Voreinstellung).
-    Plazieren der angegebenen Zeile an das Ende des Textfensters.
.   Plazieren der angegebenen Zeile in die Mitte des Textfensters.
^   Ausgabe des Textfensters vor dem mit Typ - in Verbindung stehenden Textfenster.
=   Plazieren der angebgebenen Zeile in die Mitte des Textfensters, und Initialisieren der aktuellen Zeile.

Zähler
Anzahl der auszugebenden Zeilen.

!		*[Adresse]* !*Befehl*

Ausführen von *Befehl* in einer Shell. Wird *Adresse* angegeben, so werden die bezeichneten Textzeilen dem Befehl über die Standardeingabe übergeben und anschließend dieser Bereich durch die Befehlsausgabe ersetzt.

=   *[Adresse]*=

Ausgabe der Zeilennummer der durch *Adresse* gekennzeichneten Zeile.

<>   *[Adresse]* ‹ *[Zähler]*
                oder *[Adresse]* › *[Zähler]*

Verschieben der durch *Adresse* beschriebenen Zeilen in die angegebene Richtung. Wird mit ‹ verschoben, so sind nur Leerzeichen und Tabulatormarken betroffen.

Adresse   *Adresse*

Ausgabe der durch *Adresse* angegebenen Zeilen.

RETURN   RETURN

Ausgabe der nächsten Zeile der Datei.

&   *[Adresse]* & *[Optionen]* *[Zähler]*

Wiederholen des vorangegangenen Ersetzungsbefehls (**substitute**).

~   *[Adresse]*~*[Zähler]*

Ersetzen der vorangegangenen Bedingungsangabe durch das Suchmuster des vorangegangenen **substitute**-Befehls.

Der Editor sed

sed [*Optionen*] *Datei(en)*

Die folgenden Optionen werden akzeptiert:

-n   Ausgabe von **n** Zeilen, die durch das Kommando **p** oder durch das Flag **p** des Befehls **s** spezifiziert werden.
-e *Kommando*   Das folgende Argument ist ein *Kommando* zur Textänderung.
-f *Datei*   Das folgende Argument ist der Name einer *Datei*, die Kommandos zur Textänderung enthält.

sed-Kommandos haben die allgemeine Form:

[*Adresse*][,*Adresse*][!]*Kommando* [*Argumente*]

sed kopiert jede Eingabezeile in einen Musterspeicher. **sed**-Kommandos bestehen aus Adressen und Befehlen zur Textänderung. Stimmt die Adresse des Kommandos mit der Zeile im Musterspeicher überein, so wird die Textänderung in diese Zeile ausgeführt. Wird ein Kommando ohne Adresse angegeben, so wird die Änderung auf jede Eingabezeile ausgeführt. Wesentlich ist, daß sich die primäre Kommandoadressierung auf die Eingabe bezieht. Die sekundäre Adressierung dieser Befehle bezieht sich auf den Musterspeicher und nicht auf die ursprüngliche Eingabezeile.

Musteradressierung

Eine Adressierung kann entweder aus einer Zeilenangabe oder aus einem *Suchmuster* (eingeschlossen in zwei Querstriche /*Muster*/) bestehen. Muster können wie in Abschnitt 3 zu Bedingungen verknüpft werden. Zusätzlich adressiert "\n" alle Zeilenvorschübe im Musterspeicher (resultierend aus dem Kommando N). Der Zeilenvorschub am Ende des Musterspeichers kann jedoch nicht adressiert werden. Wird kein Muster spezifiziert, so wirkt sich das *Kommando* auf alle Zeilen aus. Ist nur eine Adresse angegeben, so wirkt sich das *Kommando* auf alle Zeilen zwischen der ersten und letzten Adresse (inklusive der Grenzen) aus. Einige Kommandos akzeptieren nur eine Adreßangabe.

Der einem Muster nachgestellte Operator ! negiert den Vorgang; d.h., der Befehl wirkt sich auf alle Zeilen aus, die das Muster nicht enthalten.

Mehrere Kommandos können nach einer Musterangabe gruppiert werden, indem die Befehle in geschweifte Klammern eingeschlossen werden:

[/*Muster*/][,/*Muster*/] {
Kommando1
Kommando2
}

Zusammenfassung der sed-Kommandos

:	:*Label*	

Spezifieziert ein Label, auf das mit **b** oder **t** verzweigt werden soll. Ein *Label* kann aus bis zu acht Zeichen bestehen.

=   [/*Muster*/]=

Auf der Standardausgabe erscheint die Zeilennummer jeder durch *Muster* adressierten Zeile.

---

a   [*Adresse*]**a**\
Text

Fügt *Text* an jede Zeile an, die durch *Adresse* bezeichnet wird. Erstreckt sich *Text* über mehr als eine Zeile, so muß der Zeilenumbruch jeweils durch einen umgekehrten Schrägstrich (Backslash \) gekennzeichnet sein. Das Einfügen wird nach dem ersten Zeilenumbruch beendet, der nicht durch einen Schrägstrich gekennzeichnet ist. Das Ergebnis dieses Kommandos wird in den Musterspeicher (es wird ein Muster-speicher mit mehreren Zeilen erstellt) abgelegt und der Standardausgabe übergeben, wenn die gegebenen Befehle abge-arbeitet wurden oder einer der Befehle explizit den Muster-speicher ausgibt.

---

b   [*Adresse1*][,*Adresse2*]**b**[*Label*]

Verzweigt zu *Label*, das mit dem : Kommando gesetzt wurde. Ist kein *Label* definiert worden, so wird an das Ende der Befehlssequenz *gesprungen*. Dies hat zur Folge, daß alle Befehle zur Textänderung der adressierten Zeilen bis zu *Label* übergangen werden.

c [*Adresse1*][,*Adresse2*]c\
Text

Ersetzt den Musterspeicher durch *Text*. (Näheres zur Angabe von *Text*, siehe **a**.)

---

d [*Adresse1*][,*Adresse2*]d

Löschen einer Zeile im Musterspeicher. Somit wird die Zeile nicht zur Standardausgabe weitergeleitet und die folgende Zeile gelesen. Die Textänderung wird mit dem ersten Kommando der Liste wiederaufgenommen.

D [*Adresse1*][*Adresse2*]D

Löschen des ersten Teils (bis zu einer nicht gekennzeichneten Zeilenvorschubsmarke) eines Musters, das aus mehreren Zeilen besteht und mit dem Kommando **N** erzeugt wurde. Darauf wird mit der Textänderung begonnen. Der Befehl ist identisch zu **d**, falls **N** nicht eingesetzt wurde.

---

g [*Addresse1*][,*Adresse2*]g

Kopiert den Inhalt des Puffers (siehe **h** oder **H**) in den Musterspeicher. Der bisherige Musterspeicherinhalt wird gelöscht.

G [*Adresse1*][,*Adresse2*]G

Fügt den Inhalt des Puffers (siehe **h** oder **H**) an den Inhalt des Musterspeichers an.

h		[*Adresse1*][,*Adresse2*]h
		Kopiert den Musterspeicher in einen speziellen Puffer. Der bisherige Inhalt dieses Puffers wird dabei gelöscht.

H		[*Adresse1*][,*Adresse2*]H
		Fügt den Musterspeicherinhalt an den Puffer an. Der bisherige Inhalt wird von den angefügten Daten durch einen Zeilenvorschub getrennt.

i		[*Adresse1*]i\ *Text*
		Einfügen von *Text* vor jeder Zeile, die durch *Adresse1* bezeichnet wird. (Siehe a zur Angabe von Text.)

l		[*Adresse1*][,*Adresse2*]l
		Gibt den Inhalt des Musterspeichers aus. Zeichen, die nicht druckbar sind, werden in ASCII-Code ausgegeben und lange Zeilen werden umgebrochen.

n		[*Adresse1*][,*Adresse2*]n
		Lesen der folgenden Eingabezeile in den Musterspeicher. Die aktuelle Zeile wird der Standardausgabe übergeben, jedoch wird zum nächsten Kommando zur Textänderung übergegangen, anstatt beim ersten Befehl anzufangen.

N		[*Adresse1*][,*Adresse2*]N
		Anfügen der nächsten Eingabezeile an den Inhalt des Musterspeichers. Die beiden Inhalte werden in separaten Zeilen stehen. (Das Kommando erlaubt es, Mustererkennungen über zwei Zeilen hinweg durchzuführen.)

p   *[Adresse1][,Adresse2]***p**

               Ausgabe der adressierten Zeile(n). Wird der Befehl **-n** nicht angewandt, so wird dieser Befehl ein Duplizieren der Zeile(n) in der Ausgabe zufolge haben. Auch verwendet bei Befehlen, die den Programmablauf ändern, wie z.B. *d*, N, b.

P   *[Adresse1][,Adresse2]***P**

               Ausgabe des ersten Teils (bis zu einer nicht gekennzeichneten Zeilenvorschubsmarke) eines Musters, das aus mehreren Zeilen besteht und mit dem Kommando **N** erzeugt wurde. Identisch zu **p**, falls **N** nicht eingesetzt wurde.

q   *[Adresse]***q**

               Abbruch bei Erreichen von *Adresse*. Diese adressierte Zeile wird mit sämtlichem Text ausgegeben, der mit einem **r** oder **a** Befehl angefügt wurde.

r   *[Adresse]***r** *Datei*

               Liest den Inhalt von *Datei*, und fügt diesen an den Inhalt des Musterspeichers an. Zwischen dem **r** Befehl und dem Dateinamen muß exakt ein Leerzeichen stehen.

s   *[Adresse1][,Adresse2]***s**/*Muster*/*Ersatz*/*[Einstellung]*

               Ersetzt *Muster* durch *Ersatz* in jeder adressierten Zeile. Werden Musteradressen benutzt, so wird durch das Muster // die zuletzt bezeichnete Adresse gekennzeichnet. Darüber hinaus können folgende *Einstellungen* vorgenommen werden:

               g   Ersetzt jedes Auftreten von /*Muster*/ auf jeder adressierten Zeile auch falls /*Muster*/ mehrmals innerhalb einer Zeile auftritt.

»   **p**   Ausgabe der Zeilen, in denen erfolgreich /*Muster*/ durch *Ersatz* ausgetauscht wurde. Finden mehrere Änderungen innerhalb einer Zeile statt, so wird diese mehrmals ausgegeben.

Zusammenfassung der Editor-Befehle 183

s Fortsetzung		**w** *Datei* Zeilen, an denen Änderungen vorgenommen wurden, werden in *Datei* geschrieben. Es können maximal 10 unterschiedliche *Dateien* geöffnet werden.

---

t   *[Adresse1][,Adresse2]***t** *[Label]*

Überprüfung, ob in den adressierten Zeilen erfolgreich ersetzt wurde. Falls dies zutrifft, wird auf *Label* verzweigt. (Siehe dazu die Beschreibung von **b** und **:**.) Ist kein Label definiert, so wird zum Ende der Befehlsliste gesprungen.

---

w   *[Adresse1][,Adresse2]***w** *Datei*

Sichern des Musterspeicherinhalts in *Datei*. Dies wird vorgenommen, wenn das Kommando bearbeitet wird und nicht bei der Ausgabe des Musterspeichers. Der Befehl muß mit exakt einem Leerzeichen von dem Dateinamen getrennt sein. Es können maximal 10 unterschiedliche Dateien geöffnet werden.

---

x   *[Adresse1][,Adresse2]***x**

Vertauscht die Inhalte des Musterspeichers mit denen des Pufferspeichers.

---

y   *[Adresse1][,Adresse2]***y**/*abc*/*xyz*/

Wandelt jedes Zeichen der Zeichenkette *abc* an einer bestimmten Position in das äquivalente Zeichen der Zeichenkette *xyz* um.

awk

awk [*Optionen*] [Programm] [Parameter] [Dateien]

awk ist ein *"Mustererkennungsprogramm"* zur Dateimodifikation. *awk* akzeptiert die folgenden Optionen in der Kommandozeile:

    -f*Datei*   Entnimmt die Suchmuster aus *Datei*.
    -F*c*   *c* wird als Feldtrennzeichen definiert.

awk erlaubt auch Parameter wie x=... y=... in der Eingabezeile.

Ein *awk*-Programm besteht aus Mustern und Prozeduren:

    Muster {*Prozedur*}

Beide Angaben sind optional. Wird kein *Muster* spezifiziert, so wird auf allen Eingabezeilen die {*Prozedur*} ausgeführt. Wird {*Prozedur*} nicht angegeben, so werden die Eingabezeilen unverändert an die Standardausgabe weitergeleitet.

Jede Eingabezeile oder jeder *Eingabesatz* wird durch Leerzeichen oder Tabulatormarken in *Felder* untergliedert. Das Zeichen, das Felder begrenzt, kann auch ein vom Benutzer definiertes Zeichen sein. Mittels **$1**, **$2**,..., **$***n* wird auf Felder Bezug genommen. Der gesamte Eingabesatz wird mit **$0** angesprochen.

Shell-Variablen können als Parameter innerhalb eines *awk*-Programms benutzt werden.

    DATEI=$Datei

übergibt die Belegung der Shell-Varibale *Datei* an eine *awk*-Variable, die den Namen *DATEI* trägt.

Muster

Muster können als Bedingungsangaben, wie in Abschnitt 3 beschrieben, spezifiziert werden.

Muster {*Prozedur*}

Das besondere Muster **BEGIN** erlaubt es, Prozeduren zu entwerfen, die ausgeführt werden, *bevor* die erste Eingabezeile bearbeitet wird (normalerweise werden hierzu globale Variablen gesetzt).

Das besondere Muster **END** erlaubt es, Prozeduren zu entwerfen, die nach dem Einlesen des letzten Eingabesatzes ausgeführt werden.

awk

NF   n Felder
NR   n Records

\{n,m\}   min, max

FS   Fieldsep   FS="\n"
RS   Rec-Sep.   RS="="

Zusammenfassung der Editor-Befehle 185

^ und $ können dazu verwendet werden, auf den Beginn bzw. das Ende eines Feldes Bezug zu nehmen, anstatt das Zeilenende oder den Zeilenanfang zu adressieren.

Ein Muster kann Ausdrücke auswerten, die mit einem beliebigen Vergleichsoperator (<, <=, ==, !=, >= und >) oder einem Mustererkennungsoperator (~ oder ~!) verknüpft sind. Zum Beispiel selektiert **$2 > $1** Zeilen, deren zweites Feld größer als das erste Feld ist. Es können Vergleiche sowohl auf numerischer als auch auf String-Basis vorgenommen werden.

Muster können mit booleschen Operatoren kombiniert werden. Diese Operatoren sind **&&** (und), **| |** (oder) und der Negationsoperator **!**.

Die Muster können alle nachfolgend beschriebenen besonderen Variablen beinhalten. Zum Beispiel selektiert **NF > 1** Eingabesätze mit mehr als einem Feld.

Besondere Variablen

FS	Feldseparator (Leerzeichen oder Tabulatormarken sind die Voreinstellung).
RS	Eingabesatzseparator (Voreinstellung ist ein Zeilenvorschub).
OFS	Auszugebender Feldseparator (Leerzeichen als Voreinstellung).
ORS	Auszugebender Eingabesatzseparator (Zeilenvorschub als Voreinstellung).
NR	Nummer des aktuellen Eingabesatzes.
NF	Anzahl der Felder im aktuellen Eingabesatz.
$0	Gesamter Eingabesatz.
$1, $2, ..., $n	Erstes, zweites .....n-tes Feld im aktuellen Eingabesatz, wobei die Felder durch **FS** getrennt werden.

Prozeduren

Prozeduren bestehen aus einem oder mehreren Kommandos, Funktionen oder Variablenzuweisungen. Die Elemente müssen durch Strichpunkte separiert werden oder in eigenständigen Zeilen stehen und in geschweiften Klammern eingeschlossen sein. Kommandos werden in vier Gruppen gegliedert:

   Variablen und Feldzuweisungen
   Ausgebende Kommandos
   Standardfunktionen
   Kommandos zur Flußsteuerung

Variablen und Feldzuweisungen

Variablen können mit einem = Zeichen belegt werden. Zum Beispiel:

    FS=","

Ausdrücke, die die Operatoren +, -, / und % (Modulo) verwenden, können Variablen zugewiesen werden.

Felder können mit der Funktion **split** erstellt oder einfach in einer Zuweisung benannt werden. ++, += und -= können wie in der Programmiersprache C zur De- oder Inkrementierung eines Feldes benutzt werden. Feldelemente können über Zahlenindizierung (*Feld*[*1*],...,*Feld*[*n*]) oder über Namen angesprochen werden. Um zum Beispiel die Anzahl des Auftretens eines Musters zu zählen, kann das folgende Programm eingesetzt werden:

    /Muster/ {n["/Muster/"]++}
    END {print n["/Muster/"]}

String-Konstanten wie *Dateinamen* müssen in Anführungszeichen gesetzt werden. Shell-Variablen können durch Verschachtelung von doppelten Anführungszeichen mit einfachen Anführungszeichen angegeben werden:

    " '$LOGNAME' ".

Zusammenfassung der awk-Kommandos

break
    break

    Austritt aus einer Schleife, die mit **while** oder **for** gebildet wurde.

---

continue
    continue

    Fortsetzten der nächsten Iteration in einer Schleife, die mit **while** oder **for** gebildet wurde, ohne das Schleifenende zu erreichen.

---

exit
    exit

    Es werden keine weiteren Eingabesätze gelesen und die Programmausführung abgebrochen. Lediglich die END-Prozeduren werden noch ausgeführt.

---

exp
    x=exp(*Argument*)

    Gibt den Exponenten von *Argument* zurück.

---

for
    for (*i=Anfang;i<=Ende; i++*)
        Befehl

    Während sich die Belegung der Variable *i* zwischen den Grenzen *Anfang* und *Ende* befindet, wird *Befehl* ausgeführt. Sollen mehrere Befehle ausgeführt werden, so müssen diese in geschweifte Klammern eingeschlossen werden. Es kann "<=" oder jeder andere relationale Operator eingesetzt werden. "++" oder "--" wird zur In- und Dekrementierung der Variablen verwendet.

for

for (*Objekt* **in** *Feld*)
   Befehl

Für jedes *Objekt*, in einem dazu in Bezug stehenden *Feld*, wird der *Befehl* ausgeführt. Werden mehrere Befehle für die Ausführung bestimmt, so müssen diese in geschweifte Klammern eingeschlossen werden. Auf ein Feldelement wird in der Form *Feld*[*Objekt*] zugegriffen.

if

if (*Bedingung*)
   Kommando
[**else**]
   [*Kommando*]

Falls *Bedingung* erfüllt ist, werden *Kommando(s)* ausgeführt, ansonsten wird das *Kommando* der **else**-Klausel aufgerufen. *Bedingung* ist ein Ausdruck, der mit den Vergleichsoperatoren ‹, ‹=, ==, !=, ›= und › oder den Operatoren zur Mustererkennung ˜ (z.B. "**if** $1 ˜ /[Aa].*/") gebildet wird. Sollen mehrere Befehle nach einer Klausel ausgeführt werden, so müssen diese von geschweiften Klammern eingeschlossen sein.

int

x=**int**(*Argument*)

Gibt den Ganzzahlenwert von *Argument* zurück.

length

x=**length**(*Argument*)

Gibt die Länge von *Argument* zurück. Wird *Argument* nicht angegeben, so wird stattdessen die Länge von **$0** zurückgegeben. Hiermit kann **length** als vorbelegte Variable genutzt werden, welche die Länge des aktuellen Eingabesatzes enthält.

log

x=**log**(*Argument*)

Gibt den Logarithmus von *Argument* zurück.

next

next

Lesen der nächsten Eingabezeile. Die Zeile wird mit dem logisch folgenden Muster/Prozedur-Kommandoanweisungen bearbeitet.

print

print [*Argumente*]

Ausgabe der *Argumente*. *Argumente* bestehen normalerweise aus einem oder mehreren Feldern, können jedoch auch eine oder mehrere vorbelegte Variablen sein. Zeichenketten, die als solche interpretiert werden sollen, müssen in Anführungszeichen gesetzt werden. Felder werden in der Reihenfolge, wie sie in der Liste vorliegen, ausgegeben. Werden die Felder in der Argumentliste durch Kommas getrennt, so werden sie in der Ausgabe durch das Zeichen, das mit OFS vorbelegt ist, wiedergegeben. Werden sie nicht durch Kommas getrennt, so erscheinen sie in der Ausgabe zusammengesetzt.

printf

printf

Ausgabe von formatiertem Text. Felder oder Variablen werden gemäß des *Format*-Arguments formatiert. Die Anzahl der Argumente muß den spezifizierten Formatausgaben entsprechen.

Format entspricht den Konventionen des **printf**-Befehls der Programmiersprache C. Hier sehen Sie die am häufigsten verwendeten Formate:

%s   Zeichenkette.
%d   Dezimalzahl.
%*n.m*d   Gleitkommazahl; *n* ist die gesamte Anzahl der Stellen und *m* die Anzahl der Stellen nach dem Komma.

%[-]*n*c   *n* gibt die minimale Feldlänge für ein Format des typs **c** an, während - den Wert innerhalb des Feldes ausrichtet. Andernfalls ist der Wert rechtsbündig.

»

printf
Fortsetzung

Das *Format* kann auch Austrittssequenzen enthalten: \n (Zeilenvorschub) und \t (Tabulatormarke) sind die am häufigsten angewandten.

Leerzeichen und Zeichenketten können im Ausgabeformat angegeben werden, wenn die gesamte Sequenz in Anführungsstriche gesetzt ist. Sollen mehrere Ausdrücke ausgegeben werden, so müssen auch mehrere Formatbeschreibungen vorliegen. Das läßt sich am besten anhand eines Beispiels erläutern:

Die Eingabe enthält nur die Zeile:

5   5

Das Programm:

{printf("Summe der Zeile %s ist %d \n", NR, $1+$2)}

erzeugt die Ausgabe:

Summe der Zeile 1 ist 10

(gefolgt von einem Zeilenvorschub).

---

split

split(*Zeichenkette, Feld*[,*Sep*])

Eine Zeichenkette in Elemente der Felder **array[1]**,...,**array[n]** aufteilen. Die Zeichenkette wird bei jedem Auftreten des Separators *Sep* geteilt. Wird *Sep* nicht angegeben, so wird **FS** verwendet. Die Anzahl der erzeugten Feldelemente wird wiedergegeben.

---

sprintf

x=**sprintf**(*"Format", Ausdruck*)

Gibt die Belegung von *Ausdruck* im angegebenen *Format* zurück. In der Beschreibung zu **printf** finden Sie gültige Formatsangaben.

sqrt	**x=sqrt**(*Argument*)

Der Rückgabewert ist die aus *Argument* gebildete Quadratwurzel.

substr	**x=substr**(*Zeichenkette,m*,[*n*])

Gibt einen Teil der *Zeichenkette* zurück. Das Ergebnis beginnt an der *m*-ten Zeichenposition der *Zeichenkette* und enthält *n* Zeichen. Wird *n* nicht spezifiziert, so werden alle verbleibenden Zeichen angefügt.

while	**while** (*Bedingung*) *Befehl*

Befehl wird solange ausgeführt, wie die *Bedingung* erfüllt ist. (Gültige Bedingungsangaben finden Sie in der Beschreibung zu **if**.) Sollen mehrere Befehle ausgeführt werden, so müssen diese in geschweiften Klammern eingeschlossen werden.

5
Nroff und Troff

Dieser Abschnitt ist in vier Teile untergliedert, die jeweils einen Teilbereich des Formatierungssystems *nroff/troff* abdecken.

    Eingaben zu *nroff/troff*

    Austrittssequenzen

    Vordefinierte numerische Register

    Sonderzeichen

Im Abschnitt 1 finden Sie die möglichen Optionen und deren Bedeutungen zum Aufruf der verschiedenen Befehle.

nroff und *troff* sind Textformatierungsprogramme, die das UNIX-System zur Verfügung stellt. *nroff* ist zur Dokumentausgabe auf gewöhnlichen Druckern, *troff* zur Drucksatzausgabe konzipiert. Mit Ausnahme einiger drucksatzspezifischer Kommandos arbeiten alle Befehle mit beiden Formatierungsprogrammen.

Zusätzlich gibt dieser Abschnitt Informationen zu *ditroff*, die *geräteunabhängige* Version von *troff*. Größtenteils arbeitet *ditroff* wie *troff*. An Stellen, wo Einschränkungen bestehen, wird *troff* mit *otroff* bezeichnet.

Die Textformatierung wird mittels Befehlssequenzen, die in eine Textdatei geschrieben werden, vorgenommen. Diese Befehlsequenzen werden dann von *nroff* bzw. *troff* interpretiert und bearbeitet.

Beispiel der Eingabe mit *nroff/troff*:

.ce
Dieser Text soll zentriert dargestellt werden.

Erscheint nach Formatierung:

        Dieser Text soll zentriert dargestellt werden.

Es gibt grundsätzlich zwei Arten von Formatierungsbefehlen: *Grundsequenzen und Makros*. Grundsequenzen erlauben direkten Zugriff auf die Textausgabe, sind jedoch manchmal umständlich zu handhaben. Makros sind vordefinierte Grup-pierungen dieser Grundsequenzen und erzeugen jeweils einen gleichbleibende Ausgabeeffekt.

Im Abschnitt 6 finden Sie weitere Informationen über Makros.

Nroff/Troff-Befehle

.ab .ab [*Text*]

Abbrechen und die Meldung *Text* ausgeben. Wird kein Text angegeben, so erfolgt die Ausgabe "User Abort".

.ad .ad [*c*]

Ausrichten einer oder beider Ränder. *c* kann die folgenden Belegungen annehmen:

b oder **n**	Ausrichten beider Ränder.
c	Zentrieren aller Zeilen.
l	Nur der linke Rand wird ausgerichtet.
r	Nur der rechte Rand wird ausgerichtet.

Ohne Angabe eines Arguments wird zur vorherigen Einstellung zurückgekehrt. Der derzeitige Modus wird im Register **.j** mit folgenden Werten gesetzt: 0=l, 1=b, 3=c, 5=r (siehe **.na**).

.af .af *r c*

Zuweisen des Formats *c* an Register *r*. *c* kann die folgenden Belegungen annehmen:

1	0, 1, 2, etc.
001	000, 001, 002, etc.
i	Roman (Kleinbuchstaben)
I	Roman (Großbuchstaben)
a	Alphabetisch (Kleinbuchstaben)
A	Alphabetisch (Großbuchstaben)

.am .am *xx* [*yy*]

Anfügen an das Makro *xx*. Das Ende des Makros wird mit *yy* bezeichnet (Voreinstellung *yy*=..).

.as

.as *xx Zeichenkette*

Anfügen von *Zeichenkette* an das Zeichenregister *xx*. Die *Zeichenkette* kann Leerzeichen enthalten und ist durch einen Zeilenvorschub abgeschlossen. Ein Anführungszeichen zu Beginn (") wird ignoriert.

.bd

.bd [*s*] *f n*

Überdruckt die Zeichen des Zeichensatzes *f n* mal. Wird *s* angegeben, so so werden die Zeichen des Sonderzeichensatzes *n* mal überdruckt, falls der Zeichensatz *f* aktiv ist.

.bp

.bp [*n*]

Beginn einer neuen Seite mit der Numerierung *n*.

.br

.br

Zeilenumbruch (die Zeile wird teilweise ausgegeben).

.c2

.c2 *c*

Das No-Break-Steuerzeichen wird auf *c* gesetzt. Bestimmte Kommandos, die mit . beginnen, haben eine Unterbrechung zur Folge. Werden diese Kommandos mit *c* eingeleitet, so findet keine Unterbrechung statt (Voreinstellung ').

.cc

.cc *c*

Das Steuerzeichen, das Befehle und Makros einleitet, wird auf *c* gesetzt (Voreinstellung ist ".").

.ce	.ce [*n*]
	Zentrieren von *n* Textzeilen. Wird *n* mit 0 angegeben, so wird die Zentrierung deaktiviert. Die Zahl *n* bezieht sich nur auf Zeilen, die Ausgabetext enthalten. Leere Zeilen werden nicht gezählt (Voreinstellung *n*=1).
.cf	.cf *Datei*
	Der Inhalt von *Datei* wird uninterpretiert an die Ausgabe weitergeleitet (gilt nur für *ditroff*).
.ch	.ch *xx* [*n*]
	Ändert die Positionsmarke des Makros *xx* auf *n*. Wird *n* nicht angegeben, so wird die Positionsmarke gelöscht.
.cs	.cs *f n m*
	Für den Zeichensatz *f* werden nicht-proportionale Zeichenabstände gesetzt. Die konstante Zeichenbreite wird auf *n*/36 ems gesetzt. Bei Angabe von *m* wird die Zeichenbreite auf *m* Punkt gesetzt.
.cu	.cu [*n*]
	Unterstreichen (auch von Leerzeichen) der folgenden *n* Zeilen. Wird *n* mit 0 angegeben, so wird das Unterstreichen abge-brochen (Kursivstellen unter *troff*). Sollen nur sichtbare Zeichen unterstrichen werden, das Kommando **.ul** verwenden. Der zu unterstreichende Zeichensatz kann unter *troff* mit **.uf** gewechselt werden. (Bitte beachten: unter *troff* muß zur Unterstreichung ein Makro verwendet werden.)

.da   **.da** [*xx*]

Verzweigt den folgenden Text, und fügt ihn an das Makro *xx* an. Wird kein Argument angegeben, so wird die Verzweigung beendet.

.de   **.de** *xx* [*yy*]

Definition des Makros *xx*. Die Makrobeschreibung wird bei *yy* beendet (Voreinstellung *yy*=..).

.di   **.di** [*xx*]

Verzweigt den folgenden Text zum neu definierten Makro *xx*. Wird *xx* nicht angegeben, so wird die Verzweigung beendet.

.ds   **.ds** *xx Zeichenkette*

Belegt *xx* mit *Zeichenkette*.

.dt   **.dt** *n xx*

Plaziert eine Verzweigungsmarke an Position *n* mit einem Verweis, um das Makro *xx* aufzurufen.

.ec   **.ec** [*c*]

Setzt das Austrittszeichen auf *c* (Voreinstellung \).

.el .el

Else-Teil einer **if-else**-Anweisung (siehe **.ie**).

.em .em *xx*

Setzt das Abschlußmakro auf *xx*. Dieses Makro wird nach allen anderen Ausgaben automatisch ausgeführt.

.eo .eo

Deaktiviert den Mechanismus des Austrittszeichens. Alle Austrittssequenzen werden ohne Interpretation gedruckt.

.ev .ev [*n*]

Ändert das Environment auf *n*. Ist kein Argument gegeben, so wird das zuletzt aktive Environment wiederhergestellt. (*n* muß zwischen 0 und 2 liegen; Eingangsbelegung ist 0.) Ohne Argument muß zum zuletzt aktiven Environment mit **.ev** zurückgekehrt werden, da ansonsten ein Stapelspeicherüberlauf auftritt.

.ex .ex

Abschalten jeder weiteren Formatierung des Eingabetextes. Diese Anweisung wird oft zur Formularerstellung zusammen mit **.nx** angewandt.

.fc .fc *a b*

Setzt den Feldbegrenzer auf *a* und das Trennzeichen auf *b*.

.fi   **.fi**

                 Schaltet den Füllmodus aus (Voreinstellung ist der aktivierte Füllmodus). Siehe **.nf**.

.fl   **.fl**

                 Entleeren des Ausgabepuffers. Wird zum interaktiven Debugging verwendet.

.fp   **.fp** n f

                 Weist den Zeichensatz f der Position n zu. Die Grenzen von n liegen in *otroff* bei 1 und 4 und in *ditroff* bei 1 und 9.

.ft   **.ft** f

                 Ändern des aktuellen Zeichensatzes auf f. f ist ein mit zwei Buchstaben gegebener Zeichensatzname oder eine Zeichensatzposition, die mit **.fp** belegt wurde.

.hc   **.hc** [c]

                 Ändert das Zeichen zur Silbentrennung auf c (Voreinstelllung ist -).

.hw   **.hw** *Wörter*

                 Definiert Trennregeln für *Wörter* (z.B. **.hw Aus-führ-ung**).

.hy   **.hy** *n*

Aktivieren (*n*>1) oder Deaktivierung (*n*=0) der Silbentrennung.

n=1	Bedingungslose Trennung.
n=2	Das letzte Wort einer Seite wird nicht getrennt.
n=4	Es wird nicht nach den ersten beiden Buchstaben eines Wortes getrennt.
n=8	Es wird nicht vor den letzten beiden Buchstaben eines Wortes getrennt.
n=14	Alle 3 Restriktionen werden angewandt.

(Siehe **.nh**).

.ie   **.ie** [!]*Bedingung Aktion*
                .el *Aktion*

If-Teil einer **if-else** Anweisung. Ist *Bedingung* erfüllt, so wird *Aktion* ausgeführt. Ansonsten wird die *Aktion*, die nach der **.el** Anweisung spezifiziert wird, bearbeitet. **.ie**/**.el** Instruktionspaare dürfen verschachtelt werden. Die Syntax für *Bedingung* wird in der Beschreibung zu **.if** erklärt.

.if   **.if** [!]*Bedingung Aktion*

Ist *Bedingung* erfüllt, wird *Aktion* ausgeführt. Das "!"-Zeichen negiert die *Bedingung*. Folgende Bedingungsangaben können vorgenommen werden:

o	Erfüllt bei ungerader Seitennummer.
e	Erfüllt bei gerader Seitennummer.
n	Erfüllt, wenn das **nroff** aufgerufen wurde.
t	Erfüllt, wenn **troff** aufgerufen wurde.
"*Wort1*"*Wort2*"	Erfüllt, wenn *Wort1* identisch zu *Wort2* ist. (Wird oft zur Überprüfung von Argumentbelegungen beim Einsatz von Makros angewandt.)
Ausdruck	Erfüllt, wenn die Belegung von *Ausdruck* größer als null ist.

»

.if
Fortsetzung

Ausdrücke enthalten in der Regel Zahlenregister-Interpolierungen und können mit den folgenden Operatoren verknüpft werden:

+, -, *, /	Arithmetische Standardoperatoren
%	Modulo-Operator
>, <	Größer als, kleiner als
>=, <=	Größer gleich, kleiner gleich
=, ==	Gleich
&	Logische UND-Verknüpfung
:	Logische ODER-Verknüpfung

Erstreckt sich die Angabe von *Aktion* über mehrere Zeilen, so muß diese mit \-Zeichen am Ende jeder Zeile versehen werden.

.ig

.ig [*yy*]

Ignorieren des folgenden Textes bis zu der Zeile, die mit *yy* beginnt. (Die Voreinstellung von *yy* ist wie bei **.de**.) Das Kommando dient insbesondere dazu, größere Textteile oder Makrodefinitionen als Kommentar zu kennzeichnen.

.in

in [±][*n*]

Setzt das Einrücken auf *n*, oder erhöht die aktuellen Einstellung um ±*n*. Wird kein Argument gegeben, so wird die vorher-gehende Einstellung wiederhergestellt. Die aktuelle Einstellung ist im Register **.i** abgelegt.

.it

.it *n xx*

Setzt die die Zählmarke der Eingabezeile, um das Makro *xx* nach *n* gelesenen Zeilen des Eingabetextes aufzurufen.

.lc	.lc c
	Setzen des Wiederholzeichens auf c.

.lg	.lg n
	Wird n nicht angegeben, oder ist n ungleich Null, so wird in den Ligature-Modus übergegangen.

.ll	.ll [±][n]
	Setzt die Zeilenlänge auf n, oder erhöht die aktuelle Zeilenlänge um ±n. Die aktuelle Zeilenlänge ist im Register .l abgelegt (Voreinstellung: 6.5 Zoll).

.ls	.ls [n]
	Setzt den Zeilenabstand auf n. Wird kein Argument angegeben, so wird der vorherige Abstand wiederhergestellt (Voreinstellung ist 1).

.lt	.lt [n]
	Setzen der Titellänge auf n. Wird kein Argument angegeben, so wird die vorherige Titellänge wiederhergestellt.

.mc	.mc [c] [n]
	Setzt das Randbegrenzungszeichen auf c, und plaziert dieses n Leerstellen rechts von der Randmarke. Wird c nicht angegeben, so wird das Randbegrezungszeichen ausgeschaltet. Wird n nicht angegeben, so wird der vorherige Abstand verwendet. Die voreingestelle Belegung von n beträgt 0.2 Zoll unter *nroff*, und 1 em in *troff*.

.mk   **.mk** [*r*]

Markiert die momentane vertikale Position in Register r. Zu dieser Markierung wird mit **.rt** oder **.sp**|\n*r* zurückgekehrt.

.na   **.na**

Die Ränder werden nicht ausgerichtet (siehe **.ad**). Der momen-tane Ausricht-Modus ist im Register **.j** abgelegt.

.ne   **.ne** *n*

Falls sich weniger als *n* Zeilen auf der aktuellen Seite befinden, so wird eine neue Seite begonnen.

.nf   **.nf**

Ausgabezeilen werden nicht gefüllt oder ausgerichtet (siehe **.ad** und **.fi**).

.nh   **.nh**

Ausschalten der Trennung (siehe **.hy**).

.nm   **.nm** [*n m s i*]

Numerierung der Ausgabezeichen (falls *n* > 0), oder Ausschalten der Numerierung (falls *n*=null). *m* setzt das Numerierungsintervall, *s* die Separierung von Text und Nummern, und *i* setzt das Einrücken für den darzustellenden Text (siehe **.nn**).

.nn	.nn *n*	

Ausschalten der Zeilennumerierung für die folgenden *n* Zeilen. Die Zeilen werden jedoch weitergezählt, und die Numerierung kann mit **.nm**+*0* wieder aufgenommen werden (siehe **.nm**).

.nr .nr *r n* [*m*]

Weist dem numerischen Register *r* die Belegung *n* zu. Optional kann automatische Erhöhung mit *m* angegeben werden.

.ns .ns

Aktivierung des No-Space-Modus (siehe **.rs**).

.nx .nx *Datei*

Umschalten auf *Datei* ohne Rückkehr zur aktuellen Datei (siehe **.so**).

.os .os

Ausgabe des gesicherten Bereichs, der durch die letzte **.sv** Anweisung bezeichnet wurde.

.pc .pc *c*

Setzt das Seitennumerierungszeichen auf *c*.

.pi

.pi *Kommando*

Leitet die Ausgabe an *Kommando* um, anstatt sie auf der Standardausgabe darzustellen (nur unter *ditroff* und *nroff*).

.pl

.pl [±] [*n*]

Setzt die Seitenlänge auf *n* oder erhöht die Seitenlänge um ±*n*. Wird kein Argument angegeben, so wird die Voreinstellung von 11 Zoll wiederhergestellt. Die aktuelle Seitenlänge ist im Register **.p** abgelegt.

.pm

.pm

Ausgabe der Namen und Größen aller definierten Makros.

.pn

.pn [±][*n*]

Setzt die folgende Seitennummer auf *n*, oder erhöht diese um ±*n*. Die aktuelle Seitennummer ist im Register % abgelegt.

.po

.po [±][*n*]

Setzt den Textabstand zum linken Seitenende auf *n*, oder erhöht bzw. verringert diesen Abstand um ±*n*. Wird kein Argument angegeben, so wird der vorherige Abstand wiederhergestellt. Der aktuelle Abstand ist im Register **.o** abgelegt.

.ps

.ps *n*

Setzt die Punktgröße auf *n* (nur unter *troff*). Die aktuelle Punktgröße ist im Register **.s** abgelegt (Voreinstellung ist ein Schriftgrad von 10 Punkt).

.rd	**.rd** [*Prompt*]	
	Lesen einer Eingabe vom Terminal nach Ausgabe von *Prompt* (optional).	

.rm	**.rm** *xx*	
	Löschen des Makros oder des Strings *xx*.	

.rn	**.rn** *xx yy*	
	Vergibt den neuen Namen *yy* der Zeichenkette, dem Makro oder der Anweisung *xx*.	

.rr	**.rr** *r*	
	Löscht das Register *r*.	

.rs	**.rs**	
	Wiederherstellen des Zeilenabstands (Ausschalten des No-Space-Modus; siehe **.ns**).	

.rt	**.rt** [±*n*]	
	Positionieren auf eine vorangegangene vertikale Markierung, oder auf ±*n* vom Seiten- oder Abschnittsanfang (siehe **.mk**).	

.so	.so *Datei*
	Einlesen von *Datei* in die aktuelle Datei (siehe **.nx**).
.sp	.sp *n*
	Ausgabe von *n* Leerzeilen (Voreinstellung 1).
.ss	.ss *n*
	Setzt das Leerzeichen auf *n*/36 em (keine Auswirkung unter *nroff*).
.sv	.sv *n*
	Ablegen *n* Leerzeilen. Ausgabe dieser Zeilen erfolgt über das Kommando **.os**.
.sy	.sy *Kommandos* [*Argumente*]
	Ausführen eines oder mehrerer UNIX *Kommandos* mit optionalen Argumenten (nur unter *ditroff*).
.ta	.ta *n*[*t*] *m*[*t*]....
	Setzen von Tabulatorstopps an den Positionen *n*, *m*, etc. Wird *t* nicht angegeben, so wird an der Marke linksbündig ausgerichtet. *t* kann die folgenden Belegungen annehmen:
	L linksbündig **R** rechtsbündig **C** zentriert

.tc	.tc c
	Setzt das Ausgabezeichen von Tabulatorzeichen auf c. (Zum Beispiel stellt .tc . an Stellen, wo Tabulatormarken ausgegeben werden sollen, eine Linie aus Punkten dar.) Voreinstellung ist das Leerzeichen.
.ti	.ti [±][n]
	Einrücken der folgenden Ausgabezeile um n Leerstellen, oder Erhöhen des aktuellen Einrückens um ±n Leerstellen.
.tl	.tl 'l'c'r'
	Spezifiziert einen linksbündigen (l), rechtsbündigen (r) oder zentrierten (c) Titel. Die Titellänge wird mit .lt und nicht über .ll angegeben.
.tm	.tm text
	Terminal-Meldung (Ausgabe von Text beim Auftreten eines Standardfehlers).
.tr	.tr ab
	Ersetzt das Zeichen a durch b.
.uf	.uf f
	Setzt den Unterstreichungsschriftsatz auf f. Kann mit .ul oder .cu umgeschaltet werden (Voreinstellung ist Italics (*kursiv*)).

.ul .ul [*n*]

Unterstreichen (Kursivsetzen in *troff*) von *n* folgenden Eingabe-zeilen. Leerzeichen zwischen den Wörtern werden nicht unter-strichen. **.cu** kann zum lückenlosen Unterstreichen angegeben werden. Unter *troff* kann der Unterstreichungsschriftsatz mit **.uf** gewechselt werden. Unter *troff* muß jedoch zur Unter-streichung ein Makro verwendet werden, um dieses Textattribut einsetzen zu können.

.vs .vs [*n*]

Setzt den vertikalen Zeilenabstand auf *n*. Wird kein Argument angegeben, so wird die vorherige Einstellung wiederhergestellt. Der derzeitige vertikale Zeilenabstand ist im Register **.v** abgelegt. (Voreinstellung ist 1/6 Zoll unter *nroff* und 12 Punkt in *troff*.)

.wh .wh *n* [*xx*]

Beim Erreichen der Position *n* wird das Makro *xx* ausgeführt. Negative Angaben werden in umgekehrter Richtung vom Seitenende aus interpretiert. Wird *xx* nicht übergeben, so werden alle Verzweigungen an dieser Position aufgehoben. (Es können bis zu zwei Verzweigungen an einer Position bestehen, falls diese mit **.ch** gebildet wurden. Mit **.wh** ist dies nicht möglich.)

Escape-Sequenzen

Sequenz	Auswirkung
\\	Verhindert oder verzögert die Interpretation von \.
\e	Druckbare Version des aktuellen Escape-Zeichens.
\'	'(Accent aigu); entspricht \(aa.
\`	'(Accent grave); entspricht \(ga.
\-	- Minuszeichen im aktuellen Zeichensatz.
\.	Punkt.
\(Leerstelle)	Nicht-proportionale, feste Leerstelle.
\(Neue Zeile)	Versteckte (ignorierte) neue Zeile.
\0	Zwischenraum mit der Breite einer Ziffer.
\\|	Zwischenraum mit der Breite 1/6-tel em (in *nroff* bedeutet es, eine Breite von Null).
\^	Zwischenraum mit der Breite 1/12-tel em (in *nroff* bedeutet es, eine Breite von Null).
\&	Leerstelle mit einer Breite von Null.
\!	Zeilenmarkierung erst bei der Ausgabe interpretieren.
\"	Kommentar beginnen.
\$n	Interpolationsargument 1<=n<=9.
\%	Voreingestelltes Trennzeichen.
\(xx	Zeichen mit Namen xx.
*x, *(xx	Zeichenkette x oder xx interpolieren.
\a	Nicht-interpretiertes Führungszeichen.
\b'abc'	Eckige Klammerfunktion.
\c	Die nächste Zeile ist eine Fortsetzung der aktuellen Zeile.
\d	Um 1/2-em nach unten positionieren (1/2 Zeile in *nroff*).
\D'lx,y'	Eine Linie von der aktuellen Position zu den x,y-Koordinaten ziehen (nur *ditroff*).
\D'c d'	Einen Kreis mit Durchmesser d zeichnen, so daß die aktuelle Position links auf dem Kreis liegt (nur *ditroff*).
\D'e d1 d2'	Ellipse mit dem horizontalen Durchmesser d1 und dem vertikalen Durchmesser d2 zeichnen, so daß die aktuelle Position links auf dem Kreis liegt (nur *ditroff*).
\D'a x1 y1 x2 y2...'	Kreisbogen im Gegenuhrzeigersinn von der aktuellen Position aus mit x1,y1 als Zentrum und x1+x2,y1+y2 als Endpunkt zeichnen (nur *ditroff*).
\D'~ x1 y1 x2 y2...'	Kurve von der aktuellen Position aus durch die angegebenen Koordinaten zeichnen (nur *ditroff*).
\fx,\f(xx,\fn	Font ändern auf Name x, Name xx oder Position n.
\h'n'	Lokale horizontale Bewegung; nach rechts um n oder nach links um n, falls n negativ ist.
\H'n'	Zeichengröße auf n Punkte setzen, ohne die Zeichenbreite zu ändern (nur *ditroff*).
\kx	Horizontale Stelle der *Eingabe* in Register x markieren.

\l'nc'	Horizontale Linie mit einer Länge von *n* ziehen (kann auch Option *c* haben).
\L'nc'	Vertikale Linie mit einer Länge von *n* ziehen (kann auch Option *c* haben).
\n*x*,\n(*xx*	Register *x* oder *xx* interpolieren.
\o'*abc*...'	Die Zeichen *a, b, c...* ausstreichen.
\p	Neue Zeile; die Zeile mit Zwischenräumen für den Randausgleich auffüllen.
\r	Um 1-em nach oben positionieren (eine Zeile zurück in *nroff*).
\s*n*,\s±*n*	Zeichengröße auf *n* ändern oder um *n* inkremitieren. Auf vorherige Zeichengröße zurückschalten mit \s0.
\S'*n*'	Ausgabe um *n* Grad nach rechts neigen. Negative Werte ergeben eine Linksneigung. Ein Wert von 0 schaltet die Neingungsfunktion aus (nur *ditroff*).
\t	Horizontale Tabulatur ignorieren.
\u	Um 1/2-em nach oben positionieren (1/2 Zeile zurück in *nroff*).
\v'*n*'	Vertikale Bewegung; nach unten um *n* oder nach oben um *n*, falls *n* negativ ist.
\w'*Zeichenkette*'	Die Breite von *Zeichenkette* berechnen.
\x'*n*'	Zusätzliche neue Zeile (negative Werte bedeuten eine neue Zeile davor, positive Werte bedeuten eine neue Zeile danach).
\z*c*	*c* mit einer Breite von Null ausdrucken (ohne Zwischenraum).
\{	Eine bedingungsabhängige mehrzeilige Eingabe beginnen.
\}	Eine bedingungsabhängige mehrzeilige Eingabe beenden.
x	*x*, jedes *nicht* oben angeführten Zeichen.

Vordefinierte Nummerregister

Nur-Lese-Register (Read-Only)

.$	Anzahl der Argumente, auf die in der aktuellen Makroebene zugegriffen werden kann.
.$$	Prozeß-ID des *troff*-Prozesses (nur *ditroff*).
.A	In *troff* auf 1 gesetzt, falls das -a Argu-ment angegeben wurde; immer 1 in *nroff*.
.H	Mögliche horizontale Auflösung in Basiseinheiten.
.T	In *nroff* auf 1 gesetzt, falls das -T Argument angegeben wurde; immer 0 in *troff*; in *ditroff* enthält die Zeichenkette *(.T den Wert von -T.
.V	Mögliche vertikale Auflösung in Basisein-heiten.
.a	Zusätzlicher Zeilenvorschub, der zuletzt durch \x'*N*' gesetzt wurde.
.c	Anzahl der *Zeilen*, die von der aktuellen Eingabedatei gelesen wurden.

.d	Aktuelle vertikale Position in der aktuellen Umleitung; gleich **nl**, falls keine Umleitung vorliegt.
.f	Phsykalische Position des aktuellen Zeichensatzes (1 bis 4 in *troff*; 1 bis 9 on *ditroff*).
.h	Niedrigste Textzeilenbasis auf der aktuellen Seite oder in der aktuellen Umleitung.
.i	Aktuelle Einrückung.
.j	Aktueller Einstellungsmodus.
.l	Aktuelle Zeilenlänge.
.n	Länge des Textes auf der vorigen Ausgabezeile.
.o	Aktuelle Textverschiebung.
.p	Aktuelle Seitenlänge.
.s	Aktuelle Punktgröße.
.t	Entfernung zur nächsten Falle.
.u	Gleich 1 in Zeilenfüllmodus, sonst 0.
.v	Aktueller vertikaler Zeilenvorschub.
.w	Breite des vorigen Zeichens.
.x	Reserviertes, versionsabhängiges Register.
.y	Reserviertes, versionsabhängiges Register.
.z	Name der aktuellen Textumleitung.

Lese-/Schreibregister (Read-Write)

%	Aktuelle Seitennummer.
ct	Zeichentyp (wird von der *width*-Funktion gesetzt).
dl	Breite (Maximum) der letzten Textumleitung.
dn	Höhe (vertikale Größe) der letzten Textumleitung.
dw	Aktueller Wochentag (1 bis 7).
dy	Aktueller Tag des Monats (1 bis 31).
hp	Aktuelle horizontale Position auf der *Eingabe*zeile.
ln	Nummer der Ausgabezeile.
mo	Aktueller Monat (1 bis 12).
nl	Vertikale Position der Basis der letzten gedruckten Textzeile.
sb	Tiefe der Zeichenkette unter der Basis der Textzeile (wird von der *width*-Funktion gesetzt).
st	Höhe der Zeichenkette über der Basis der Textzeile (wird von der *width*-Funktion gesetzt).
yr	Die letzten zwei Ziffern des aktuellen Jahres.

Spezielle Zeichen

In den Standardfonts

Zeichen	Eingabe	Zeichenname
'	'	Anführungszeichen zu.
`	`	Anführungszeichen auf.
—	\(em	3/4 em Bindestrich.
-	-	Bindestrich oder
-	\(hy	Bindestrich.
-	\-	Minus Zeichen im aktuellen Font.
•	\(bu	Großer Punkt.
□	\(sq	Quadrat.
—	\(ru	Waagerechte Linie.
¼	\(14	1/4
½	\(12	1/2
¾	\(34	3/4
fi	\(fi	fi-Ligature.
fl	\(fl	fl-Litature.
ff	\(ff	ff-Ligature.
ffi	\(Fi	ffi-Ligature.
ffl	\(Fl	ffl-Ligature.
°	\(de	Grad.
†	\(dg	Dolch.
'	\(fm	Fußmarke.
¢	\(ct	Cent-Zeichen.
®	\(rg	Eingetragen (Registered).
©	\(co	Copyright.

Der Spezielle Font

Diverse Zeichen

Zeichen	Eingabe	Zeichenname
§	\(sc	Abschnitt.
´	\(aa	Accent aigu.
`	\(ag	Accent grave.
_	\(ul	Unterstreichen.
→	\(->	Pfeil nach rechts.
←	\(<-	Pfeil nach links.
↑	\(ua	Pfeil nach oben.
↓	\(da	Pfeil nach unten.
|	\(br	Senkrechte Linie.
‡	\(dd	Doppel Dolch.
☞	\(rh	Rechte Hand.
☜	\(lh	Linke Hand.
○	\(ci	Kreis.
⊕	\(vs	Sichtbare Leerstellenzeiger (nur *ditroff*).

Symbole zum Ausklammern

Zeichen	Eing.	Zeichenname
⎧	\(lt	Linker oberer Teil einer großen geschweiften Klammer.
⎨	\(lk	Linker mittlerer Teil einer großen geschweiften Klammer.
⎩	\(lb	Linker unterer Teil einer großen geschweiften Klammer.
⎫	\(rt	Rechter oberer Teil einer großen geschweiften Klammer.
⎬	\(rk	Rechter mittlerer Teil einer großen geschweiften Klammer.
⎭	\(rb	Rechter unterer Teil einer großen geschweiften Klammer.
⎡	\(lc	Linker oberer Teil einer großen eckigen Klammer.
|	\(bv	Vertikaler Teil (fett).
⎣	\(lf	Linker unterer Teil einer großen eckigen Klammer.
⎤	\(rc	Rechter oberer Teil einer großen eckigen Klammer.
⎦	\(rf	Rechter unterer Teil einer großen eckigen Klammer.

Mathematische Symbole

Zeichen	Eingabe	Zeichenname
+	\(*pl	Mathematisches Pluszeichen
-	\(*mi	Mathematisches Minuszeichen
=	\(*eq	Mathematisches Gleichheitszeichen
*	\(**	Mathematischer Stern
/	\(sl	Schrägstrich
√	\(sr	Quadratwurzel
‾	\(rn	Erweiterung für Wurzel
≥	\(>=	Größer oder gleich
≤	\(<=	Kleiner oder gleich
≡	\(==	Identisch
≈	\(~~	Angenähert
~	\(ap	Äquivalent
≠	\(!=	Ungleich
×	\(mu	Multiplizieren
÷	\(di	Dividieren
±	\(+-	Plus-Minus
∪	\(cu	Vereinigung
∩	\(ca	Durchschnitt
⊂	\(sb	Teilmenge von
⊃	\(sp	Obermenge
⊆	\(ib	Teilmenge oder gleiche Menge
⊇	\(ip	Obermenge oder gleiche Menge
∞	\(if	Unendlich
∂	\(pd	Partielle Ableitung
∇	\(gr	Gradient
¬	\(no	Nicht
∫	\(is	Integralzeichen
∝	\(pt	Proportional mit
∅	\(es	Leere Menge
∈	\(mo	Enthalten in
|	\(or	Oder

Griechische Symbole

Zeichen	Eingabe	Zeichenname
α	\(*a	Alpha
β	\(*b	Beta
γ	\(*g	Gamma
δ	\(*d	Delta

ε	\(*e	Epsilon
ζ	\(*z	Zeta
η	\(*y	Eta
θ	\(*h	Theta
ι	\(*i	Jota
κ	\(*k	Kappa
λ	\(*l	Lambda
μ	\(*m	My
ν	\(*n	Ny
ξ	\(*c	Xi
ο	\(*o	Omicron
π	\(*p	Pi
ρ	\(*r	Rho
σ	\(*s	Sigma
ς	\(ts	abschliessendes Sigma
τ	\(*t	Tau
υ	\(*u	Ypsilon
φ	\(*f	Phi
χ	\(*x	Chi
ψ	\(*q	Psi
ω	\(*w	Omega
Α	\(*A	ALPHA
Β	\(*B	BETA
Γ	\(*G	GAMMA
Δ	\(*D	DELTA
Ε	\(*E	EPSILON
Ζ	\(*Z	ZETA
Η	\(*Y	ETA
Θ	\(*H	THETA
Ι	\(*I	JOTA
Κ	\(*K	KAPPA
Λ	\(*L	LAMBDA
Μ	\(*M	MY
Ν	\(*N	NY
Ξ	\(*C	XI
Ο	\(*O	OMICRON
Π	\(*P	PI
Ρ	\(*R	RHO
Σ	\(*S	SIGMA
Τ	\(*T	TAU
Υ	\(*U	YPSILON
Φ	\(*F	PHI
Χ	\(*X	CHI
Ψ	\(*Q	PSI
Ω	\(*W	OMEGA

6

Makropakete

Dieser Abschnitt ist in zwei Teile untergliedert, die jeweils ein Makropaket für das *nroff/troff*-Textformatierungssystem behandeln:

        Das *-ms* Makropaket.

        Das *-me* Makropaket.

Makros sind vordefinierte Kombinationen von Grundeingaben, die insgeamt eine bestimmte Gesamtausgabe erzeugen. Zum Beispiel kann ein Makro das Format von Überschriften (in *troff*) in Punktgröße, Schriftart und im Abstand zum Text festlegen oder automatische Seitennumerierung vornehmen.

Makropakete bestehen intern wiederum aus Makrogruppierungen. Es gibt drei weit verbreitete Makropakete: *-mm*, *-ms* und *-me*. Sie sind nach den *nroff/troff*-Optionen, durch die sie aufgerufen werden, benannt.

Von UNIX System V wird nur das Makropaket *-mm* als offizieller Betriebssystembestandteil unterstützt. Die hier angeführte Dokumentation des Makros *-ms* beschreibt dessen erweiterte Version, die mit dem Berkley UNIX Betriebssystem ausgeliefert wird. Die ursprüngliche Bell Labs-Version des *-ms* Makros wird offiziell nicht mehr von AT&T unterstützt.

Im Abschnitt 5 finden Sie Beschreibungen des *nroff/troff*-Grundbefehlssatzes, sowie der dazugehörigen Sonderzeichen und numerischen Register.

Das -ms Makropaket

Dieser Abschnitt beschreibt die erweiterte Version des *-ms* Makropakets, wie es mit Berkeley Unix Systemen ausgeliefert wird. Die ursprüngliche Bell Labs Version dieses Makropaketes wird von AT&T nicht mehr offiziell unterstützt.

.1C .1C

Rückkehr zum einspaltigen Format. Dieses Makro hat notwendigerweise auch den Beginn einer neuen Seite zur Folge (siehe auch .2C und .MC).

.2C .2C

Beginnen des zweispaltigen Formats. Rückkehr zum einspaltigen Format über .1C.

.AB .AB

Beginn des Deckblattes. Beendigung über .AE.

.AE .AE

Ende des Deckblattes.

.AI .AI *Name*

Ausgabe des Instituts des Autors. Allgemein wird dieses Makro nach .AU in der Befehlsfolge zum Deckblatt gesetzt und kann bei Bedarf bis zu neunmal wiederholt werden.

.AU	.AU *Name*
	Ausgabe des Autorennamens. Allgemein wird dieses Makro zwischen **.TL** und **.AI** in der Befehlsfolge zum Deckblatt gesetzt und kann bei Bedarf bis neunmal wiederholt werden.
.B	.B [*Text*]
	Ausgabe von *Text* in Fettdruck. Wird kein *Text* angegeben, so ist dieses Makro gleichbedeutend mit **.ft 3**.
.B1	.B1
	Der folgende Text wird umrandet. Die Umrandung wird mit **.B2** beendet.
.B2	.B2
	Die Umrandung beenden (siehe **.B1**).
.BD	.BD
	Beginn der Blockdarstellung. Der Text wird aus seiner Quelldatei exakt übernommen und um die längste Eingabezeile zentriert (gleichbedeutend mit **.DS B**). Beendigung über **.DE**.
.BR	.BR
	Einleiten des bibliographischen Formats (wird vor bibliographischen Angaben gesetzt).

.BX   .BX *Wort*

Umrahmen von *Wort*. Im allgemeinen funktioniert dieses Makro nur für jeweils ein Wort, zumal Probleme beim Auffüllen entstehen. Sollen mehr als ein Wort umrahmt werden, so sollten diese durch \-Zeichen separiert sein.

.CD   .CD

Beginn der zentrierten Darstellung. Jede Zeile wird individuell zentriert (gleichbedeutend mit **.DS C**). Beendigung über **.DE**.

.DA   .DA

Ausgabe des Tagesdatums als zentrierte Fußzeile jeder Seite.

.DE   .DE

Kennzeichnet das Formatende.

.DS   .DS [*Typ*]

Beginn der Textausgabe. Beendigung über **.DE**.

Typ

    B   Linksbündiger Textblock, zentriert (siehe **.BD**).
    C   Zentrierte Ausgabe (siehe **.CD**).
    I   Eingerückte Ausgabe (siehe **.ID**) (Voreinstellung).
    L   Linkszentrierte Ausgabe (siehe **.LD**).

.EQ	.EQ
	Kennzeichnet den Beginn einer Formel, die von *eqn* behandelt werden soll. Beendigung mit **.EN**. (Näheres über *eqn* finden Sie im Abschnitt 7.)

.EN	.EN
	Ende der Formel (siehe auch **.EQ**).

.FS	.FS
	Anfang einer Fußnote. Der Fußnoten-Text folgt in den nachfolgenden Zeilen. Beendigung über **.FE**.

.FE	.FE
	Ende einder Fußnote (siehe **.FS**).

.GO	.GO
	Anfang der Textbearbeitung. Dieses Makro führt verschiedene einleitende Prozeduren durch. Makros zum Deckblatt sollten vor **.GO** angegeben werden, um auf einer separaten Seite gedruckt zu werden.

.I	.I [*Text*]
	Kursive Textausgabe. Wird kein *Text* angegeben, so verhält sich dieses Makro wie **.ft 2**.

.ID .ID

Beginn der eingerückten Darstellung. Der Text wird der Quelldatei exakt entnommen, jedoch um 8 ens eingerückt (gleichbedeutend mit **.DS I**). Beendigung über **.DE**.

.IP .IP *Name n*

Einrücken des Absatzes um *n* Leerzeichen mit Vorspann *Name*. **.RS** und **.RE** können zum verschachtelten Einrücken angewendet werden.

.KE .KE

Ende eines zusammenhängenden Textes (siehe **.KF** und **.KS**).

.KF .KF

Beginn eines zusammenhängenden Textes. Beendigung über **.KE**. Der eingeschlossene Text wird auf einer Seite wiedergegeben. Paßt der Text nicht auf die aktuelle Seite, so wird er in die nächste Ausgabeseite "fließen".

.KS .KS

Einleiten eines zusammenhängenden Textes. Der eingeschlossene Text wird auf einer Seite ausgegeben. Paßt der Text nicht auf die aktuelle Seite, so findet ein Seitenumbruch statt.

.LD   .LD

Linksbündige Darstellung beginnen. Der Textblock wird zentriert, die einzelnen Zeilen jedoch werden innerhalb des Blocks linksbündig ausgerichtet (gleichbedeutend mit **.DS L**). Beendigung mit **.DE**.

.LG   .LG

Heraufsetzen der Typengröße um zwei Punkt (ausschließlich unter *troff*). Zur normalen Typengröße kann über **.NL** zurückgekehrt werden.

.LP   .LP

Beginn eines Block-Absatzes. Der Abstand unter Absätzen ist im Register **PD** abgelegt. (Voreinstellung beträgt in *troff* **.5v** und in *nroff* 1 Zeile.)

.MC   .MC *sb tz*

Einleiten des mehrspaltigen Ausgabeformats mit Spaltenbreite *sb* und dem Trennzeichen *tz*. Es werden so viele Spalten erzeugt, wie in der momentanen Zeilenbreite untergebracht werden können. Zum einspaltigen Ausgabeformat wird mit **.1C** zurückgekehrt.

.ND   .ND

Die Ausgabe des Datums wird unterdrückt (siehe **.DA**).

.NH .NH *n*
Überschrift

Numerierte Abschnittsüberschrift. Die Ebene *n* der Abschnittsnummer wird automatisch erhöht.

.NL .NL

Wiederherstellen der voreingestellten Typengröße (nur unter *troff*). Wird nach **.LG** oder **.SM** benutzt.

.PP .PP

Beginn eines (normal) eingerückten Absatzes. Der Abstand dazu ist im Register **PI** abgelegt (Voreinstellung 5 ens).

.QE .QE

Beendigung des abgesetzten Absatzes. Siehe **.QP** und **.QS**.

.QP .QP

Abgesetzter Absatz: Einrücken von beiden Seiten, Leerzeilen vor und nach dem Absatz und (unter *troff*) Verkleinerung des Schriftgrads um einen Punkt.

.QS .QS

Abgesetzter Absatz mit aktueller Punktgröße und aktiven Zeilenabstand. Beendigung über das Makro **.QE**.

.R	.R [*Text*]
	Ausgabe von *Text* in Roman. Wird kein Text spezifiziert, so ist das Makro gleichbedeutend mit **.ft R**.
.RE	.RE
	Beendigung der relativen Einrückebene (siehe **.RS**).
.RP	.RP
	Initialisierung der Titelseite für "released paper".
.RS	.RS
	Verschieben nach rechts. Das Einrücken wird um eine Ebene erhöht. Beendigung über **.RE**. Dieses Makro findet oft in Zusammenhang mit **.IP** Anwendung.
.SB	.SB *Wort Zeichen*
	Wort mit *Zeichen* tiefstellen (siehe **.SU**).
.SG	.SG
	Ausgabe einer Namenszeile.

.SH	**.SH** *Überschrift* Abschnittstitel ohne Numerierung.
.SM	**.SM** Ändern auf eine kleinere Typengröße (ausschließlich unter *troff*). Auf den normalen Typ wird mit **.NL** zurückgeschaltet.
.SU	**.SU** *Wort Zeichen* Hochstellen von *Wort* mit *Zeichen* (siehe **.SB**).
.TE	**.TE** Ende einer Tabelle, die von *tbl* erstellt werden soll (siehe **.TS**).
.TH	**.TH** Ende des Tabellenkopfes. Muß zusammen mit **.TS H** angewandt werden.
.TL	**.TL** *Mehrzeilige Überschrift* Titelzeilen für das Deckblatt. Es kann eine mehrzeilige Überschrift angegeben werden. Beendigung erfolgt durch das folgende Makro (normalerweise **.AU**) in der Befehlssequez des Deckblattes.

.TS .TS [H]

Kennzeichnen einer Tabelle, die mit *tbl* erstellt werden soll. Das Tabellenende wird mit .TE gekennzeichnet. Im Abschnitt 7 finden Sie detaillierte Informationen dazu.

H   Der Tabellenkopf wird auf allen folgenden Seiten übernommen. Beendigung mit .TH.

.UL .UL

Unterstreichen des folgenden Textes - selbst unter *nroff*.

Numerische Register für das Seitenlayout

BI Bibliographisches Einrücken (Voreinstellung 3 ens).
CW Spaltenbreite (Voreinstellung 7/15 der Zeilenlänge).
FL Fußnotenlänge (Voreinstellung 11/12 der Zeilenlänge).
FM Unterer Rand (Voreinstellung 1 Zoll).
GW Spaltenabstand (Voreinstellung 1/15 der Zeilenlänge).
HM Oberer Rand (Voreinstellung 1 Zoll).
LL Zeilenlänge (Voreinstellung 6 Zoll).
LT Titellänge (Voreinstellung 6 Zoll).
PD Absatzabstand (Voreinstellung 0,3 des vertikalen Abstands).
PI Absatzeinrückung (Voreinstellung 5 ens).
PO Linker Rand (Voreinstellung 26/27 Zoll).
PS Punktgröße (Voreinstellung 10 Punkt).
QI Einrückung (Voreinstellung 5 ens).
VS Vertikaler Zeilenabstand (Voreinstellung 12 Punkt).

Reservierte Makro- und Stringnamen

Die folgenden Makro- und Stringnamen werden vom **ms**-Paket benutzt. Vermeiden Sie, diese Namen für Benutzerdefinitionen zu verwenden, um Kompatibilität mit den existierenden Makros zu bewahren. Ein kursiv gestelltes *n* bedeutet, daß der Name eine Zahl enthält (im allgemeinen den interpolierten Wert eines anderen Registers).

,	.]	:	[.	[c	[o	^	'	-
1C	2C	AB	AE	AI	A*n*	AT	AU	AX
B	B1	B2	BB	BG	BT	BX	C	C1
C2	CA	CC	CF	CH	CM	CT	DA	DW
DY	EE	EG	EL	EM	EN	E*n*	EQ	EZ
FA	FE	FF	FG	FJ	FK	FL	FN	FO
FS	FV	FX	FY	HO	I	IE	IH	IM
I*n*	IP	IZ	KD	KF	KJ	KS	LB	LG
LP	LT	MC	ME	MF	MH	MN	MO	MR
ND	NH	NL	NP	OD	OK	PP	PT	PY
QE	QF	QP	QS	R	R3	RA	RC	RE
R*n*	RP	RS	RT	S0	S2	S3	SG	SH
SM	SN	SY	TA	TC	TD	TE	TH	TL
TM	TQ	TR	TS	TT	TX	UL	US	UX
WB	WH	WT	XF	XK	XP			

Für numerische Register reservierte Namen

Die folgenden Namen von numerischen Registern werden von **ms** verwendet. Ein kursiv gestelltes *n* bedeutet, daß der Name eine Zahl enthält (im allgemeinen den interpolierten Wert eines anderen Registers).

*n*T	AJ	AV	BC	BD	BE	BH	BI	BQ
BW	CW	EF	FC	FL	FM	FP	GA	GW
H1	H2	H3	H4	H5	HM	HT	I0	IF
IK	IM	IP	IR	IS	IT	IX	I*n*	J*n*
KG	KI	KM	L1	LE	LL	LT	MC	MF
MG	ML	MM	MN	NA	NC	ND	NQ	NS
NX	OJ	PD	PE	PF	PI	PN	PO	PQ
PS	PX	QI	QP	RO	SJ	ST	T.	TB
TC	TD	TK	TN	TQ	TV	TY	TZ	VS
WF	XX	YE	YY	ZN				

Beachten Sie, daß mit Ausnahme von [c und [o keines der numerischen Register bzw. kein Makro- oder Zeichenkettenname Kleinbuchstaben enthält. Somit sind für benutzerdefinierte Makros Namen in Kleinbuchstaben oder Namen aus Kombinationen von Klein- und Großbuchstaben ein sicherer Weg, um Komplikationen zu vermeiden.

Das -me Makropaket

.1c   **.1c**

Rückkehr zur einspaltigen Ausgabe (siehe **.2c**).

.2c   **.2c**

Einleiten des zweispaltigen Ausgabeformats. Mit **.bc** wird eine neue Spalte erzwungen. Der zweispaltige Modus wird mit **.1c** beendet.

.ar   **.ar**

Seitennumerierung mit arabische Zahlen.

.b   **.b** *w x*

Setzt *w* in Fettdruck und *x* in den unmittelbar vorher verwendeten Zeichensatz (Unterstreichung in *nroff*).

.(b   **.(b** *Typ*

Einleiten eines statischen Textblockes. Beendigung mit **.)b**

Typen

     C   Zentriert.
     F   Gefüllt.
     L   Linksbündig.

.)b	**.)b**	
	Ende des statischen Eingabeblocks (siehe **.(b)**.	

.ba	**.ba** *n*	
	Setzen der grundsätzlichen Einrückung auf *n*.	

.bc	**.bc**	
	Beginn der Spalte (wird nach **.2c** benutzt).	

.bi	**.bi** *w x*	
	Setzt *w* fett/kursiv und *x* in die unmittelbar vorher verwendete Schriftart.	

.bl	**.bl** *n*	
	n Leerzeichen Abstand halten. Gleichbedeutend mit **.sp** *n* innerhalb eines Blocks.	

.bx	**.bx** *w x*	
	Umrahmt *w* und plaziert *x* unmittelbar hinter den Rahmen.	

.+c	**.+c** *Titel*	
	Beginnt das Kapitel mit *Titel*.	

.$c	.$c *Titel*
	Beginnt das numerierte Kapitel mit *Titel*.

.$C	.$C *Schlüsselwörter n Titel*
	Makro, das von Benutzer definiert werden kann. Aufruf erfolgt über .$c. Es wird ein *Schlüsselwort* (z.B. "Kapitel" oder "Anhang"), eine Kapitel- oder Anhangnummer (*n*) und der *Titel* spezifiziert.

.(c	.(c
	Anfang eines zentrierten Blocks. Beendigung über .)c.

.)c	.)c
	Ende des zentrierten Blocks.

.(d	.(d
	Beginn von ausgelagertem Text. Beendigung mit .)d.

.)d	.)d
	Beendigung eines ausgelagerten Textblocks. Textausgabe über .pd.

.ef

.ef *'l'c'r'*

Ausgabe einer dreiteiligen Fußzeile auf allen *geraden* Seiten. Die Bestandteile sind linksbündig, zentriert und rechtsbündig am Ende jeder Seite ausgerichtet.

.eh

.eh *'l'c'r'*

Ausgabe einer dreiteiligen Kopfzeile auf allen *geraden* Seiten. Die Bestandteile sind linksbündig, zentriert und rechtsbündig am Ende jeder Seite ausgerichtet.

.ep

.ep

Ende der aktuellen Seite und Ausgabe der Fußnoten.

.EN

.EN

Ende der Formel (siehe .EQ).

.EQ

.EQ *Typ Titel*

Beginn der Formel, die von *eqn* unter Angabe des *Typs* und des *Titels* bearbeitet werden soll. *Titel* und *Typ* werden rechts von der Formel am Rand angegeben. Beendigung über .EN. Siehe dazu Abschnitt 7.

Typ

C   Zentriert.
I   Eingerückt.
L   Linksbündig.

.$f .$f

Ausgabe der Fußnote.

.(f .(f

Anfang des Texts zur Fußzeile. Beendigung über .)f.

.)f .)f

Beenden des Fußnotentexts.

.fo .fo '*l*'*c*'*r*'

Ausgabe einer dreiteiligen Fußzeile auf *allen* Seiten. Die Bestandteile sind linkbündig, zentriert und rechtsbündig ausgerichtet und werden am Ende jeder Seite dargestellt.

.$H .$H

Normalerweise nicht definiertes Makro, das direkt vor der Textausgabe einer Seite aufgerufen wird. Kann für Spaltenüberschriften und andere Zwecke benutzt werden.

.$h .$h

Ausgabe des Seitenkopfs.

Makropakete

.he   **.he** *'l'c'r'*

Ausgabe einer dreiteiligen Kopfzeile, die auf *jeder* Seite gedruckt wird. Die Bestandteile sind linksbündig, zentriert und rechtsbündig und werden zu Beginn jeder Seite gedruckt.

.hl   **.hl**

Ausgabe einer horizontalen Linie. Die Linienlänge entspricht der Zeilenbreite.

.hx   **.hx**

Die Ausgabe von Kopf- und Fußzeilen auf der nächsten Seite wird unterdrückt.

.i   **.i** *w x*

Setzt *w* kursiv und *x* in die unmittelbar vorher verwendete Schriftart (Unterstreichung in *nroff*).

.ip   **.ip** *Name n*

Einrücken des Absatzes um *n* Zeichen.

.ix   **.ix** [±*n*]

Einrücken, kein Umbruch. Identisch mit '**in** *n*.

.(l	.(l *Typ*
	Leitet eine Liste ein. Beendigung über .)l.
	Typ
	C Zentrierte Liste. F Gefüllte Liste. L Linksbündige Liste.

.)l	.)l
	Ende einer Liste (siehe .(l).

.ll	.ll +*n*
	Setzt die Zeilenlänge auf +*n* (in allen Umgebungen).

.lo	.lo
	Laden von weiteren Makros. Der zu ladende Makrosatz wird als lokal definiert erwartet.

.lp	.lp
	Einleiten eines Block-Absatzes (linksbündig).

.m1	.m1 *n*
	Setzt *n* Zwischenräume zwischen Seitenbeginn und Seitenkopf.

.m2	**.m2** *n*
	Setzt *n* Zwischenräume zwischen Seitenkopf und erster Textzeile.
.m3	**.m3** *n*
	Setzen von *n* Zwischenräumen zwischen letzer Textzeile und Fußzeile.
.m4	**.m4** *n*
	Setzen von *n* Zwischenräumen zwischen Fußzeile und Seitenende.
.n1	**.n1**
	Zeilennumerierung am Rand mit 1 beginnend.
.n2*n*	**.n2***n*
	Zeilennumerierung am Rand mit *n* beginnend; die Numerierung wird mit *n*=0 beendet.
.np	**.np**
	Numerierung von Absätzen.

.of	.of `'l'c'r'`
	Ausgabe einer dreiteiligen Fußzeile auf allen *ungeraden* Seiten. Die Bestandteile sind linksbündig, zentriert und rechtsbündig und werden am Ende jeder ungeraden Seite ausgegeben.
.oh	.oh `'l'c'r'`
	Ausgabe einer dreiteiligen Kopfzeile auf allen *ungeraden* Seiten. Die Bestandteile sind linksbündig, zentriert und rechtsbündig und erscheinen am Anfang jeder ungeraden Seite.
.$p	.$p *Titel* n t
	Ausgabe der Abschnittsüberschrifft mit dem angegebenen *Titel*, Abschnittsnummer n und Abschnittstiefe t.
.$0	.$0 *Titel* n t
	Wird automatisch nach jedem Aufruf von .$p ausgeführt. Normalerweise ist dieses Makro nicht definiert, kann aber z.B. dazu verwendet werden, den aktuellen Abschnittstitel automatisch in ein Inhaltsverzeichnis einzutragen.
.$1-.$6	.$1-.$6
	Fallen werden unmittelbar vor Ausgabe des Abschnitts mit dieser Tiefe aufgerufen. Diese Makros werden von **.$p** aufgerufen.
.pa	.pa [±n]
	Gleichbedeutend mit .bp.

.pd	.pd
	Ausgabe von ausgelagerten Textabschnitten, die durch .(d oder .)d gekennzeichnet wurden.
.pp	.pp
	Anfang eines eingerückten Absatzes.
.q	.q *w x*
	w wird zwischen doppelten Anführungstrichen ausgegeben. *x* wird direkt nach den Anführungsstrichen gedruckt.
.(q	.(q
	Beginn eines Hauptzitats. Beendigung mit .)q.
.)q	.)q
	Beenden eines Hauptzitats.
.r	.r *w x*
	Setzen von *w* in Roman und *x* in die unmittelbar vorher verwendete Schriftart.

.rb	**.rb** *w x*
	Setzen von *w* in Fettdruck und *x* in die unmittelbar vorher verwendete Schriftart.
.re	**.re**
	Zurücksetzen der Tabulatormarken auf 0,5 Zoll in *troff* und 0,8 Zoll in *nroff*.
.ro	**.ro**
	Seitennumerierung in römischen Zahlen.
.$s	**.$s**
	Trennt Fußnoten vom Text durch eine horizontale Linie (1,5 Zoll).
.sh	**.sh**
	Anfang einer numerierten Abschnittsüberschrift.
.sk	**.sk**
	Die folgende Seite wird leer gelassen.
.sx	**.sx** +*n*
	Absatzbeginn auf Ebene *n*.

.sz	.sz n	

Setzt die Punktgröße für Zeichen auf *n* (Zeilenabstand wird proportional dazu gesetzt).

.th   .th

Initialisierung für einen Leitsatz.

.tp   .tp

Initialisierung für eine Titelseite.

.TS   .TS [H]

Beginn einer Tabelle. Beendigung durch .TE. Mehr Informationen zu *tbl* finden Sie in Abschnitt 7.

H   Gibt den Tabellenkopf auf allen Seiten aus. Die Beendigung des Tabellenkopfeintrages erfolgt über .TH.

.TH   .TH

Ende des Tabellenkopfes. Kann nur zusammen mit .TS H eingesetzt werden.

.TE   .TE

Beendigung der Tabelle (siehe .TS).

.u	**.u** *w x* *w* wird unterstrichen, während *x* in die unmittelbar vorher verwendete Schriftart gesetzt wird.
.uh	**.uh** *Titel* Beginn einer nicht-numerierten Abschnittsüberschrift *Titel*.
.(x	**.(x** Anfang eines Indexeintrags.
.)x	**.)x** Ende eines Indexeintrags. Ausgabe über **.xp**.
.)x_	**.)x_** Keine Seitennummer zu Index.
.xl	**.xl** *n* Setzen der Zeilenlänge auf *n* (nur im aktuellen Environment).
.xp	**.xp** Indexausgabe. (siehe **.(x)**).

Makropakete

.(z .(z

Beginn des Textflusses.

.)z .)z

Beendigung des Textflusses.

.++ .++ *Typ Kopf*

Definiert den Abschnitt des Dokuments.

7

Präprozessoren

Dieser Abschnitt ist in drei Teile gegliedert, die jeweils einen Präprozessor zum *nroff/troff*-Textformatierungssystem behandeln:

- Der Präprozessor *tbl*
- Der Präprozessor *eqn*
- Der Präprozessor *pic*, eine Sprache zur Bildbeschreibung

Mehr Informationen zu den Optionen der Kommandos finden Sie in Abschnitt 1.

Die Ausgabe aller dieser Präprozessoren ist Eingabecode für *nroff/troff*. Werden die Präprozessoren ohne das Formatierungssystem verwendet, können sie zur Überprüfung der Syntax benutzt werden. Um zum Beispiel *tbl* auszuführen, kann folgendes eingegeben werden:

tbl *Datei*

tbl

Das Ergebnis einer mit *tbl* erstellten Tabelle hängt größtenteils von den Kopfzeilen der Eingabe ab. Die Kopfzeilen bestehen aus einer Optionszeile und einer weiteren Zeile, die das Format bestimmt. Jedes Eingabefeld einer Tabelle muß durch ein Tabulatorzeichen oder ein entsprechend zugewiesenes Zeichen getrennt werden. Jede Tabellenzeile muß auch in der Eingabe einer Zeile entsprechen, es sei denn, ein Feld wird durch "T{" und "T}" begrenzt.

tbl Makros

.TS	Tabellenanfang.
.TE	Tabellenende.
.TS H	Wird verwendet, wenn sich die Tabelle über mehrere Seiten erstreckt. Zusammen mit .TH wird ein Tabellenkopf definiert, der auf jeder Seite ausgegeben wird.
.TH	Wird zusammen mit .TS H angewandt und markiert das Ende der Kopfzeilen einer Tabelle.
.T&	Tabelle nach Änderungder Formatzeile fortsetzen.

Optionen

Die Optionen wirken sich auf die gesamte Tabelle aus. Sie sollten durch Kommas separiert und mit einem Strichpunkt abgeschlossen werden.

center	Zentrieren innerhalb der *aktuell* gegebenen Ränder.
expand	Die Tabelle wird den Abmessungen der aktuellen Zeilenlänge angepaßt.
(*blank*)	Die Tabelle wird dem aktuellen linken Rand angepaßt (Voreinstellung).
box	Tabelle umranden.
doublebox	Tabelle doppelt umranden.
allbox	Die Elemente der Tabelle werden durch vertikale und horizontale Linien voneinander getrennt.
tab (*x*)	Definiert das Tabulatorzeichen als *x*.
linesize *n*	Setzt die Strichstärke aller Linien auf *n* Punkt.
delim *xy*	*x* und *z* werden als *eqn*-Begrenzer aufgefaßt.

Format

Der Formatabschnitt wirkt sich auf das Aussehen bestimmter Zeilen und Spalten der Tabelle aus. Jede Zeile enthält ein Schlüsselzeichen für jede Tabellenspalte. Die Spalteneinträge sollten durch Leerzeichen getrennt sein und der Formatteil mit einem Punkt abgeschlossen werden. Jede Formatzeile entspricht mit Ausnahme der letzten Tabellenzeile je einer Ausgabezeile. Die letzte Tabellenzeile entspricht allen folgenden Zeilen, bis auf eine .T& Marke gestoßen wird (falls vorhanden).

Schlüsselzeichen

c	Zentrieren.
l	Linksbündiges Ausrichten.
r	Rechtsbündiges Ausrichten.
n	Numerische Einträge ausrichten.
a	Alphabetische Spalten ausrichten.
s	Sich über mehrere Spalten erstreckende Überschrift, d.h. die vorige und diese Spalte werden als eine betrachtet; der für die vorhergehende Spalte bestimmte Text wird eingetragen.
^	Sich über mehrere Zeilen erstreckende Überschrift, d.h. die vorige und diese Zeile werden als eine betrachtet; der für die vorhergehende Zeile bestimmte Text wird eingetragen.

Andere Optionen (müssen von einem Schlüsselzeichen gefolgt sein)

b	Fett.
i	Kursiv.
fx	Font x.
pn	Punktgröße.
t	Der entsprechende vertikale Tabelleneintrag wird an die erste Zeile des Bereichs gesetzt.
e	Spalten gleicher Breite.
w(n)	Minimale Spaltenbreite. Wird auch mit Textblöcken verwendet. n kann in allen von *troff* akzeptierten Einheiten gegeben werden.
vn	Vertikaler Zeilenabstand. Wird *nur* in Zusammenhang mit Textblöcken eingesetzt.
n	Spaltenabstand (Voreinstellung 3n).
|	Einfache vertikale Linie. Wird zwischen Schlüsselzeichen eingegeben.
||	Doppelte vertikale Linie. Wird zwischen Schlüsselzeichen eingegeben.
-	Einzelne horizontale Linie. Anstelle eines Schlüsselzeichens benutzt.
=	Doppelte horizontale Linie. Anstelle eines Schlüsselzeichens benutzt.

Dateneingabe

Der Datenteil einer Tabelle enthält sowohl den Kopf als auch den Text einer Tabelle. Jeder Tabelleneintrag muß durch eine Tabulatormarke separiert werden.

.xx	Direkte Eingabe von *troff*-Instruktionen (z.B. **.sp #**, **.ce #**, etc.)
\	Wenn als letztes Zeichen einer Zeile eingegeben, bedeutet es, die nachfolgende Zeile an die aktuelle anzufügen (neue Zeile unterdrücken).
\^	Sich über mehrere Zeilen erstreckender Tabelleneintrag. Bewirkt, daß bereits getätigter Tabelleneintrag einer früheren Zeile dieser Spalte auch für diese Zeile Gültigkeit hat.
_ oder =	Wenn als einziges Zeichen einer Zeile eingegeben, bedeutet es, eine einfache bzw. doppelte Linie über die gesamte Tabellen-breite zu ziehen.
\$_ oder \$=	Eine einfache bzw. doppelte horizontale Linie über die gesamte Spaltenbreite ziehen.
_	Eine einfache horizontale Linie über die Breite des *Spalteninhalts* ziehen.
\R*x*	Eine Reihe von *x* über die Breite des *Spalteninhalts* ausgeben.
..[*tab*]T{	Textblock als Tabelleneintrag beginnen. Dieser Befehl muß am Ende einer Zeile stehen. Ist notwendig, wenn die Texteingabe länger als eine Zeile ist oder die Textausgabe mehr als eine Zeile umfassen wird.
..T}[*tab*]	Textblock beenden. Dieser Befehl muß am Anfang einer Zeile stehen.

Ein Beispiel zu tbl

Eingabe:

```
.TS
center, box, linesize 6, tab(@);
cb s s.
Horizontale Verschiebungen
_
.T&
ci | ci s
ci | ci s
ci | ci | ci
c  | l s
Funktion&Auswirkung in
\^@_
\^@Troff@Nroff
_
\eh'n'@Verschiebung um N
\e(Leerstelle)@Nicht-proportionale Leerstelle
\e0@Leerstelle hat Breite einer Ziffer
_
.T&
c | l | l.
\e | @1/6 em Leerstelle@ignoriert
\e | @1/12 em Leerstelle@ignoriert
.TE
```

Ausgabe:

	Horizontale Verschiebungen	
Funktion	*Auswirkung in*	
	Troff	Nroff
\h'n'	Verschiebung um N	
\(space)	Nicht-proportionale Leerstelle	
\0	Leerstelle hat die Breite einer Ziffer	
|	1/6 em Leerstelle	ignoriert
\^	1/12 em Leerstelle	ignoriert

eqn

eqn ist ein Präprozessor zur Ausgabe mathematischer Formeln.

.EQ   Mathematische Ausgabe beginnen.
.EN   Mathematische Ausgabe beenden.

Zeichenübersetzungen

Die Zeichenfolgen werden wie folgt erkannt und übersetzt:

Zeichen	Übersetzung
>=	$\geq$
<=	$\leq$
==	$\equiv$
!=	$\neq$
+-	$\pm$
->	$\rightarrow$
<-	$\leftarrow$
<<	«
>>	»
inf	∞
partial	∂
half	$\frac{1}{2}$
prime	$'$

Zeichen	Übersetzung
approx	$\approx$
nothing	
cdot	$\cdot$
times	$\times$
del	∇
grad	∇
...	...
,...,	,...,
sum	Σ
int	$\int$
prod	Π
union	$\cup$
inter	$\cap$

Zahlen, Klammern, Satzzeichen sowie die folgenden Wörter werden in den Roman-Font umgewandelt, falls sie vorkommen:

    sin cos tan sinh cosh tanh
    arc max min lin log ln
    exp Re Im and if for det

Präprozessoren

Griechische Zeichen können in Klein- oder Großschreibung ausgegeben werden. Um die griechischen Zeichen zu erhalten, muß man sie lediglich wie folgt eingeben.

Zeichen	Übersetzung	Zeichen	Übersetzung
alpha	α	tau	τ
beta	β	upsilon	υ
gamma	γ	phi	ϕ
delta	δ	chi	χ
epsilon	ε	psi	ψ
zeta	ζ	omega	ω
eta	η	GAMMA	Γ
theta	θ	DELTA	Δ
iota	ι	THETA	Θ
kappa	κ	LAMBA	Λ
lambda	λ	XI	Ξ
mu	μ	PI	Π
nu	ν	SIGMA	Σ
xi	ξ	UPSILON	Υ
omicron	o	PHI	Φ
pi	π	PSI	Ψ
rho	ρ	OMEGA	Ω
sigma	σ		

Nachfolgende Wörter bewirken Markierungen oben auf den Zeichen.

Zeichen	Übersetzung
x dot	$\dot{x}$
x dotdot	$\ddot{x}$
x hat	$\hat{x}$
x tilde	$\tilde{x}$
x vec	$\vec{x}$
x dyad	$\overleftrightarrow{x}$
x bar	$\bar{x}$
x under	$\underline{x}$

Wörter, die von eqn erkannt werden.

above	Trennt Teile einer Stapel- oder Matrixspalte.
back *n*	Horizonale Bewegung nach hinten um *n* hundertstel von 'm'.
bold	Umschalten auf Fettdruck.
ccol	Spalte einer Matrix zentrieren.
col???	Wird mit vorangehendem l oder r verwendet, um die Spalten einer Matrix links- oder rechtsbündig auszurichten.
cplie	Stapel zentrieren (dasselbe wie pile).
define	Namen für häufig verwendete Zeichenketten definieren.
delim	Zwei Zeichen definieren, um das linke und rechte Ende einer EQN-Formel, die auf einer Zeile ausgedruckt werden soll, zu markieren.
down *n*	*n* hundertstel von 'm' nach unten gehen.
fat	Fettdruck durch Doppelanschlag erzielen.
font *x*	Auf Font *x* wechseln, wobei *x* ein einzelnes Zeichen oder eine Nummer für einen Font ist.
from	Wird bei Summen, Integralen und ähnlichen mathematischen Ausdrücken verwendet, um die untere Grenze zu markieren.
fwd *n*	Horizontale Bewegung nach vorn um *n* hundertstel von 'm'.
gfont *x*	Globalen Font *x* für alle Formeln festlegen.
gsize *n*	Globale Größe für alle Formeln festlegen.
up *n*	Bewegung nach oben um *n* hundertstel von 'm'.
italic	Wechseln auf kursiv.
lcol	Spalte einer Matrix linksbündig ausrichten.
left	Große eckige, geschweifte Klammern, Balken etc. erzeugen.
lineup	Markierungen wie Gleichheitszeichen in Formeln untereinander ausrichten.
lpile	Elemente eines Stapels linksbündig ausrichten.
mark	Die horizontale Position innerhalb einer Formel merken. Wird mit **lineup** verwendet.
matrix	Matrix erzeugen.
ndefine	Definition erzeugen, die nur dann eingesetzt wird, wenn **NEQN** läuft.
over	Bruch erzeugen.
pile	Einen vertikalen Stapel erzeugen, dessen Elemente übereinander zentriert sind.
rcol	Spalte einer Matrix rechtsbündig ausrichten.
right	Große eckige, geschweifte Klammern, Balken etc. erzeugen.
roman	Wechseln auf Roman-Font.
rpile	Elemente eines Stapels rechtsbündig ausrichten.
size *n*	Größe eines Fonts auf *n* ändern.
sqrt	Quadratwurzel-Zeichen schreiben.
sub	Tiefgestelltes Zeichen beginnen.
sup	Hochgestelltes Zeichen beginnen.
tdefine	Eine Definition erzeugen, die nur unter **EQN** gilt.
to	Wird bei Summen, Integralen und ähnlichen mathematischen Aus-drücken verwendet, um die obere Grenze zu markieren.

Präprozessoren   255

~	Zusätzlichen Platz in der Ausgabe erzwingen.
^	Einen zusätzlichen Platz halb so groß wie ~ in der Ausgabe erzwingen.
{ }	**EQN** zwingen, ein Element als Einheit zu behandeln.
'...'	Eine in Anführungszeichen stehende Zeichenkette kann nicht von **EQN** verändert werden.

Prioritäten

Ohne geschweifte Klammern, werden EQN-Operationen nach der Ordnung folgen-der Liste - von links nach rechts gelesen - ausgeführt.

dyad	*vec*	*under*	*bar*
tilde	*hat*	*dot*	*dotdot*
fwd	*back*	*down*	*up*
fat	*roman*	*italic*	*bold*
size	*sub*	*sup*	*sqrt*
over	*from*	*to*	

Diese Operationen gruppieren nach links:

    over   *sqrt*   *left*   *right*

Alle anderen gruppieren nach rechts.

Ein eqn Beispiel

Eingabe:

```
.EQ
delim %%
.EN
%sum from i=0 to inf c sup i~=~lim from {m->inf}
sum from i=0 to m c sup i%
```

Ergebnis:

$$\sum_{i=0}^{\infty} c^i = \lim_{m \to \infty} \sum_{i=0}^{m} c^i$$

pic

Oft gibt es in **pic** viele Methoden ein Bild zu zeichnen, nicht nur wegen der Vielfalt an erlaubten Abkürzungsmöglichkeiten, sondern weil **pic** sich bemüht, die geometrische Sprache mit der englischen Sprache zu kombinieren. Man kann zum Beispiel eine Linie durch Richtung, Stärke und Anfangspunkt definieren. Man kann jedoch auch auf die gleichen Ergebnisse kommen, wenn man einfach "from *there* to *there*" (von hier nach dort) schreibt.

Volle Beschreibungen von Grundelementen in **pic** können durch eine neue Zeile oder durch ein Semikolon (";") abgeschlossen werden. Die Beschreibung eines einzelnen Grundelements kann aber auch auf der nächsten Zeile fortgesetzt werden, indem man die erste Zeile mit einem Backslash ("\") abschließt. Anmerkungen können auf Zeilen geschrieben werden, die mit "#" anfangen.

pic Makros

.PS [*h* [*w*]]   Eine **pic**-Beschreibung anfangen. *h* und *w*, falls eingegeben, sind die gewünschte Höhe (*h*) und Breite (*w*) des Bildes; das volle Bild wird verkleinert bzw. vergrößert, um diese Größen-angaben zu erfüllen.

.PS ‹*Datei*   Inhalt von *Datei* lesen und in die aktuelle Zeile schreiben.

.PE   **pic**-Beschreibung beenden.

.PF   **pic**-Beschreibung beenden und zur vertikalen Position vor dem **PS**-Aufruf zurückkehren.

.xx   *troff*-Abfrage (oder Makro) *xx*.

Deklarationen

Am Anfang einer **pic**-Beschreibung kann man die Skalierung neu deklarieren und eine beliebige Anzahl von Variablen deklarieren.

pic geht von einer eins-zu-eins Skalierung aus, wobei eins einem Zoll entspricht. Man kann aber eine andere Skalierung wählen, z.B. eins = 1/*n*-tel Zoll, indem man folgendes deklariert:

    scale = *n*

pic erlaubt Wertzuweisungen von Variablen in Beschreibungen. Anstatt die Deklaration "**line right** *n*", kann man ein kleingeschriebenen Zeichen als Variable benutzen, z.B. "**a**", indem man die Beschreibung mit folgender Deklaration beginnt:

    a = *n*

Danach kann man schreiben, "**line right a**".

Grundelemente

Grundelemente können mit passenden Optionen ergänzt werden. Optionen werden in diesem Abschnitt weiter hinten besprochen.

arc [**cw**][*Optionen*][*"Text"*]
    Teil eines Kreises (Voreinstellung ist ein Viertelkreis). Die Option **cw** gibt die Drehung des Kreisbogens im Uhrzeigersinn an (Voreinstellung ist entgegengesetzt dem Uhrzeigersinn).

arrow [*Optionen*][*"Text"*][*then...*]
    Einen Pfeil zeichnen. Im Grunde, das gleiche wie **line** ->.

box [*Optionen*][*"Text"*]
    Box (Viereck) zeichnen.

circle [*Optionen*][*"Text"*]
    Kreis zeichnen.

ellipse [*Optionen*][*"Text"*]
    Ellipse zeichnen.

line [*Optionen*][*"Text"*][*then...*]
    Linie zeichnen.

move [*Optionen*][*"Text"*]
    Die aktuelle Position in der Zeichnung ändern. (Im Grunde, eine unsichtbare Linie ziehen.)

spline [*Optionen*][*"Text"*][*then...*]
    Eine Linie mit der Eigenschaft, daß ein "then" eine langsame Richtungsänderung ergibt.

"Text"   Text am aktuellen Punkt zentriert.

Optionen

right [*n*]   Setzt die Richtung des Grundelementes fest. Voreinstellung ist die
left [*n*]   Richtung der letzten Beschreibung. Diagonalen entstehen, wenn man
up [*n*]   in einer Optionszeile zwei Richtungsanweisungen angibt. Zu jeder
down [*n*]   Richtungsanweisung kann eine Länge *n* angegeben werden.

rad *n*   Setzt den Radius (bzw. Durchmesser) des Grundelements auf *n*.
diam *n*

ht *n*   Setzt die Höhe (**ht**) oder Breite (**wid**) des Grundelements auf *n*.
wid *n*   Bei einem Pfeil (**arrow**), Linie (**line**) oder Kurve (**spline**) wird die Größe der Pfeilspitze angegeben.

same	Bestimmt, daß ein Grundelement dieselben Dimensionen hat wie das unmittelbar vorangegangene vergleichbare.
at *Punkt*	Zentriert das Grundelement an *Punkt*.
with *.Position* **at** *Punkt*	
	Gibt an, daß die *Position* des Grundelements *Punkt* ist.
from *Punkt1* **to** *Punkt2*	
	Gibt an, daß das Grundelement zwischen *Punkt1* und *Punkt2* gezeich-net werden soll.

Punkte dürfen als Kartesische Koordinaten oder als Entfernungen zu vorangegangenen Objekten angegeben werden.

->	Pfeil zeigt nach vorn.
<-	Pfeil zeigt nach hinten.
<->	Pfeil zeigt in beide Richtungen.
chop *n m*	*n* vom Anfang und *m* vom Ende eines Grundelements abschneiden. Wird nur ein Argument angegeben, so wird der gleiche Wert von beiden Enden abgeschnitten.
dotted **dashed** **invis**	Gibt an, ob Grundelement gepunktet (**dotted**), gestrichelt (**dashed**) oder unsichtbar (**invis**) gezeichnet werden soll. Voreinstellung ist eine durchgehende Linie.
then...	Ein Grundelement in einer neuen Richtung fortsetzen. Dieser Befehl ist nur für Linien (**lines**), Kurven (**splines**), unsichtbare Linien (**move**) und Pfeile relevant.

Text

Text muß immer zwischen Anführungszeichen stehen. Mehrere Zeilen können durch verschiedene Paare von Anführungszeichen erzeugt werden.

Text erscheint innerhalb des Objektes immer zentriert, außer man gibt eines der folgenden Argumente ein:

ljust	Text erscheint linksbündig.
rjust	Text erscheint rechtsbündig.
above	Text erscheint oberhalb der Mitte.
below	Text erscheint unterhalb der Mitte.

Objektblöcke

Ein komplexes Objekt, das aus vielen Grundelementen entstanden ist (z.B. ein Achteck), kann als einzelnes Objekt behandet werden, indem man es als Block deklariert:

    Object:[
        Beschreibung
        .
        .
        .
    ]

Eckige Klammern werden als Begrenzer verwendet. Anmerkung: Das Objekt wird als Substantiv deklariert und sollte deswegen groß geschrieben werden.

Makros

Die gleiche Befehlsfolge findet bei Makros Verwendung. Die Syntax ist:

    define *Befehlsfolge* %
        Beschreibung
        .
        .
        .
    %

Wir haben das Prozentzeichen ("%") als Begrenzer benutzt, aber es kann jedes Zeichen, das nicht in der Beschreibung verwendet wird, benutzt werden.

Makros können Variablen verwenden, die in der Definition als "$1" bis "$9" angegeben sind. Makros können mit folgender Syntax aufgerufen werden:

    Befehlsfolge(Wert1, Wert2, ...)

Positionierung

Die erste Aktion in einer **pic**-Beschreibung beginnt an Position (0,0), es sei denn, es werden andere Koordinaten angegeben. Auf diese Art wird der Punkt (0,0) nach unten und nach links in der Zeichnung verschoben, sobald Objekte oberhalb und links vom ersten Objekt gezeichnet werden.

Alle Punkte werden letztendlich durch den Formatierungsprozeß in x- und y-Koordinaten übersetzt. Man kann deswegen Bezug auf einen bestimmten Punkt nehmen, indem man die Koordinaten inkrimentiert oder dekrimentiert, z.B. "2nd ellipse - (3,1)".

Man kann die x- und y-Koordinaten eines Objektes ansprechen, indem man ein ".x" oder ".y" hinzufügt. Zum Beispiel nimmt "last box.x" Bezug auf die x-Koordinate des unmittelbar zuvor gezeichneten Rechtecks (box). Einige physikalische Eigenschaften des Objektes können wie folgt in gleicher Weise angesprochen werden:

.x	x-Koordinate der Objektmitte.
.y	y-Koordinate der Objektmitte.
.ht	Höhe des Objekts.
.wid	Breite des Objekts.
.rad	Radius des Objekts.

Jedes Objekt beginnt am Punkt, wo das letzte Objekt aufhörte, außer es wird anderswo positioniert. Sollte aber ein Befehl (oder eine Befehlsfolge) in geschweiften Klammern stehen, wird **pic** zum Punkt vor der linken geschweiften Klammer zurückkehren.

Positionierungen zwischen Objekten

Man muß die richtigen Namen verwenden, um Bezug auf bereits bestehende Objekte zu nehmen. Dazu gibt es zwei Methoden:

1. Man kann die Reihenfolge des Objektes ansprechen, z.B. **1st box, 3rd Box, last box, 2nd last box,** etc.

2. Man kann einen Namen deklarieren, großgeschrieben, in der Deklarationszeile, z.B. **Line1: line 1.5 right from last box.sw.**

Um Bezug auf einen Punkt zwischen zwei Objekten oder zwei Punkten im gleichen Objekt zu nehmen, kann man folgendes eingeben:

Bruch **of the way between** *erste.Position* **and** *zweite.Position*

oder (abgekürzt):

Bruch‹erste.Position,zweite.Position›

Präprozessoren

Ecken (corners)

Wenn man Bezug auf ein vorangegangenes Objekt nimmt, nimmt **pic** an, daß man die Mitte (Zentrum) des Objektes meint. Anderenfalls muß man *corner* benutzen, um einen bestimmten Punkt anzusprechen. Die dazu verwendete Syntax ist:

  .corner **of** *Objekt*

(z.B. ".sw **of** last box") oder (abgekürzt):

  Objekt.corner

(z.B. "last box.sw").

Diese Ecken entsprechen:

n	Norden (dasselbe wie "oben").
s	Süden (dasselbe wie "unten").
e	Osten (dasselbe wie "rechts").
w	Westen (dasselbe wie "links").
ne	Nordost.
nw	Nordwest.
se	Südost.
sw	Südwest.
t	Oben (top) (dasselbe wie "Norden").
b	Unten (bottom) (dasselbe wie "Süden").
r	Rechts (dasselbe wie "Osten").
l	Links (dasselbe wie "Westen").
start	Punkt, wo das Zeichnen eines Objektes beginnt.
end	Punkt, wo das Zeichnen eines Objektes endet.

Man kann auch **upper right, upper left, lower right** and **lower left** eines Objektes ansprechen.

Numerische Operatoren

Einige Operatoren funktionieren in **pic**. Diese sind:

+	Addition
-	Subtraktion
*	Multiplikation
/	Division
%	Modulo

Voreingestellte Werte

arcrad	0.25	**ellipsewid**	0.75
arrowwid	0.05	**linewid**	0.5
arrowht	0.1	**lineht**	0.5
boxwid	0.75	**movewid**	0.5
boxht	0.5	**moveht**	0.5
circlerad	0.25	**scale**	1
dashwid	0.05	**textht**	0
ellipseht	0.5	**textwid**	0

Ein pic-Beispiel

Eingabe:

```
.PS
define smile %
a = $1
circle raduis a at 0,0
arc cw radius a*.75 from a*.5,-a*.25 to -a*.5,-a*.25
"." at a*-.33,a*.25
%
smile(.5)
.PE
```

Ergebnis:

8
Programmdebugging

Dieser Abschnitt behandelt die Debugging-Programme zur Fehlerverfolgung in der UNIX-Umgebung: **adb** (absolute **D**ebugger), **sdb** (symbolic **D**ebugger) und **dbx**. Diese Programme bearbeiten eine ausführbare Objektdatei und ihre Core-Datei. Eine Core-Datei ist das Speicherbild, das nach der Ausführung von *Objektdatei* erzeugt wurde. **adb** und **sdb** ermöglichen eine kontrollierte Umgebung für die Ausführung des Programms.

Werden *Objektdatei* und *Core-Datei* nicht angegeben, so werden **a.out** als voreingestellte Objektdatei und **core** als voreingestellte Core-Datei angelegt.

Das adb Debugging Programm

adb [-w] [*Objektdatei*] [*Core-Datei*]

>   -w   Falls notwendig, *Objektdatei* und *Core-Datei* erzeugen, so daß sie von **adb** gelesen und geschrieben werden können.

Anweisungen an **adb** werden von der Standardeingabe gelesen. Allgemeine Form:
>   [*Adresse*][,*Zähler*][*Befehl*][;]

Die *Punkt*-Variable ist, falls angegeben, auf *Adresse* gesetzt. Voreinstellung ist 0. *Zähler* gibt an, wie oft der Befehl ausgeführt werden soll.

Adresse und *Zähler* sind Ausdrücke eines der folgenden Formen.

Ausdrücke

Ausdruck	Wert
.	Der Wert von *Punkt*.
+	Der Wert von *Punkt*, vermehrt um das Inkrement.
-	Der Wert von *Punkt*, vermindert um das Inkrement.
"	Die zuletzt benutzte *Adresse*.
int	Zahl im Dezimalsystem, ohne Vorzeichen. O bedeutet Oktalzahl; # bedeutet Hexadezimalzahl.
int.frac	Eine 32-bit Gleitkommazahl.
'cccc'	ASCII-Wert von bis zu vier Zeichen.
‹x	Der Wert von *x*.
Symbol	Zeichenfolge, die nicht mit einer Ziffer anfängt.
(exp)	Der Wert von *exp*.

Monadische Operatoren

@	Inhalt der Adresse in *Objektdatei*.
*	Inhalt der Adresse in *Core-Datei*.
-	Ganzzahlige Negation.
~	Bitweise Negation.

Dyadische Operatoren

+	Addition.
-	Subtraktion.
*	Multiplikation.
%	Ganzzahlige Division.
&	Bitweise UND-Verknüpfung.
|	Bitweise OR-Verknüpfung.
#	Aufrunden zum nächsten Vielfachen.

Programmdebugging 265

Adressen

Adressen werden im Zusammenhang mit ihrer Umgebung interpretiert. Die Abbildung einer geschriebenen Adresse auf die Datei legt die Adresse der Datei fest. Gesetzt den Fall, daß die Angaben (b1,e1,f1) und (b2,e2,f2) die Abbildung der Datei darstellt, so kann die geschriebene Adresse wie folgt kalkuliert werden:

$$b1 <= Adresse < e1 => Dateiadresse = Adresse + f1 - b1$$

bzw.

$$b2 <= Adresse < e2 => Dateiadresse = Adresse + f2 - b2$$

Befehle

Formatierter Ausdruck

Befehl	Funktion
?*Format*	*Objektdatei* entsprechend dem *Format* ausdrucken.
/*Format*	*Core-Datie* entsprechend dem *Format* ausdrucken.
=*Format*	Den Wert von *Punkt* (aktuelle Adresse) ausdrucken.
[/?]l *Ausdruck Maske*	Einen *Ausdruck*, der mit *Maske* übereinstimmt, in *Objektdatei* oder *Core-Datei* suchen.
[/?]w *Ausdruck*	*Ausdruck* in *Objektdatei* oder *Core-Datei* schreiben.

Haltepunkte und Programmkontrolle

Befehl	Funktion
:b*c*	Einen Haltepunkt auf *Punkt* setzen und Befehl *c* ausführen.
:e*s*	Ausführung des Programms mit Signal *s* fortsetzen.
:d	Haltepunkt löschen.
:k	Alle Prozesse des mit **adb** bearbeiteten Programms löschen (kill).
:r	*Objektdatei* unter Kontrolle von **adb** ausführen.
:s*s*	Programm in einzelnen Schritten mit Signal *s* durchführen.

Allgemeine Befehle

Befehl	Funktion
[?/]m *b1 e1 f1*[?/]	Neue Werte für (*b1*, *e1*, *f1*) aufzeichnen.
!*cmd*	Befehl *cmd* ausführen.
>*Name*	*Punkt* mit Register oder Variable *Name* belegen.
$b	Aktuelle Haltepunkte ausdrucken.
$c	C-Stapel überprüfen.
$d	Integereingabe auf Voreinstellung zurückstellen.
$e	Externe Variablen.
$<*f*	Befehle aus der Datei *f* lesen.
$>*f*	Ausgabe an Datei *f* senden.
$m	Adreßabbildung ausdrucken.
$o	Integer-Eingaben wie Oktalzahlen behandeln.
$q	Exit von **adb**.
$r	Allgemeine Register.
$s	Offset für Symbolvergleich einstellen.
$v	**adb**-Variablen in oktalen Zahlen ausdrucken.
$w	Zeilenbreite der Ausgabe festlegen.

Format (Zusammenfassung)

Falls kein Format angegeben wird, wird das zuletzt verwendete Format benutzt. *Format* besteht aus ein (oder mehreren) Zeichen und legt einen bestimmten Druckstil fest. Eine dezimale Zahl vor einem Zeichen gibt an, wie oft das Zeichen wiederholt werden soll. Die *Punkt*-Variable wird durch den angegebenen Wert eines jeden Format-Zeichens erhöht.

Zeichen	*Bedeutung*
a	Der Wert von Punkt.
b	Ein Byte als Oktalzahl.
c	Ein Byte als Zeichen.
C	Ein Byte als Zeichen mit ASCII-Wert 000 bis 040 als @ ausgedruckt.
d	Ein Wort als Dezimalzahl.
D	Zwei Worte als Dezimalzahl.
f	Zwei Worte als Gleitkommazahl.
F	Das doppelte als Gleitkommazahl in doppelter Genauigkeit.
i	Eine Maschineninstruktion.
o	Ein Wort als Oktalzahl.
O	Zwei Worte als Oktalzahl.
q	Oktalzahl mit Vorzeichen.
Q	Lange Oktalzahl mit Vorzeichen.
p	Der adressierte Wert in symbolischer Form.
n	Eine neue Zeile.
r	Eine Leerstelle.
s	Eine mit Null begrenzte Zeichenkette.
S	Eine Zeichenkette mit @ als Escapesequenz.
nt	n Tabulatoren weitergehen.
u	Ein Wort als Ganzzahl ohne Vorzeichen.
U	Ganzzahl ohne Vorzeichen.
x	Zwei Bytes als Hexadezimalzahl.
X	Vier Bytes als Hexadezimalzahl.
Y	Datum.
^	Gesicherter *Punkt*.
"..."	Die eingeschlossene Zeichenkette ausdrucken.

Variablen

Mit Namen versehene Variablen werden beim Aufruf von **adb** festgelegt, aber nicht benutzt. Numerierte Variablen werden wie folgt eingesetzt.

Variable	Wert
0	Zuletzt ausgedruckter Wert.
1	Letzter Offset-Teil einer Anweisung.
2	Der vorige Wert von Variable 1.

Der Systemheader einer *Core-Datei* legt die folgenden Variablen beim Aufruf von **adb** fest.

Variable	Wert
b	Basis-Adresse des Datensegments.
d	Größe des Datensegments.
e	Eingangsadresse.
m	"magische"-Zahl.
s	Größe des Stapelsegments.
t	Größe des Textsegments.

Das sdb Debug-Programm

sdb[-w][-W][*Objektdatei*][*Core-Datei*][*dir*]]]
    -w   Bereiche in *Objektdatei* überschreiben.
    -W   Warnung unterdrücken, falls keine Quelldateien, die älter als die *Objekt-datei* sind, gefunden werden.

Ein "-" an Stelle von *Core-Datei* bewirkt, daß **sdb** alle Core-Dateien ignoriert.

Mit **sdb** können Fehler in Programmen, die in C und F77 geschrieben sind, aufgespürt werden.

Befehle

Formatiertes Ausdrucken

t	Rückverfolgung des Stapels ausdrucken.
T	Oberste Zeile einer Stapelrückverfolgung ausdrucken.
Variable/clm	Variable mit der Länge *l* und dem Format *m* ausdrucken:

    l: Ein Byte.
        Zwei Bytes.
        Vier Bytes.

    m: **a**   Zeichen beginnend mit der Variablenadresse.
            c   Zeichen.
            d   Dezimalzahl.
            f   32-bit Gleitkommazahl.
            g   64-bit Gleitkommazahl mit doppelter Genauigkeit.
            i   Instruktion in Maschinensprache.
            I   Maschineninstruktion mit numerischer Adresse.
            o   Oktalzahl.
            p   Zeiger auf eine Prozedur.
            s   Die Zeichen vom Adreßverweis in der Variablen bis zum Nullzeichen ausdrucken.
            u   Dezimalzahl, ohne Vorzeichen.
            x   Hexadezimalzahl.

Zeilennummer?lm   Von **a.out** und Prozedur *Variable* mit Länge *l* und
Variable:?lm   Format *m* ausdrucken.

Variable=lm *Zeilennummer=lm* *Nummer=lm*	Die Adresse von *Variable* oder *Zeilennummer* mit dem von *l* und *m* festgelegten Format ausdrucken. Die letzte Variante dieser Anweisung kann dazu verwendet werden, das Darstellungsformat von *Nummer* auf das durch *l* und *m* angegebene Format zu ändern.
Variable!Wert	*Variable* mit *Wert* belegen.
x	Register und die Maschineninstruktionen ausgeben.
X	Maschineninstruktionen ausgeben.

Quelldateien untersuchen

Befehl	*Funktion*
e*name*	Prozedur-, Datei- oder Verzeichnisname festlegen.
p	Aktuelle Zeile darstellen.
z	Aktuelle Zeile sowie einige der folgenden Zeilen darstellen.
w	Aktuelle Zeile sowie einige der vorhergegangenen und nachfolgenden Zeilen darstellen.
/Regulärer Ausdruck/	Vorwärts Suche nach *regulärem Ausdruck*.
?Regulärer Ausdruck?	Rückwärts Suche nach *regulärem Ausdruck*.
Nummer	*Nummer* soll die aktuelle Zeile werden.
Zähler+	*Zähler* Zeilen vorrücken.
Zähler-	*Zähler* Zeilen zurückgehen.

Quelldateien ausführen

Befehl	*Funktion*
*Zähler*r*Argumente*	Programm mit angegebenen Argumenten ausführen. *Zähler* Haltepunkte ignorieren.
Zähler R	Programm ohne Argumente ausführen. *Zähler* Haltepunkte ignorieren.
Ebene v	Schalter zum verbosen Modus. Die Werte von *Ebene*: 1 = Quellebene, 2 = Maschinenebene.
Zeilennummer a	Ein Haltepunkt bei *Zeilennummer* setzen und Information ausgeben.
Zeilennummer b *Befehle*	Ein Haltepunkt bei *Zeilennummer* setzen. Falls angegeben, *Befehl* beim Haltepunkt ausführen.
Zeilennumner c *Zähler*	Fortfahren nach einem Haltepunkt, oder *Zähler* Haltepunkte ignorieren und danach anhalten. Falls *Zeilennummer* angegeben wird, einen temporären Haltepunkt bei *Zeilennummer* setzen.

Programmdebugging

Zeilennumner **C** *Zähler*
> Fortfahren nach einem Haltepunkt (mit dem Signal, welches das Programm unterbrochen hat), oder *Zähler* Haltepunkte ignorieren und danach anhalten. Falls *Zeilennummer* angegeben wird, einen temporären Haltepunkt bei *Zeilennummer* setzen.

Zeilennummer **d**   Haltepunkt bei *Zeilennummer* löschen.

Zeilennummer **g** *Zähler*
> Fortfahren ab *Zeilennummer* nach einem Haltepunkt.

Prozedur (*arg1,arg2,...*)
> *Prozedur* ausführen.

Prozedur (*arg1,arg2,...*)/*m*
> *Prozedur* ausführen und das Ergebnis in Format *m* ausdrucken.

*Variable***$m** *Zähler*
> Einzelschritt-Modus bis *Variable* geändert wird.

Verschiedene Befehle

Befehl	*Funktion*
!*cmd*	Den Befehl *cmd* mit *sh* ausführen.
Newline	Nächste Zeile oder Speicheradresse ausgeben.
CTRL-D	Bildschirmausgabe rollen.
<*Datei*	Die in *Datei* enthaltenen Befehle ausführen.
Zeichenkette	*Zeichenkette* ausdrucken.

Haltepunkte und Programmkontrolle

Befehl	*Funktion*
B	Aktive Haltepunkte ausgeben.
D	Alle Haltepunkte löschen.
I	Einzelschritt-Modus.
i	Einzelschritt-Modus mit aktivem Haltsignal.
k	Programm abbrechen.
l	Letzte ausgeführte Zeile ausgeben.
M	Adreßabbildung ausgeben.
M[?/][*]*b e f*	Neue Werte zur Adreßabbildung festlegen.
q	Beenden.
s*Zähler*	Einzelschritt-Modus *Zähler* Zeilen.
S*Zähler*	Einzelschritt-Modus *Zähler* Prozeduren.
*Adresse***:m***Zähler*	Einzelschritt-Modus bis *Adresse* geändert wird.

Kontrolle des Debuggers

Befehl	Funktion
V	Versionsangaben ausgeben.
Q	Liste der von **sdb** bearbeiteten Prozeduren und Dateien ausgeben.
Y	Debug-Ausgabe umschalten.

Das dbx-Debug Programm

dbx [*Optionen*] [*Objektdatei* [*Core-Datei*]]

    -i   Standard Terminaleingabe oder Terminalemulationsfunktion erzwingen.
    -I*dir*   *dir* dem Verzeichnis-Suchpfad hinzufügen.
    -k   Kernel-Debug-Modus anwenden.
    -r   *Objektdatei* ohne Verzug ausführen.
    -c*Datei*
           dbx-Befehle aus *Datei* ausführen, bevor Standardeingabe gelesen wird.

dbx kann zum Programm-Debugging in C, FORTRAN und PASCAL eingesetzt werden.

Befehle

Ausführung und Verfolgung (Tracing)

run [*Arg*][<*Datei1*][>*Datei2*]   Beginn der Ausführung von Objektdatei, mit
rerun [*Arg*][<*Datei1*][>*Datei2*]   Befehlsparameter *Arg*. Der Befehl **rerun** ohne Argumente führt das Programm mit denselben Argumenten wie der vorhergehende Befehl **run** oder **rerun** aus.

trace [*trace*][**if** *Bedingung*]   Die Information schrittweise ausdrucken, während das Programm abläuft. Werden keine Argumente angegeben, werden alle Quellzeilen vor der Ausführung ausgegeben. **trace** kann folgendes bedeuten:

    n   Zeile *n* der Quelldatei ausdrucken, bevor sie ausgeführt wird.

    in *Funkt*   Information über die angegebenen Prozedur bzw.
    Funkt1 [**in** *Funkt2*]   Funktion bei jedem Ausruf ausdrucken.

    Expr   Wert von *Expr* jedes Mal ausgeben, wenn Zeile *n* erreicht ist. Ist das erste Argument eine Variable *Var*, deren Wert bei jeder neuen Definition ausgeben.

    Var [**in** *Funkt*]   Wert von *Var* bei jeder neuen Definition ausgeben.

Die Bedingung "**in** *Funkt*" bewirkt, daß Information nur bei der Ausführung innerhalb der angegebenen Prozedur oder Funktion ausgegeben wird.

stop Einschränkung	Ausführung abbrechen, falls Einschränkung erfüllt ist. Einschränkung kann folgendes sein:
	    if *Bedingung*
	    at *n* [**if** *Bedingung*]
	    in *Funkt* [**if** *Bedingung*]
	    Var [**if** *Bedingung*]

status [>*Datei*]	Aktive **trace**- und **stop**-Befehle ausgeben.
delete *n*	**traces** und **stops**, die der durch **status** angegebenen Befehlsnummer entsprechen, entfernen.
catch *Arg* **ignore** *Arg*	Das Abfangen eines Signals, bevor es zum Programm gesendet wird, ein- bzw. ausschalten. Die Signale durch Nummer *n* oder Name *Sig* angeben.
cont *Sig*	Ausführung an der Stelle, an der sie abgebrochen worden ist, fortsetzen. Ist eine Signalnummer oder ein Signalname angegeben, Ausführung so fortsetzen, als ob sie das Signal erhalten hätte.
step	Eine Quelldatei schrittweise ausführen.
next	Alles bis zur nächsten Zeile einer Quelldatei ausführen (bricht vor einem Prozeduren- oder Funktionsaufruf nicht ab).
return [*Prozedur*]	Bis zum Aufruf eines Returns zur *Prozedur* (oder aktuellen Prozedur) fortsetzen.
call *Funkt(Parameter)*	Objektcode in Verbindung mit genannter Prozedur oder Funktion ausführen.

Das Ausdrucken von Variablen und Ausdrücken

assign *Var* = *Expr*	Der Variablen *Var* den Wert von *Expr* zuordnen.
dump [*Prozedur*] [>*Datei*]	Namen und Werte der Variablen in der angegebenen Prozedur (oder, falls keine Argumente angegeben sind, in der aktuellen Prozedur) ausgeben. Den Speicherauszug aller aktiven Variablen mittels "." ausgeben.
print *Expr1* [,*Expr2*...]	Werte der angegebenen Ausdrücke ausgeben.
whatis *Name*	Deklaration des angegebenen Namens ausgeben.

Programmdebugging

which *id*   Kennzeichnung des angegebenen *ids* ausgeben.

up [*n*]
down [*n*]   Die aktuelle Funktion auf dem Stapel um *n* Ebenen hinauf oder hinunter schieben.

where   Aktive Prozeduren und Funktionen ausgeben.

whereis *id*   Kennzeichnung aller angegebenen *ids* ausgeben.

Zugriff auf Quelldateien

/*Muster*[**/**]
?*Muster*[**?**]   Nach vorn oder hinten nach *Muster* suchen.

edit [*Datei*]   *Datei* mit Editor aufrufen (aktuelle Quelldatei, falls *Datei* nicht angegeben wird).

edit *Funkt*   Datei, die Prozedur oder Funktion *Funkt* enthält, mit Editor aufrufen.

file [*Datei*]   Den aktuelle Quelldateiname auf *Datei* ändern. Falls kein Argument angegeben wird, wird der aktuelle Dateiname ausgedruckt.

func [*Funktion*]   Die aktuelle Funktion ändern. Falls kein Argument angegeben wird, wird die aktuelle Funktion ausgedruckt.

list [*n1*[,*n2*]]
list *Funkt*   Text zwischen *n1* und *n2* ausgeben, oder die Zeilen um die erste Anweisung der Prozedur oder Funktion *Funkt* am Bildschirm ausgeben. Falls kein Argument angegeben wird, werden die nächsten 10 Zeilen ausgegeben.

use *Verz*   Verzeichnisse *Verz* nach Quelldateien durchsuchen.

Aliases und Variablen

alias *Zeichen Zeichenkette*
                            Zeichen als Alias für *Zeichenkette* festlegen.
set *Var* [=*Ausdruck*]
                            Variable *Var* den Wert *Ausdruck* zuweisen.
unalias *Zeichen*
                            Ein Alias löschen.
unset *Var*   Eine Variable löschen.

Befehle auf Maschinenniveau

tracei[*Adresse*][**if***Bedingung*]
tracei[*Variable*][**at***Adresse*][**if***Bedingung*]
stopi[*Adresse*][**if***Bedingung*]
stopi[**at**][*Adresse*][**if***Bedingung*]
Verfolgung einschalten oder Haltepunkt durch Adressen von Maschineninstruktionen setzen.

stepi
nexti
Dasselbe wie **step** oder **next**, aber es werden einzelne Instuktionen anstelle einer Quellzeile angegeben.

Adresse1, Adresse2/[*Modus*]
Adresse1 / [*n*] [*Modus*]
Den Inhalt der Spreicheradresse von *Adresse1* bis *Adresse2* oder *n* Einheiten ausdrucken. Die unterstützten Modi sind nachfolgend beschrieben.

Unterstützte Modi

i	Maschineninstruktion ausdrucken.
d	Ein Kurzwort im Dezimalformat ausdrucken.
D	Ein Langwort im Dezimalformat ausdrucken.
o	Ein Kurzwort im Oktalformat ausdrucken.
O	Ein Langwort im Oktalformat ausdrucken.
x	Ein Kurzwort im Hexadezimalformat ausdrucken.
X	Ein Langwort im Hexadezimalformat ausdrucken.
b	Ein Byte im Oktalformat ausdrucken.
c	Ein Byte als Zeichen ausdrucken.
s	Eine Zeichenkette als mit Null abgeschlossenes Zeichen ausdrucken.
f	Eine Gleitkommazahl mit einfacher Genauigkeit ausdrucken.
g	Eine Gleitkommazahl mit doppelter Genauigkeit ausdrucken.

Verschiedene Befehle

gripe	Eine Meldung an **dbx**-Benutzer senden.
help	Die **dbx**-Befehlssyntax ausdrucken.
quit	**dbx** verlassen.
sh *Befehl*	*Befehl* an Shell zur Ausführung übergeben.
source *Datei*	**dbx**-Befehle aus *Datei* einlesen.

9
SCCS und Make

Das UNIX-Betriebssystem hat seinen guten Ruf vor allem dadurch erworben, weil es eine hervorragende Umgebung für die Software-Entwicklung bietet. Die Effizienz dieser Umgebung bewirken hauptsächlich die Hilfsprogramme **make** und SCCS.

Das Programm **make** führt die automatische Aktualisierung einer Gruppe von miteinander verbundenen Programmen durch. Das SCCS-System erlaubt es, alle Veränderungen einer Quelldatei aufzuzeichnen. Dadurch verhindert es Verwechslungen und Irrtümer, die leicht entstehen, sobald mehrere Versionen einer Quelldatei gespeichert werden.

SCCS

Das SCCS-System (Source Code Control System) erlaubt dem Benutzer, jede Revision einer Quelldatei festzuhalten und vermeidet dadurch häufige Probleme, die durch das Speichern vieler Versionen einer Quelldatei im aktuellen Verzeichnis entstehen. Es kann von besonderem Nutzen sein, wenn man Erweiterungen zu einem Programm schreibt, ein Exemplar des ursprünglichen Programmes zu behalten. Jedes Mal wenn eine Datei "durch" SCCS aufgerufen wird, werden die seit dem letzten Aufruf geänderten oder gelöschten Zeilen notiert. SCCS kann mit dieser Information bei Bedarf eine bestimmte Version der Datei wiederherstellen. Jede Reihe von Änderungen ist von allen vorhergehenden Änderungen abhängig.

Eine Reihe von Änderungen wird ein "delta" genannt und bekommt eine SCCS-**Identifizierungszeichenkette** (*sid*) zugewiesen. Die *sid* besteht entweder aus zwei Komponenten: Ausgaben- und Stufennummer (im Format *a.b*) oder aus vier Komponenten: Ausgaben-, Stufen-, Verzweigungs- und Sequenznummer (im Format *a.b.c.d*). Die Verzweigungen und Sequenzen werden dann gebraucht, wenn zwei in Entwicklung stehende Dateien gleichzeitig von SCCS verwaltet werden. Zum Beispiel bezieht sich *delta 3.2.1.1* auf Ausgabe 3, Stufe 2, Verzweigung 1, Sequenz 1.

Die SCCS-Datei, die alle Änderungen enthält, muß mit "s." eingeleitet werden.

In Abschnitt 1 finden Sie Informationen über Syntax und die Optionen für SCCS-Befehle.

Eine SCCS-Datei erzeugen

Der Befehl **admin** mit der Option **-i** erzeugt und initialisiert SCCS-Dateien. Zum Beispiel erzeugt

    admin -ich01 s.ch01

eine neue SCCS-Datei, die mit dem Inhalt von **ch01** initialisiert wird und *delta 1.1* genannt wird. Die Meldung "No id keywords (cm7)" erscheint, wenn man keine Schlüsselwörter angibt. Im allgemeinen nimmt "id keywords" Bezug auf Datei-Variablen, deren entsprechende Werte durch **get** ersetzt worden sind. Dabei werden das Erstellungsdatum und die Entstehungszeit, sowie die aufgerufene Version ausgegeben.

Ist die **s.ch01**-Datei erzeugt worden, kann man die originalee Datei **ch01** löschen, da **ch01** mit dem **get** Befehl ohne Mühe wiederhergestellt werden kann.

Eine Datei aufrufen

Der **get** Befehl kann jede Version einer Datei aus SCCS wiederherstellen. Im obigen Beispiel kann man **ch01** wie folgt aufrufen.

    get -e s.ch01

Es erscheinen folgende Meldungen:

    1.1
    new delta 1.2
    272 lines

Dies besagt, daß man mit dem **get** Befehl *delta 1.1* eingelesen hat und die daraus resultierende Datei 272 Textzeilen enthält. Wenn die Datei mit dem *delta* Befehl erneut in die SCCS-Datei **s.ch01** geschrieben wird, dann wird ihre Veränderung in *delta 1.2* abgelegt.

Die **-e** Option kündigt SCCS an, daß man Änderungen in der Datei vornehmen möchte, bevor man sie wieder an SCCS zurückgibt. Ohne diese Option wird die Datei ausschließlich mit Lese-Berechtigung geöffnet. Außer dem Öffnen der Datei mit Lese- und Schreibberechtigung erzeugt die **-e** Option eine Datei **p.ch01**. Die Datei **p.ch01** beinhaltet Informationen, die SCCS benötigt, wenn die Datei wieder geschrieben wird.

Neue Ausgaben und Verzweigungen

Die **-r** Option teilt SCCS mit, welche Ausgaben- und Stufennummer abgerufen werden soll. Die Voreinstellung ist die höchstmögliche Stufe, falls keine Stufennummer angegeben wird. Mit dem Befehl

    get -r3.2 ch01

wird die Version *delta 3.2* aufgerufen. Der Befehl

    get -r3 ch01

dagegen ruft die höchste Stufe von Ausgabe 3 auf, z.B. **3.8**. Ohne die **-r** Option benutzt **get** die höchste Ausgaben- und Stufennummer, d.h. die neueste Version.

Falls Sie größere Änderungen in einer Datei beabsichtigen, ist es vorteilhaft, eine neue Ausgabe einzuführen. Dies wird erreicht, indem man mit dem **get**- Befehl die nächst höhere Ausgabe aufruft. Wenn zum Beispiel die neueste Version eine Datei 3.2 ist, würde man, um Ausgabe 4 zu starten,

    get -e -r4 ch01 eingeben.

Die Rückmeldung sieht dann wie folgt aus:

```
3.2
new delta 4.1
53 lines
```

Sollte man eine Änderung an einer älteren Version derselben Datei durchführen wollen, gibt man

get -e -r2.2 ch01

ein. Die Rückmeldung heißt:

```
2.2
new delta 2.2.1.1
121 lines
```

Jetzt hat man eine neue Verzweigung des Stammes von Version 2.2 erzeugt. Änderungen zu diesem *delta* werden die Verzweigungen des Stammdeltas (2.3, 3.1, etc.) nicht beeinflussen.

Das Aufzeichnen von Änderungen

Sind die Änderungen einer SCCS-Datei abgeschlossen, gibt man sie an SCCS wieder mit dem Befehl zurück:

delta s.ch01

Man wird jetzt aufgefordert, die Änderungen zu kommentieren. Der **delta**-Befehl führt dann eigenständig **get** aus, ruft **diff** auf, um die neue Version der Datei mit der vorhergehende Version zu vergleichen. Danach meldet **delta** die neue Versionsnummer sowie die Anzahl eingefügter, gelöschter und unveränderter Zeilen.

SCCS-Befehle

Datei-Argumente zu SCCS-Befehlen können entweder Dateinamen oder Verzeichnisnamen sein. Wird ein Verzeichnisname angegeben, werden alle Dateien im Verzeichnis bearbeitet, wobei nicht zutreffende sowie unlesbare Dateien ignoriert werden. Wird anstelle eines Datei-Arguments ein "-" eingegeben, bewirkt der Befehl, daß die Namen der zu bearbeitenden Dateien - jeweils einer pro Zeile - von der Standardeingabe gelesen werden.

SCCS und Make 281

Fehlermeldungen, die von abgebrochenen SCCS-Befehlen erzeugt werden, haben folgende Form:

ERROR *Dateiname*: *Meldung* (*Code*)

Der *Code* ist in Verbindung mit dem **help**-Befehl von Nutzen, um die Art der Fehler zu ermitteln. Man gibt "**help** *Code*" ein.

Für die Verwaltung von SCCS stehen folgende Befehle zur Verfügung:

get	Versionen von SCCS-Dateien aufrufen.
delta	Eine neue Version einer SCCS-Datei erzeugen (z.B. ein neues *delta* hinzufügen).
admin	Neue SCCS-Dateien erzeugen und ihrer Parameter ändern.
prs	Auszüge aus SCCS-Dateien im vorgebenen Format ausdrucken.
help	Diagnostische Meldungen erläutern.
rmdel	Ein unabsichtlich angelegtes *delta* von einer SCCS-Datei löschen.
cdc	Kommentierung in Verbindung mit einer *delta* ändern.
what	Jedes Auftreten des Musters suchen, welches **get** mit %Z% belegt, und nachfolgenden Text ausdrucken.
sccsdiff	Die Unterschiede zwischen zwei beliebigen SCCS-Dateien anzeigen.
comb	Aufeinander folgende *deltas* zu einem *delta* vereinen.
val	Eine SCCS-Datei überprüfen.

In Abschnitt 1 finden Sie mehr Information über die Befehle und deren Optionen.

Identifikation-Schlüsselwörter

Folgende Schlüsselwörter werden in einer SCCS-Datei eingesetzt:

%M%	Modulname.
%I%	*sid* des aufgerufenen Textes.
%R%	Ausgabennummer (Release).
%L%	Stufennummer (Level).
%B%	Verzweigungsnummer (Branch).
%S%	Sequenznummer.
%D%	Aktuelles Datum (JJ/MM/TT).
%H%	Aktuelles Datum (MM/TT/JJ).
%T%	Aktuelle Zeit (SS:MM:SS).
%E%	Erstellungsdatum des neuesten angewandten *deltas* (JJ/MM/TT).
%G%	Erstellungsdatum des neuesten angewandten *deltas* (MM/TT/JJ).
%U%	Erstellungszeit des neuesten angewandten *deltas* (SS:MM:SS).
%Y%	Modultype, wie von **admin -ft***typ* definert.
%F%	SCCS-Dateiname.
%P%	Absoluter SCCS-Dateiname.

%Q%   Der Wert von *Zeichenkette*, wie von **admin** **-fq***Zeichenkette* definiert.
%C%   Aktuelle Zeilennummer (zur Identifizierung von Fehler).
%Z%   Die von **what** erkannte Zeichenkette.
%W%,%A%
            Abkürzung, um den **what**-Zeichenketten Programmdateien zur Verfügung zu stellen.

Datenschlüsselwörter

Datenschlüsselwörter geben an, welche Abschnitte einer SCCS-Datei aufzurufen sind und drucken sie mit der **-d** Option des **prs**-Befehls aus.

:Dt: *delta*-Information.
:DL: Statistik über *delta* Zeilenänderung.
:Li: Von *delta* eingefügte Zeilen.
:Ld: Von *delta* gelöschte Zeilen.
:Lu: Von *delta* unveränderte Zeilen.
:DT: *delta* Änderungstyp.
:I: SCCS-Identifikationszeichenkette (sid).
:R: Ausgabennummer (Release).
:L: Stufennummer (Level).
:B: Verzweigungsnummer (Branch).
:S: Sequenznummer.
:D: *delta*-Erstellungsdatum.
:Dy: *delta*-Erstellungsjahr.
:Dm: *delta*-Erstellungsmonat.
:Dd: *delta*-Erstellungstag.
:T: *delta*-Erstellungszeit.
:Th: *delta*-Erstellungsstunde.
:Tm: *delta*-Erstellungsminute.
:Ts: *delta*-Erstellungssekunde.
:P: Programmierer, der Delta erstellte.
:DS: Aktuelle *delta*-Sequenznummer.
:DP: Vorherige *delta*-Sequenznummer.
:DI: Sequenznummer von *deltas*.
:Dn: Sequenznummer von *deltas*, aktuelles Delta eingeschlossen.
:Dx: Sequenznummer von *deltas*, aktuelles Delta ausgenommen.
:Dg: Sequenznummer von *deltas*, die ignoriert wurden.
:Z: **what**-Befehl Erkennungsmuster.
:F: SCCS-Dateiname.
:PN: SCCS-Pfadname.
:MR: Modifikationsnummer für *delta*.
:C: Benutzer-Kommentar zur *delta*.
:UN: Benutzernamen.
:FL: Liste der Flags.
:Y: Modul-Typ-Flag.

:MF: Überprüfungsflagge für Modifikationen.
:MP: Programm zur Modifikationsüberprüfung.
:KF: Schlüsselwort-Fehler bzw. -Warnungsflag.
:BF: Verzweigungsflag.
:J: Paralleler Zugriff auf *deltas* ist erlaubt.
:LK: Ausgaben, die nicht verändert werden dürfen.
:Q: Benutzerdefiniertes Schlüsselwort.
:M: Modulname.
:CB: Obere Grenze.
:FB: Untere Grenze.
:Ds: Voreingestellte *sid*.
:FD: *Datei*-Kommentartext.
:ND: Null *delta*-Flag.
:GB: Ungeänderter Text.
:BD: Änderungstext.
:A: Zeichenkette für den **what**-Befehl.
:W: Zeichenkette für den **what**-Befehl.

Make

Das Progamm **make** erstellt Kommandosequenzen, die durch die UNIX-Shell ausgeführt werden. Der Benutzer stellt Informationen über Dateispezifikationen zur Verfügung, wodurch Projektaktualisierungen automatisch vorgenommen werden können. Das Programm verwaltet die Kommandosequenzen zur Erzeugung bestimter Dateien und die aktuelle Liste der Dateien, deren Quellcode zur effizienten Erstellung eines Programms notwendig ist. Werden Änderungen an Programmen vorgenommen, so kann mittels **make** mit minimalem Aufwand eine Aktualisierung stattfinden.

Eine ausführliche Beschreibung zu **make** finden Sie im Nutshell Handbook *Managing Projects with Make*.

Im Abschnitt 1 finden Sie eine Beschreibung der möglichen Optionen und Befehlssyntax von **make**.

Interne Makros

$?   Liste der Komponenten, die nach der letzten Generierung des derzeitigen Ziels geändert worden sind. Kann in normalen Beschreibungssequenzen, aber nicht innerhalb von Endungsregeln (d.h. Regeln für die Dateitypebezeichnung) verwendet werden.

$@   Name des derzeitigen Ziels, außer in Beschreibungssequenzen zur Library-Erstellung, wo Name zum Namen der Library wird. Kann sowohl in normalen Beschreibunssequenzen, als auch innerhalb von Endungsregeln verwendet werden.

$‹   Name der derzeitigen Komponente, die nach der letzten Generierung des aktuellen Ziels geändert wurde. Kann nur innerhalb von Endungsregeln und des .DEFAULT: Eintrags angewandt werden.

$*   Name - ohne Endung - der derzeitigen Komponente, die nach der letzten Generierung des aktuellen Ziels geändert wurde. Kann nur innerhalb von Endungsregeln verwendet werden.

$$@ Name des aktuellen Ziels. Kann nur rechts vom Doppelpunkt in Beschreibungszeilen stehen.

$%   Name der entsprechenden .o Datei, falls das aktuelle Ziel eine Library ist. Kann sowohl in normalen Beschreibungssequenzen als auch innerhalb von Endungsregeln verwendet werden.

Makroergänzungen

D   Der Pfadbestandteil jeder internen Makrobelegung mit Ausnahme von $?.
    Zum Beispiel: $(*D), $(‹D), $(@D), $$(@D).

F   Der Dateibestandteil jeder internen Makrobelegung mit Ausnahme von $?.
    Zum Beispiel: $(*F), $,(‹F) $(@F), $$(@F).

Zeichenkettenersatz bei Makros

$(macro:abc=xyz)
> Bezieht sich auf den Text nach dem derzeitigen Auftreten von **$(macro)**, nachdem *jede vorkommende Zeichenkette* **abc**, die sich entweder direkt vor einem Leerzeichen bzw. einer Tabulatormarke oder am Ende der Makroposition befindet, durch **xyz** ersetzt wurde.

Pseudo-Ziele

.DEFAULT: Kommandos, die mit diesem Pseudo-Ziel in Verbindung stehen, werden ausgeführt, wenn ein Ziel erstellt werden muß, jedoch keine Beschreibungssequenz-Einträge oder Endungsregeln dazu vorliegen.

.IGNORE: Ignorieren von Fehlerrückgaben. Gleich mit der Option -I.

.PRECIOUS: Komponenten, die für dieses Pseudo-Ziel angegeben sind, werden bei Beendigung von **make** durch ein Abbruchsignal nicht gelöscht.

.SILENT: Befehle werden ausgeführt, jedoch nicht am Bildschirm gezeigt. Gleich mit der Option **-s**.

Kommandoausführung

@   Diese Kommandozeile soll bei Ausführung nicht ausgegeben werden.
-   Ignoriert einen möglichen Fehler bei Ausführung des nachfolgenden Befehls.

Beispiele für voreingestellte Makros, Suffixes und Rules

```
EDITOR = /usr/bin/vi
TERM = tvi950ns
SHELL = /bin/csh
PATH = .:/bin:/usr/bin:/usr/fred:/usr/local
LOGNAME = fred
HOME = /usr/fred
GFLAGS =
GET = get
ASFLAGS =
AS = as
FFLAGS =
FC = f77
CFLAGS = -O
CC = cc
LDFLAGS =
LD = ld
LFLAGS =
LEX = lex
```

```
YFLAGS =
YACC = yacc
MAKE = make
$ = $
MAKEFLAGS = b

.h~.h:
        $(GET) $(GFLAGS) -p $< > $*.h

.s~.a:
        $(GET) $(GFLAGS) -p $< > $*.s
        $(AS) $(ASFLAGS) -o $*.o $*.s
        ar rv $@ $*.o
        -rm -f $*.[so]

.r~.a:
        $(GET) $(GFLAGS) -p $< > $*.r
        $(FC) -c $(FFLAGS) $*.r
        ar rv $@ $*.o
        rm -f $*.[ro]

.e~.a:
        $(GET) $(GFLAGS) -p $< > $*.e
        $(FC) -c $(FFLAGS) $*.e
        ar rv $@ $*.o
        rm -f $*.[eo]

.f~.a:
        $(GET) $(GFLAGS) -p $< > $*.f
        $(FC) -c $(FFLAGS) $*.f
        ar rv $@ $*.o
        rm -f $*.[fo]

.r.a:
        $(FC) -c $(FFLAGS) $<
        ar rv $@ $*.o
        rm -f $*.o

.e.a:
        $(FC) -c $(FFLAGS) $<
        ar rv $@ $*.o
        rm -f $*.o

.f.a:
        $(FC) -c $(FFLAGS) $<
        ar rv $@ $*.o
        rm -f $*.o

.c~.a:
        $(GET) $(GFLAGS) -p $< > $*.c
        $(CC) -c $(CFLAGS) $*.c
        ar rv $@ $*.o
        rm -f $*.[co]
```

```
.c.a:
        $(CC) -c $(CFLAGS) $<
        ar rv $@ $*.o
        rm -f $*.o

.l.c:
        $(LEX) $<
        mv lex.yy.c $@

.y~.c:
        $(GET) $(GFLAGS) -p $< > $*.y
        $(YACC) $(YFLAGS) $*.y
        mv y.tab.c $*.c
        -rm -f $*.y

.y.c:
        $(YACC) $(YFLAGS) $<
        mv y.tab.c $@

.l~.o:
        $(GET) $(GFLAGS) -p $< > $*.l
        $(LEX) $(LFLAGS) $*.l
        S(CC) $(CFLSGS) -c lex.yy.c
        rm -f lex.yy.c
        mv lex.yy.o $*.o

.l.o:
        $(LEX) $(LFLAGS) $<
        S(CC) $(CFLSGS) -c lex.yy.c
        rm lex.yy.c
        mv lex.yy.o $@

.y~.o:
        $(GET) $(GFLAGS) -p $< > $*.y
        $(YACC) $(YFLAGS) $*.y
        S(CC) $(CFLSGS) -c y.tab.c
        rm y.tab.c $*.y
        mv y.tab.o $*.o

.y.o:
        $(YACC) $(YFLAGS) $<
        S(CC) $(CFLSGS) -c y.tab.c
        rm y.tab.c
        mv y.tab.o $@

.s~.o:
        $(GET) $(GFLAGS) -p $< > $*.s
        $(AS) $(ASFLAGS) -o $*.o $*.s
        rm -f $*.s

.s.o:
        $(AS) $(ASFLAGS) -o $@ $<
```

```
.r~.o:
    $(GET) $(GFLAGS) -p $< > $*.r
    $(FC) $(FFLAGS) -c $*.r
    -rm -f $*.r

.e~.e:
    $(GET) $(GFLAGS) -p $< > $*.e

.e~.o:
    $(GET) $(GFLAGS) -p $< > $*.e
    $(FC) $(FFLAGS) -c $*.e
    -rm -f $*.e

.f~.f:
    $(GET) $(GFLAGS) -p $< > $*.f

.f~.o:
    $(GET) $(GFLAGS) -p $< > $*.f
    $(FC) $(FFLAGS) -c $*.f
    -rm -f $*.f

.r.o:
    $(FC) $(FFLAGS) -c $<

.e.o:
    $(FC) $(FFLAGS) -c $<

.f.o:
    $(FC) $(FFLAGS) -c $<

.c~.c:
    $(GET) $(GFLAGS) -p $< > $*.c

.c~.o:
    $(GET) $(GFLAGS) -p $< > $*.c
    $(CC) $(CFLAGS) -c $*.c
    -rm -f $*.c

.c.o:
    $(CC) $(CFLAGS) -c $<

.sh~:
    $(GET) $(GFLAGS) -p $< > $*.sh
    cp $*.sh $*
    -rm -f $*.sh

.sh:
    cp $< $@

.r~:
    $(GET) $(GFLAGS) -p $< > $*.r
    $(FC) $(FFLAGS) $*.r -o $*
    -rm -f $*.r
```

```
.r:
        $(FC) $(FFLAGS) $(LDFLAGS) $< -o $@

.e~:
        $(GET) $(GFLAGS) -p $< > $*.e
        $(FC) -n $(FFLAGS) $*.e -o $*
        -rm -f $*.e

.e:
        $(FC) $(FFLAGS) $(LDFLAGS) $< -o $@

.f~:
        $(GET) $(GFLAGS) -p $< > $*.f
        $(FC) -n $(FFLAGS) $*.f -o $*
        -rm -f $*.f

.f:
        $(FC) $(FFLAGS) $(LDFLAGS) $< -o $@

.c~:
        $(GET) $(GFLAGS) -p $< > $*.c
        $(CC) -n $(CFLAGS) $*.c -o $*
        -rm -f $*.c

.c:
        $(CC) $(CFLAGS) $(LDFLAGS) $< -o $@

.SUFFIXES:
        .o   .c   .c~  .f   .f~  .e   .e~  .r   .r~
        .y   .y~  .l   .l~  .s   .s~  .sh  .sh~ .h   .h~
```

10
Fehlermeldungen *

abi not allowed with q *ar*

 Sie haben versucht, eine Position mit der **a**, **b** oder **i** Option anzugeben. Die Option **q** fügt eine Datei an die *Archivdatei* an. Aus diesem Grund ist eine Positionsangabe nicht erforderlich.

***Datei* already stripped** *strip*

 Die angegebene *Datei* ist bereits mit **strip** behandelt worden.

ambiguous day of week *at*

 Sie haben nicht ausreichend viele Zeichen angegeben, um den Wochentag eindeutig zu kennzeichnen. Zum Beispiel kann "s" sowohl für Samstag (Saturday) als auch für Sonntag (Sunday) stehen. Wiederholen Sie die Eingabe und bezeichnen Sie den Tag mit mindestens zwei Buchstaben.

---

* **Hinweis:** In der aktuellen amerikanischen Auflage vom Oktober 1989 ist dieser Abschnitt nicht mehr enthalten. Wir halten aber diesen Abschnitt für die deutschsprachigen Leser von Nutzen und haben deshalb die Fehlermeldungen aus der Auflage vom September 1987 übersetzt. Daraus können sich eventuell Abweichungen von den aktuellen Fehlermeldungen ergeben.

ambigous month *at*

    Sie haben nicht ausreichend viele Zeichen angegeben, um den Monat eindeutig zu kennzeichnen. Zum Beispiel kann "j" für Januar, Juni oder Juli stehen. Wiederholen Sie die Eingabe und bezeichnen Sie den Monat mit mindestens drei Buchstaben.

Datei **and** *Datei* **are identical** *mv,cp*

    Sie haben versucht eine Datei auf sich selbst zu kopieren oder zu bewegen. Die angegebenen Dateinamen müssen unterschiedlich sein.

archive: *Datei* *ranlib*

    Der Befehl **ranlib** arbeitet nur mit Archivdateien. Eines der angegebenen Argumente ist keine solche *Datei*.

arg count *at, diff3, mkdir, mknod*

    Ein benötigtes Argument wurde nicht angegeben. Überprüfen Sie die Syntax des Kommandos und wiederholen Sie die Eingabe.

argument *Arg* **out of range** *dd*

    Der angegebene numerische Wert für die Blockgröße oder für die Anzahl der Felder war entweder zu groß oder zu klein. Überprüfen Sie die Werte der Optionen **ibs, obs, bs** oder **count**.

bad arg: *Argument* *dd*

    Es wurde ein ungültiges *Argument* angegeben. In Abschnitt 1 finden Sie die zulässigen Argumente.

bad character in argument *sleep*

    Es wurde ein ungültiges Argument, das die Zeit bestimmt, eingegeben. Ein solches Argument darf ausschließlich Zahlen enthalten und muß kleiner als 65536 Sekunden sein.

bad conversion *date, touch*

Sie haben ein Datum eingegeben, das nicht richtig interpretiert werden kann. Das Format dazu lautet: mmttssmm[jj].

bad format character - z *date*

Es wurde ein ungültiges Formatzeichen angegeben. Siehe dazu die Liste der gültigen Formatzeichen für **date** in Abschnitt 1.

Datei: bad format *prof*

Das Format der angegebenen Datei ist unzulässig. Das Programm muß erst in das erwartete Format gebracht werden, wie unter **monitor(3c)** beschr‌‍‍‍‍‍‍‍‍eben.

bad option z *col*

Sie haben eine ungültige Option z eingegeben. **col** bezieht sich nicht auf Dateinamen. Die Eingabe ist die Standardeingabe und die Ausgabe die Standardausgabe.

bad option letter z *col*

Option z ist unzulässig. In Abschnitt 1 finden Sie eine Liste der gültigen Optionen.

bad status *Datei* *du*

Diese Warnung wird nur ausgegeben, wenn die **-r** Option aktiv ist. **du -r** gibt während der Ausführung Fehler beim Öffnen von Dateien oder Lesen von Directories aus. Diese Warnung kann ein Problem der angegebenen Datei oder des angegebenen Directories anzeigen.

Bad tab stop spec *expand*

Sie haben eine unzulässige Tabstop-Spezifikation eingegeben. Siehe **tabs** in Abschnitt 1.

bad time format: *at*

Das Format der eingegebenen Zeitangabe ist nicht zulässig. Das korrekte Format kann 1 bis 4 numerische Stellen und optional A(am), P(pm), N(Mittag) oder M(Mitternacht) enthalten.

Badly formed number *head*

Es wurde eine Eingabe gemacht, die von einem korrekten Zahlenwert, der die Anzahl auszugebender Zeilen vom Dateibeginn an bezeichnet, abweicht.

Can only create standard output.. *tar*
Wurde die Option **-f** mit dem Argument "-" gewählt, so muß auch die Option **-c** angewandt werden. Siehe dazu im Abschnitt 1 die Beschreibung dieser Optionen.

can't access *Datei* *chmod*

Zeigt Probleme beim Dateizugriff an. Die Datei ist entweder nicht vorhanden oder es besteht keine Leseberechtigung auf die Datei. Versichern Sie sich, den korrekten Pfadnamen eingegeben zu haben.

can't change *Datei* *chmod*

Die Berechtigung, den Modus von *Datei* zu ändern, besteht nicht. Überprüfen Sie die Zugriffsrechte und den Eigentümer dieser *Datei*.

can't create temporary *ranlib*

Überprüfen Sie die Zugriffsrechte des aktuellen Verzeichnisses um sicherzugehen, daß der derzeitige Benutzer Schreibzugriff besitzt.

can't execute pwd *at*

Auf das Kommando **pwd** kann nicht zugegriffen werden. Diese Fehlermeldung weist im allgemeinen auf ein Systemproblem hin. Setzen Sie sich mit dem Systemverwalter in Verbindung.

can't open *Datei* *cat, sum, fgrep, grep*

Es wurde ein fehlerhafter Pfadname angegeben, die Datei existiert nicht, oder es besteht kein Lesezugriff darauf.

Fehlermeldungen

Can't open . in /dev *ps*

    ps konnte eine Datei im Verzeichnis */dev* nicht öffnen. Überprüfen Sie die Lesezugriffsrechte des */dev* Directories.

can't read *u* **for pid** *n* **from file** *ps*

    Das Swapper-Device (**/dev/swap**) kann nicht gelesen werden. Überprüfen Sie die Lesezugriffsrechte dieser Datei und des dazugehörigen Directories.

can't reopen *Datei* *ranlib*

    Ein Argument von **ranlib** kann nicht zum Schreiben geöffnet werden. Überprüfen Sie Existenz und Zugriffsrechte von *Datei*. *Datei* ist möglicherweise aufgrund eines **ranlib**-Fehlers beschädigt.

can't rewrite mailfile *mail*

    Eine Maildatei konnte nicht zum Schreiben geöffnet werden. Überprüfen Sie die Zugriffsrechte der Dateien in */usr/mail*.

cannot access *Datei* *mv, mkdir, ln*

    Es wurde ein fehlerhafter Pfadname angegeben. Es besteht entweder kein Lesezugriff auf *Datei* oder sie existiert nicht.

cannot be zero *dd*

    Die Belegung von **ibs** oder **obs** war null. Dieser Wert ist für keines der beiden Argumente zulässig.

cannot chdir to .. *pwd*

    pwd erfordert Benutzerzugriff auf alle übergeordneten Directories.

Datei **cannot create** *touch, tar*

    Überprüfen Sie, ob Sie für das aktuelle Verzeichnis Schreibberechtigung haben.

cannot create temporary file (*Datei*) *tar*

    Die Option **-u** ist fehlgeschlagen, da eine temporäre Datei nicht geöffnet bzw. nicht zum Beschreiben generiert werden konnte. Überprüfen Sie den Zugriff auf das entsprechende Directory.

Cannot open/create nohup.out *nohup*

    Der Befehl **nohub** konnte seine Ausgabe nicht auf **stdout** oder die Datei **$HOME/nohup.out** umleiten. Überprüfen Sie die Belegung von $HOME und den Zugriff auf das Verzeichnis, auf das $HOME verweist.

cannot create *Datei* *ar,mv*

    Es besteht kein Schreibzugriff im Zielverzeichnis von *Datei*. Überprüfen Sie den Zugriff auf das Directory...

cannot create output *split*

    Es besteht kein Schreibzugriff auf das Verzeichnis, in das die Ausgabe erfolgen soll. Überprüfen Sie den Zugriff auf das Directory...

cannot create second temp *ar,split*

    Es besteht kein Schreibzugriff auf das Verzeichnis, in dem die temporäre Datei erstellt werden soll.

cannot create temporary file *ar,split*

    Es besteht kein Schreibzugriff auf das Verzeichnis, in dem die temporäre Datei angelegt werden soll.

Cannot create temporary file *passwd*

    Es besteht kein Schreibzugriff auf das Verzeichnis, in dem die temporäre Datei erstellt werden soll. Diese Meldung zeigt oft Systemprobleme an. Setzten Sie sich mit dem Systemverwalter in Verbindug.

cannot create third temp *ar*

Es besteht kein Schreibzugriff auf das Verzeichnis, in dem die temporäre Datei angelegt werden soll.

cannot create: *Odatei* *dd*

Es besteht kein Schreibzugriff auf das Verzeichnis, in dem *Odatei* angelegt werden soll.

cannot find mkdir! *tar*

Überprüfen Sie den Zugriff auf **mkdir** in **/bin** oder **/usr/bin**.

cannot fork - try again. *time, write*

Falls zu viele Prozesse aktiv sind, können diese Befehle nicht ausgeführt werden. Versuchen Sie den Befehlsaufruf erneut durchzuführen.

cannot link *Datei* **to** *Datei* *mv, passwd*

Das Linking kann aufgrund von Problemen mit Pfad-Zugriffsrechten fehlschlagen, falls entweder der Präfix des Pfades kein Directory bezeichnet, oder die beiden Dateien sich auf zwei verschiedenen logischen Geräten befinden.

cannot link dirname *mkdir*

Das Linking kann aufgrund von Problemen mit Pfad-Zugriffsrechten fehlschlagen, falls entweder der Präfix des Pfades kein Directory bezeichnet, oder die beiden Dateien sich auf zwei verschiedenen logischen Geräten befinden.

cannot link *tar*

Diese Meldung kann Probleme mit Zugriffsrechten einer Datei oder eines Pfad-Präfix anzeigen.

cannot locate parent *mv*

Überprüfen Sie den Zugriff auf das übergeordnete Verzeichnis.

cannot make directory *Name* *mkdir*

Der angegebene Verzeichnisname existiert bereits.

cannot move a directory into itself. *mv*

Die Namen des Quell- und des Zielverzeichnisses müssen sich unterscheiden.

cannot move directories across devices *mv*

Es ist nicht zulässig, Verzeichnisse über Geräte hinweg zu verschieben. Die Dateien müssen mit dem Befehl **cp** kopiert werden. Anschließend können unerwünschte Dateien mit dem Kommando **rm** gelöscht gelöscht werden.

cannot open *Datei* **for writing** *mail*

Die *Datei* existiert nicht oder es besteht keine Schreibberechtigung. Setzen Sie sich mit dem Systemverwalter in Verbindung.

cannot open *Datei* *comm, du, ar, od, ranlib, cmp, cb*
wc, mmv, mail, strip, rev, who, tar

Es wurde ein ungültiger Pfadname angegeben, *Datei* existiert nicht, oder es besteht kein Lesezugriff auf diese Datei.

cannot open dev *df*

Es wurde ein ungültiger Gerätename angegeben, oder es kann auf das bezeichnete Gerät nicht zugegriffen werden.

cannot open optarg *ps*

Die Option **-s** ist fehlgeschlagen. Auf den Eintrag **/dev/swap** oder den auf Ihrem System zum selben Zweck verwendeten Eintrag konnte nicht zugegriffen werden. Überprüfen Sie, ob die Datei existiert, und ob entsprechende Zugriffsrechte bestehen.

cannot open .. *pwd*

Es besteht keine Leseberechtigung auf das übergeordnete Verzeichnis. Dies kann auftreten, wenn Sie sich mehrmals beim System anmelden, und die Rechte des dem Benutzerverzeichnis übergeordneten Directories einschränken.

cannot open /etc/mnttab

Überprüfen Sie den Schreibzugriff auf die Datei **/etc/mnttab**.

cannot open /etc/utmp *at*

Überprüfen Sie den Schreibzugriff auf die Datei **/etc/utmp**

cannot open input: *Datei* *at*

Es wurde ein ungültiger Pfadname angegeben, *Datei* existiert nicht, oder es besteht kein Lesezugriff auf die Datei.

cannot open input *split*

Es wurde ein ungültiger Pfadname angegeben, *Datei* existiert nicht, oder es besteht kein Lesezugriff auf die Datei.

cannot open: *Eingabedatei* *dd*

Es wurde ein ungültiger Pfadname angegeben, *Eingabedatei* existiert nicht, oder es besteht kein Lesezugriff auf diese Datei.

cannot read *Datei* *rm, du*

Es besteht kein Lesezugriff auf das Verzeichnis der Datei, die Sie zu löschen versuchen.

cannot recover *Datei* *passwd*

Das Systempaßwort ist geändert worden. Setzen Sie sich mit dem Systemverwalter in Verbindung.

cannot recreate *Datei* *strip*

Datei konnte nicht zum Schreiben geöffnet werden. Überprüfen Sie die Zugriffsrechte von *Datei*. Möglicherweise ist die Datei durch einen **strip** Fehler beschädigt worden.

cannot remove . or .. *rmdir*

Es kann weder das aktuelle noch das übergeordnete Verzeichnis gelöscht werden. Nur dem aktuellen Verzeichnis untergeortnete Directories können gelöscht werden. Wechseln Sie zum darüberliegenden Verzeichnis, und unternehmen Sie erneut einen Versuch.

cannot remove .. *rm*

Es kann das dem aktuellen Verzeichnis übergeordnete Directory nicht gelöscht werden. Sie müssen zwei Ebenen in der Hierachie nach oben wechseln, um dieses Verzeichnis löschen zu können.

cannot remove current directory *rmdir*

Es ist nicht erlaubt, das aktuelle Verzeichnis zu löschen. Sie müssen in das darüberliegende Directory wechseln, um dieses Verzeichnis löschen zu können.

cannot reopen file for reading *mail*

Im allgemeinen zeigt diese Fehlermeldung ein Problem mit dem Programm **mail** an. Falls der Fehler mehrmals auftritt, so setzen Sie sich bitte mit dem Systemverwalter in Verbindung.

Datei **cannot stat argv[c]** *touch*

Falls das **argv** übergeordnete Verzeichnis mit Lese- und Ausführungsberechtigung versehen ist, und das Problem weiter besteht, könnte dadurch möglicherweise eine beschädigte Datei oder Verzeichnisstruktur angezeigt werden.

Fehlermeldungen

cannot stat *???*   *df, pwd, rmdir*

Falls das *dev* übergeordnete Verzeichnis mit Lese- und Ausführungsberechtigung versehen ist, und das Problem weiter besteht, könnte dadurch möglicherweise eine beschädigte Datei oder Verzeichnisstruktur angezeigt werden.

cannot stat *.!*   *pwd*

Falls das *.* übergeordnete Verzeichnis mit Lese- und Ausführungsberechtigung versehen ist, und das Problem weiter besteht, könnte dadurch möglicherweise eine beschädigte Datei oder Verzeichnisstruktur angezeigt werden.

cannot stat *..!*   *pwd*

Falls das *..* übergeordnete Verzeichnis mit Lese- und Ausführungsberechtigung versehen ist, und das Problem weiter besteht, könnte dadurch möglicherweise eine beschädigte Datei oder Verzeichnisstruktur angezeigt werden.

cannot stat *.*   *rmdir*

Falls das dem Arbeitsverzeichnis übergeordnete Verzeichnis mit Lese- und Ausführungsberechtigung versehen ist, und das Problem weiter besteht, könnte dadurch möglicherweise eine beschädigte Datei oder Verzeichnisstruktur angezeigt werden.

cannot unlink *Datei*   *mv*

Sie sind nicht der Eigentümer des Verzeichnisses, in der sich die Quell-Datei zu **mv** befindet.

changing password for *Benutzer*   *passwd*

Diese Meldung bestätigt die Änderung des Paßworts von *Benutzer*.

Command file ?   *mt*

Der angeforderte Band-Befehl ist fehlgeschlagen. Überprüfen Sie, ob die Datei existiert und ob die Zugriffsrechte korrekt vergeben sind.

command file n *mt*

    Der angeforderte Band-Befehl ist fehlgeschlagen. Überprüfen Sie, ob die Datei existiert und ob die Zugriffsrechte korrekt vergeben sind.

command terminatied abnormally *time*

    Das mit **time** als Präfix aufgerufene Kommando ist nicht normal beendet worden. Die von **time** ausgegebenen Werte sind somit bedeutungslos.

creating file Name *Datei* *ar*

    Bestätigt die Erstellung der bezeichneten Archivdatei.

Name directory *mv*

    Eines der **mv** übergebenen Argumente ist ein Verzeichnis. Um ein Verzeichnis umzubenennen, müssen nur zwei Argumente, nämlich der alte Name, gefolgt von der neuen Bezeichnung, angegeben werden.

Name directory

    Bei der zu löschenden Datei handelt es sich um ein Verzeichnis. Verwenden Sie das Kommando **rmdir**, um ein Directory zu löschen.

directory checksum error *tar*

    Der Dateitransfer wurde aufgrund einer falschen Prüfsumme nicht zuendegeführt. Diese Meldung kann ein Problem mit dem Datenmedium anzeigen.

Datei **does not exist** *ar*

    Die bezeichnete Archivdatei existiert nicht, oder es besteht keine Leseberechtigung.

Duplicate function in
  file line n**: Second entry ignored** *ctags*

    Eine Funktion wurde mehrmals innerhalb einer Datei definiert. Die zweite Funktionsdeklaration wurde ignoriert.

Duplicate function in files *ctags*

Diese Meldung ist nur eine Warnung. Derselbe Funktionsname wurde in mehreren Dateien definiert.

EOF on *Datei* *cmp*

Das Dateiende der angegebenen Datei wurde erreicht. Üblicherweise zeigt diese Meldung an, daß *Datei* die kürzere der zu vergleichenden Dateien ist.

**error locating command name for
pid n from file** *ps*

Beim Lesen der **swap**-*Datei* ist ein Fehler aufgetreten. Erteilen Sie das Kommando erneut.

error reading *Daten Quelle* *what, w, ps*

Ein solcher Lesefehler kann ein Zugriffsproblem oder eine beschädigte Quelldatei anzeigen.

error reading string table *prof*

Ein solcher Lesefehler kann ein Zugriffsproblem oder eine beschädigte Quelldatei anzeigen.

Datei **existiert** *mv*

Es wurde der Versuch unternommen, ein Verzeichnis auf ein Ziel, das bereits existiert, zu verschieben.

cmdbuf **failed** *ranlib*

Überprüfen Sie, ob die spezifizierten Argumente Namen von Archivdateien sind, und ob die entsprechenden Zugriffsrechte auf den Befehl **ar** existieren.

file not found *ar*

Die bezeichnete Datei existiert nicht in diesem Archiv.

Datei **fileusage, usage2** *ps*

    Ungültige Angabe in der Argumentenliste.

HELP - extract write error Name *tar*

    Diese Meldung zeigt möglicherweise ein Problem mit einem Massenspeicher an. Unternehmen Sie einen erneuten Versuch, um zu sehen, ob sich der Fehler wiederholt.

Home directory (*Verzeichnis*) **not accessible** *login*

    login konnte nicht auf das angegebene *Verzeichnis* wechseln. Überprüfen Sie, ob es existiert und ob die Ausführberechtigung erteilt ist.

Huge directory *Name* **-** *du*
Call system manager

    Das Verzeichnis ist sehr groß. Diese Meldung kann unter Umständen Probleme mit dem Filesystem anzeigen.

I cannot determine your terminal *write*

    Der Versuch, der von **write** unternommen wurde, einen Standard-Dateideskriptor in **/dev** zu finden, ist fehlgeschlagen. Unternehmen Sie einen erneuten Versuch.

illegal arg -c *df*

    Es wurde ein ungültiges Argument bezeichnet. Siehe **df** in Abschnitt 1, um eine Beschreibung der Optionsangabe zu erhalten.

Illegal command file *sdiff*

    Es wurde ein ungültiges Zeichen eingebeben. **sdiff -o** mit der Option **-e** läßt nur **l**, **r** oder **b** als gültige Optionen zu.

Illegal command reenter *sdiff*

Das Kommando **sdiff -o** besitzt eine begrenzte Anzahl von Optionen. Es wurde eine ungültige Option gewählt. Siehe dazu die komplette Eingabebeschreibung in Abschnitt 1.

illegal day *at*

Die Syntax der Kommandozeileneingabe zu **at** war fehlerhaft.

illegal minute field *at*

Das Feld zur Minuteneingabe der Zeitangabe ist größer als 60 Sekunden.

input *Datei* is output *cat*

Eine in der Eingabedateiliste von **cat** befindliche *Datei* ist die Zieldatei der umgeleiteten Ausgabe. Dieser Fehler tritt häufig bei Benutzung des Metazeichens "?" innerhalb der Dateinamen auf (z.B. **cat** *prog?›prog3*).

invalid argument -c *nm*

Das Argument c ist ungültig. Siehe die Beschreibung des Kommandos **nm** im Abschnitt 1, um eine Übersicht der gültigen Optionseingaben zu erhalten.

Invalid blocksize (Max n) *tar*

Die mittels der Option **-b** angegebene Blockgröße ist ungültig. Das Minimum der Blockgröße ist 0, das Maximum 20 (die Voreinstellung).

Invalid ID *login*

Überprüfen Sie die Datei **/etc/passwd**, um sicherzugehen, daß der Eintrag gültig ist.

invalid mode *chmod*

> Es wurde ein ungültiger Modus angegeben. Die Modusspezifikation muß vor der Angabe des Dateinamen erfolgen. Siehe dazu **chmod** im Abschnitt 1, um eine Beschreibung der möglichen Modi zu erhalten. Wurde ein ungültiger Dateiname angegeben, so wurde die Datei nicht auf das Band kopiert.

link to *Datei* *tar*

> Diese Meldung ist die Ausgabe einer Option, und keine Fehlermeldung. Wird **tar** mit der Option **-v** versehen, so werden Informationen von Links auf Dateien oder Verzeichnisse ausgegeben.

linked to *Datei* *tar*

> Diese Meldung ist die Ausgabe einer Option, und keine Fehlermeldung. Wird **tar** mit der Option **-v** versehen, so werden Informationen von Links auf Dateien oder Verzeichnisse ausgegeben.

list too large *fgrep*

> Es wurde eine Bedingungsverknüpfung angegeben, die zur Behandlung von **fgrep** zu lang ist. Untergliedern Sie die Bedingungen in kleinere Teile, und führen Sie zwei oder mehr **fgrep** Durchläufe hintereinander aus.

Benutzer **logged more than once** *write*

> Der angegebene *Benutzer*, an dessen Bildschirm eine Meldung erscheinen soll, ist an mehreren Terminals angemeldet. Es muß zusätzlich eine Schnittstellennummer (**tty**) angegeben werden.

Logging in with HOME= *login*

> Meldet sich der Superuser beim System an, und es kann auf das in **/etc/passwd** beschriebene Verzeichnis nicht zugegriffen werden, so wird das Verzeichnis / gesetzt.

Login incorrect. *login*

> Ein Fehler bei der Systemanmeldung ist aufgetreten. Drücken Sie RETURN und unternehmen einen erneuten Versuch. Falls sich diese Meldung wiederholt, setzen Sie sich mit dem Systemverwalter in Verbindung.

message too big *wall*

Meldungen, die über **wall** weitergeleitet werden, dürfen eine maximale Länge von 400 Zeichen nicht überschreiten.

Datei name too long *tar*

Ein Dateiname ist auf 14 Zeichen beschränkt. Sie haben einen Namen gewählt, der diese Limitierung überschritten hat.

name too long *mv*

Der angegebene Dateiname ist länger als 14 Zeichen.

No drum *w*

Der Eintrag **/dev/swap** sollte im Verzeichnis **/dev** enthalten sein. Dieser Eintrag konnte nicht geöffnet werden. Überprüfen Sie die Zugriffsrechte.

No kmem *w*

Der Eintrag **/dev/kmem** sollte im Verzeichnis **/dev** enthalten sein. Dieser Eintrag konnte nicht geöffnet werden. Überprüfen Sie die Zugriffsrechte.

no memory! *strip, ps*

Für diesen Prozeß ist nicht ausreichend Speicher vorhanden. Brechen Sie einige Prozesse mittels des Kommandos **kill** ab, oder warten Sie, bis sich die Systemaktivität senkt, und unternehmen Sie einen erneuten Versuch.

No mem *w*

Für diesen Prozeß ist nicht ausreichend Speicher vorhanden. Brechen Sie einige Prozesse mittels des Kommandos **kill** ab, oder warten Sie, bis sich die Systemaktivität verringert, und unternehmen Sie einen erneuten Versuch.

No mon.out *prof*

Bevor der Befehl **prof** eingesetzt wird, muß zunächst das Kommando monitor aufgerufen werden, um die Eingabedatei zu **prof** (mon.out) zu erzeugen.

No more logins *login*

    Das System akzeptiert keine weiteren Benutzer. Diese Meldung erscheint üblicherweise, wenn das System sich im Abschaltprozeß befindet.

dirname: no permission *rmdir*

    Es besteht keine Schreibberechtigung auf das dem zu löschenden Verzeichnis übergeordnete Directory.

no permission *date*

    Das Systemdatum kann nur mit Superuser-Privilegien geändert werden.

no room for n bytes of string table *prof*

    Für diesen Prozeß ist nicht ausreichend Speicher vorhanden. Brechen Sie einige Prozesse mittels des Kommandos **kill** ab, oder warten Sie, bis sich die Systemaktivität verringert, und unternehmen Sie einen erneuten Versuch.

No room for n bytes of symbol table *prof*

    Für diesen Prozeß ist nicht ausreichend Speicher vorhanden. Brechen Sie einige Prozesse mittels des Kommandos **kill** ab, oder warten Sie, bis sich die Systemaktivität verringert, und unternehmen Sie einen erneuten Versuch.

no room for text table *ps*

    Für diesen Prozeß ist nicht ausreichend Speicher vorhanden. Brechen Sie einige Prozesse mittels des Kommandos **kill** ab, oder warten Sie, bis sich die Systemaktivität verringert, und unternehmen Sie einen erneuten Versuch.

No shell *login su*

    Die in der Datei **/etc/passwd** spezifizierte **Login**-Shell konnte nicht gefunden werden. Diese Meldung zeigt möglicherweise Systemprobleme an. Setzen Sie sich mit dem Systemverwalter in Verbindung.

No space for counts *prof*

Für diesen Prozeß ist nicht ausreichend Speicher vorhanden. Brechen Sie einige Prozesse mittels des Kommandos **kill** ab, oder warten Sie, bis sich die Systemaktivität verringert, und unternehmen Sie einen erneuten Versuch.

no storage *col*

Für diesen Prozeß ist nicht ausreichend Speicher vorhanden. Brechen Sie einige Prozesse mittels des Kommandos **kill** ab, oder warten Sie, bis sich die Systemaktivität verringert, und unternehmen Sie einen erneuten Versuch.

no string table (old format?) *prof*

Die **a.out** Datei ist möglicherweise beschädigt, oder mit **strip** behandelt worden.

no such tty *write*

Es wurde der Versuch unternommen, auf eine ungültige Schnittstelle zu schreiben. Überprüfen Sie die Schnittstellennummer des zu adressierenden Benutzers. (**tty**)

no symbols *prof*

Es wurden keine Symbole aus der Symboltabelle der Datei gelesen.

no TOY clock *date*

Es wurde ein Minuszeichen an einer Stelle angegeben, an der ein Pluszeichen erwartet wurde. Siehe dazu das Kommando **date** in Abschnitt 1.

no write access to *Datei* *mv*

Auf die den Zieldateien übergeordneten Verzeichnisse muß Schreibzugriff bestehen.

Datei **non-existent** *rm*

> Es wurde der Versuch unternommen, eine *Datei* zu löschen, die nicht existiert. Überprüfen Sie, ob der Dateiname korrekt eingegeben wurde.

Verzeichnis **non-existent** *rmdir*

> Es wurde der Versuch unternommen, ein Verzeichnis zu löschen, das nicht existiert. Überprüfen Sie, ob der Verzeichnisname korrekt eingegeben wurde.

not an archive *Datei* *ranlib*

> Die Eingabe eines ungültigen Arguments zu **ranlib** ist erfolgt. Die Argumente von **ranlib** sind ausschließlich Dateinamen von Archivdateien.

Datei **not creatable after** *n* **tries** *mail*

> Ein anderer Benutzer hat während Ihres Schreibzugriffes auf die mail-Datei gleichzeitig zuggegriffen. Eine solche Datei kann nur von einem Benutzer behandelt werden. Unternehmen Sie einen erneuten Versuch.

Verzeichnis **not empty** *rmdir*

> Das zu löschende *Verzeichnis* enthält eine oder mehrere Dateien. Alle Dateien (einschließlich solcher, die mit "." beginnen) müssen entfernt werden, bevor ein Verzeichnis gelöscht werden kann.

not enough memory *dd*

> Für diesen Prozeß ist nicht ausreichend Speicher vorhanden. Brechen Sie einige Prozesse mittels des Kommandos **kill** ab, oder warten Sie, bis sich die Systemaktivität verringert, und unternehmen Sie einen erneuten Versuch.

cmd **not found**

> Der eingegebene Befehl existiert nicht, oder befindet sich nicht innerhalb Ihres Suchpfades. Überprüfen Sie zunächst, ob die Befehlseingabe korrekt erfolgt ist, und geben Sie den Befehl dann unter Angabe des vollen Zugriffspfades ein.

Fehlermeldungen

Kommando **not found** *nohup*

    nohup konnte dieses Kommando nicht ausführen, da es entweder nicht existiert bzw. nicht gefunden werden konnte, oder die entsprechenden Zugriffrechte nicht bestehen.

Datei **not found** *mv*

    Die angegebene *Datei*, die bewegt (oder umbenannt) werden soll, existiert nicht. Überprüfen Sie den Verzeichnisinhalt, um sicher zu gehen, den Dateinamen richtig eingegeben zu haben.

Datei **not in archive format** *ar*

    Es wurde eine Datei angegeben, die nicht im korrekten Archiv-Format vorliegt.

not logged in. *write*

    Der zu erreichende Benutzer ist nicht beim System angemeldet. Verwenden Sie das Kommando **w**, um eine Liste der sich im System befindlichen Benutzer zu erhalten.

not on that tty *write*

    Der Benutzer, auf dessen Bildschirm eine Mitteilung geschrieben werden soll, befindet sich nicht am Terminal mit der angegebenen Schnittstelle. Ist der Benutzer nur an einem Terminal angemeldet, ist die Angabe der Schnittstelle (**tty**) nicht erforderlich.

Verzeichnis **not removed** *rmdir*

    Der Eigentümer des zu löschenden Verzeichnisses stimmt nicht mit dem angemeldeten Benutzer überein.

Datei **not removed** *rm*

    Es wurde der Versuch unternommen, eine *Datei*, deren Eigentümer ein anderer Benutzer ist oder auf welche kein Schreibzugriff besteht, zu löschen. Der Dateieigentümer muß die Datei löschen, oder die Zugriffsrechte ändern.

one of [*Schlüssel*] must be specified *ar*

    Es wurden eine Gruppenoption {a, b, i, l, n, u oder v}, jedoch kein Schlüsselzeichen angegeben. Eine Auswahl möglicher Schlüsselzeichen finden Sie im Abschnitt 1 unter **ar**.

only one of [*Schlüssel*] allowed *ar*

    Es wurden mehrere Schlüsselzeichen eingegeben. **ar** erlaubt nur die Eingabe eines Schlüsselzeichens. Eine Auswahl der möglichen Eingaben finden Sie im Abschnitt 1 unter **ar**.

output write error *cat*

    Beim Schreiben in die Standardausgabe ist ein Fehler aufgetreten. Versuchen Sie, den Befehl **cat** erneut auszuführen.

overwrite file? *mv*

    Es wurde versucht, auf einen bereits existierenden Dateieintrag zu schreiben. Der Benutzer wird befragt, ob die Datei überschrieben (Eingabe: yes), oder im ursprünglichen Zustand belassen werden soll (Eingabe: no).

permission denied! *passwd, write*

    Sie müssen als Superuser angemeldet sein, um den Paßworteintrag eines anderen Benutzers ändern zu können. Der Benutzer, dem mit **write** eine Mitteilung übermittelt werden soll, hat solche Meldungen gesperrt.

Please use a longer Password *passwd*

    Ein Paßwort darf eine bestimmte Länge nicht unterschreiten.

Please use at least one non-numeric character. *passwd*

    Paßwörter dürfen nicht ausschließlich aus Zahlen bestehen.

pwd failed! *tar*

    Diese Meldung bedeutet, daß der **tar**-Befehl **pwd** nicht lokalisieren konnte. Überprüfen Sie die Existenz und Zugriffsrechte der Datei **pwd**.

Fehlermeldungen

ran out of memory *ps, ranlib*

> Für diesen Prozeß ist nicht ausreichend Speicher vorhanden. Brechen Sie einige Prozesse mittels des Kommandos **kill** ab, oder warten Sie, bis sich die Systemaktivität verringert, und unternehmen Sie einen erneuten Versuch.

read error in .. *pwd*

> Diese Meldung zeigt oft Systemprobleme an. Setzen Sie sich mit dem Systemverwalter in Verbindung.

read error on *Datei* *sum, strip*

> Diese Meldung zeigt oft Systemprobleme an. Setzen Sie sich mit dem Systemverwalter in Verbindung.

***n+n* records in**

> Diese Meldung zeigt die Anzahl der vollen und teilweise belegten Blöcke, die während des Kopiervorgangs gelesen wurden, an.

***n+n* records out** *dd*

> Diese Meldung zeigt die Anzahl der vollen und teilweise belegten Blöcke, die während des Kopiervorgangs geschrieben wurden, an.

Sending output to *Datei* *nohup*

> Diese Ausgabe ist keine Fehlermeldung. Die Ausgabe wird in *Datei* geschrieben.

Sorry, path names including .. aren't allowed *mv*

> Es wurde der Versuch unternommen, das dem Arbeitsverzeichnis übergeordnete Verzeichnis ".." als Bestandteil eines Pfadnamens anzugeben.

Sorry. *passwd*

> Es wurde ein ungültiges Paßwort eingegeben.

Sorry:< n weeks since the last change *passwd*

Ihr System beschränkt Paßwörter auf eine gewisse Zeit. Es muß daher eine bestimmter Zeitraum verstreichen, bis ein Paßwort erneut geändert werden kann.

Sorry *su*

Es wurde ein ungültiges Superuser-Paßwort eingegeben.

source exists and target doesnt *mv*

Sie haben kein Ziel für den Transfer angegeben.

specify only one of z, l, and v *ps*

Nur eine der Optionen z, l oder v ist bei einem Kommandoaufruf möglich

string table overflow *ranlib*

Sie behandeln eine Library mit einer sehr großen Symboltabelle. Versuchen Sie den Aufruf **ranlib -B**.

symbol table overflow *ranlib*

Sie behandeln eine Library mit einer größern Symboltabelle. Versuchen Sie den Aufruf **ranlib -B**.

Strip: *Name* **not in a.out format** *strip*

strip erkennt die Datei *Name* nicht als **a.out** Datei an.

tape backspace error *tar*

Unternehmen Sie einen erneuten Versuch. Möglicherweise zeigt diese Fehlermeldung ein Problem mit dem Band oder dem Bandgerät an. Wahrscheinlich ist ein Fehler im Geräteanschluß.

tape write error *tar*

Das Band ist schreibgeschützt.

tape read error *tar*

Diese Fehlermeldung kann anzeigen, daß EOF gelesen wurde; was kein Grund zur Sorge ist. Überprüfen Sie andernfalls das Medium.

target name too long *mv*

Der Name des Ziels ist auf eine bestimmte Zeichenanzahl begrenzt. Sie haben diese Beschränkung überschritten.

Temporary file busy, try again later *passwd*

Diese Meldung zeigt an, daß das System überlastet ist. Versuchen Sie es zu einem späteren Zeitpunkt erneut, wenn die Belastungsspitze wieder abgeklungen ist.

They don't match try again.; *passwd*

Die zweite Paßworteingabe ist zur ersten nicht identisch. Falls ein Paßwort geändert werden soll, müssen zwei identische Paßworteingaben erfolgen.

time out of range *at*

Der eingegebene Zeitraum liegt nicht innerhalb von 24-Stunden.

timout opening their tty *write*

Der Versuch, auf eine Schnittstelle eines anderen Benutzers zu Schreiben, wurde nach einer gewissen Zeit abgebrochen. Möglicherweise ist das System überlastet.

Too many tries; try again later. *passwd*

Es wurden zuviele fehlgeschlagene Versuche unternommen, sich beim System anzumelden. Siehe den Befehl **passwd** in Abschnitt 1, und versuchen Sie es erneut.

too many values in environment *env*

    env beschränkt die möglichen Environment-Variablen auf 100.

Too short. *passwd*

    Das einzugebende Paßwort muß mindestens eine Länge von 3 Zeichen haben.

trouble reading termcap *ul*

    Die Routine, welche Informationen zu einem Terminal aus der Datei **/etc/termcap** ausließt, ist fehlgeschlagen. Möglicherweise ist die Datei **/etc/termcap** fehlerhaft oder beschädigt.

truncated records *dd*

    Diese Ausgabe ist keine Fehlermeldung. **dd** gibt Statistiken nach Konvertierungsdurchläufen aus.

typesetter busy *troff*

    troff erwartet, daß eine CAT-Drucksatzmaschine an Ihr System angeschlossen ist. Verwenden Sie die Option **-t**, um die Ausgabe auf die Standardausgabe umzuleiten.

unexpected eof in file *strip*

    Lesefehler. Versuchen Sie, den Befehl erneut auszuführen. Falls sich die Fehlschläge wiederholen, so ist vermutlich die mit **strip** zu behandelnde Datei beschädigt.

unknown group: *Name*   *chgrp*

    Der bezeichnete Gruppenname besitzt keinen Eintrag in **/etc/group**. Überprüfen Sie, ob die Gruppe existiert und korrekt eingegeben wurde.

Unknown id: *Benutzer*   *su*

> Der bezeichnete *Benutzer* ist nicht in der Datei **/etc/passwd** vermerkt. Überprüfen Sie, ob der Benutzer existiert, und ob die Benutzereingabe korrekt erfolgt ist.

unknown mode: *Modus*   *stty*

> Es wurde ein ungültiger **stty**-Modus angegeben. Siehe dazu **stty** im Abschnitt 1.

x unknown option   *tar*

> Es wurde eine ungültige Option spezifiziert. Siehe dazu **tar** im Abschnitt 1.

unknown user id *Benutzer*   *chown*

> Der angegebene *Benutzer* existiert nicht als gültiger Eintrag. Überprüfen Sie, ob der Benutzer existiert, und ob die Eingabe des Benutzers korrekt erfolgt ist.

Usage: passwd user   *passwd*

> Das Eingabeformat des Kommandos ist *passwd Benutzer*. **Passwd** erlaubt mit Ausnahme des Superusers nur das Paßwort des angemeldeten Benutzers zu ändern.

warning: *Datei(Datei)*: **no symbol table**   *ranlib*

> Diese Meldung ist nur eine Warnung. Die Datei besitzt keine lokalen Symbole. Möglicherweise wurde der Befehl **strip** bereits auf die Datei angewendet.

what?   *apropos*

> **apropos** erkennt das eingegebene Schlüsselwort nicht. Versuchen Sie, ein anderes Schlüsselwort zu wählen.

who are you? *from*

    from konnte Ihre Benutzeridentifikation nicht ermitteln. Versuchen Sie es erneut, oder melden Sie sich beim System ab und wieder an, bevor Sie das Kommando erneut eingeben. Falls alle Versuche fehlschlagen, überprüfen Sie bitte Ihren Benutzereintrag in der Paßwortdatei **/etc/passwd**.

write error in file *strip*

    strip ist beim Schreiben fehlgeschlagen. Möglicherweise kann ein erneuter Versuch Abhilfe schaffen.

x file, *n* **bytes,** *n* **tape blocks** *tar*

    Diese Ausgabe ist eine Meldung, und kein Fehler. Sie erscheint, wenn die Option **-v** angegeben wurde.

You have mail. *login*

    Diese Meldung erscheint, falls ungelesene Mail-Nachrichten für den Benutzer vorhanden sind.

You may not change this password *passwd*

    Ihr System beschränkt Paßwörter auf eine gewisse Zeit. Dieses Paßwort hat das entsprechende Alter noch nicht erreicht.

Your password has expired. *login*

    Ihr System beschränkt Paßwörter auf eine gewisse Zeit. Wählen Sie ein neues Paßwort.

ANWENDUNGEN

Deborah Beacham/Walton Beacham
WORDPERFECT VERSION 4.2
Dieses Buch erläutert ausführlich und Schritt für Schritt alle Fähigkeiten von WordPerfect, unterstützt von zahlreichen Anwendungsbeispielen. Dabei wird auch auf die unterschiedlichen Versionen (bis 4.2) eingegangen.
273 Seiten, 1988, ISBN 3-925118-48-9

George Tsu der Chou
dBase III+-HANDBUCH
Dieses Buch beschreibt die Grundsätze der Datenbankverwaltung, die richtige Anwendung der Befehle von dBase III+ und vorteilhafte Methoden zum Entwerfen anspruchsvoller Datenbanksysteme.
480 Seiten, 1988, ISBN 3-925118-50-0

Winfried Henrich/Norbert Schneider
EINFÜHRUNG IN AutoCAD
In diesem Buch wird das komplexe Softwarepaket AutoCAD in den Ausbaustufen ADE-1 und ADE-2 für die zweidimensionale Zeichnungserstellung auf Personal-Computer-Basis vorgestellt.
403 Seiten, 1988, ISBN 3-925118-47-0

Geoffrey T. LeBlond/Douglas F. Cobb
1-2-3 EIN LEITFADEN FÜR EINSTEIGER
Das vorliegende Handbuch verbindet die Vorzüge eines umfassenden Kompendiums der Befehle und Funktionen mit denen eines ausführlichen, praxisorientierten Lehrbuches.
400 Seiten, 1987, ISBN 3-925118-49-7

UdoMoser
KOMPAKTFÜHRER OPEN ACCESS II
OPEN ACCESS II gehört heute zu den leistungsfähigsten integrierten Programmpaketen. Das Buch enthält alle wichtigen Informationen in komprimierter Form.
147 Seiten, 1987, ISBN 3-925118-44-6

ADDISON-WESLEY VERLAG (Deutschland) GmbH

DESKTOP PUBLISHING

U. Flasche/D. Posada-Medrano
TYPOGRAPHISCHES GESTALTEN MIT VENTURA PUBLISHER
Ventura Publisher ist das leistungsstarke Satzprogramm für MS-DOS-Rechner. Dieses Buch zeigt anhand von Musterbeispielen, wie einfach und effektiv Texte gestaltet werden können.
250 Seiten, 1988, ISBN 3-925118-35-7

I. Schels/J. Zechmeister
DESKTOP PUBLISHING MIT PAGEMAKER
Die Autoren führen anschaulich und gezielt in die Thematik Desktop Publishing ein. Sie vermitteln grundlegende typographische und drucktechnische Kenntnisse sowie die vielfältigen Möglichkeiten von PageMaker.
264 Seiten, 1988, 3-925118-57-8

ADOBE SYSTEMS INC., POSTSCRIPT EINFÜHRUNG UND LEITFADEN
277 Seiten, 1987, ISBN 3-925118-70-5

ADOBE SYSTEMS INC., POSTSCRIPT HANDBUCH
350 Seiten, 1988, ISBN 3-925118-79-9
Beide Bücher wurden von Adobe Systems Inc., den Entwicklern von PostScript, selbst verfaßt. Sie bieten eine grundlegende Einführung in die Sprache und bringen viele Beispiele, die die Möglichkeiten von PostScript demonstrieren.

T. Bove/C. Rhodes/W. Thomas
DIE KUNST DES DESKTOP-PUBLISHING
,,Desktop-Publishing'' hilft bei der Einrichtung eines elektronischen ,,Verlagshauses'' direkt auf Ihrem Schreibtisch. Mit Ihrem Computersystem und der entsprechenden Software haben Sie jede Möglichkeit, Broschüren, Kataloge, Info-Material, Anzeigen, ja selbst Zeitschriften und Broschüren herzustellen. Dabei entfallen die Umwege über Satzbetriebe und Grafikstudios genauso wie Schere und Klebstoff.
330 Seiten, 1987, ISBN 3-925118-68-3

 ADDISON-WESLEY VERLAG (Deutschland) GmbH